近世関東の定期市と市町

渡邉英明
Watanabe Hideaki

清文堂

序　文
──多眼的な近世関東の定期市・市町の考察──

関西大学名誉教授　野間晴雄

　近代交通機関が未発達な近世日本の農村部では，定期市が開催される市町(いちまち)が日常や非日常の物資を調達し販売する要の拠点として決定的に重要であった。本書は，この市町ネットワークを時空間的なシステムとして捉え，その存在形態や分布と変化の諸相を，史料の豊富な武蔵国西部の山麓から台地・平野を含む地域を対象に，多面的な分析をした歴史地理学書である。

　近世市町の個別事例は古くから知られ，今も定期市が広範に現存する新潟県などは戦前から研究蓄積もある。また各地の朝市は，2024年元日の能登半島地震で大きな被害をうけた輪島に代表されるように，観光資源としても活用されている。この市町の日本での本格的研究は1960年代に一気に開花した。その後はインド・バングラデシュや中国，朝鮮などアジアの事例は蓄積されたが，近世日本の定期市・市町の基礎的な分析は振わなくなり，市場網がいかに存立し変化したか，広域市場網がどのように管理されていたのかなどの課題を積み残したままになっていた。その理由を，筆者は近世地誌書に依存して分析した史料の制約に求めている。

　ところが1980年代から21世紀初頭，平成大合併前後に，全国の自治体で本格的な地方史編纂事業がすすみ，史料整理と公開が大きく進展し，活用できる史料が飛躍的に増大した。これを奇貨として，筆者は自治体史の史料編のみならず，史料目録から原史料も渉猟し，市町分布の地域分析に安住せず，1つの市町の時系列的な動きや，市場争論絵図・地籍図なども利用して，市町の景観や市町内部・市町間争論についても果敢に取り組んできた。

i

とりわけ，村の概況を記すために近世村落史で前置き的に用いられてきた「村明細帳」の数値や事項を時系列かつ広域に博捜して一覧表にし，定期市の消長や農間稼ぎ(のうかんかせぎ)の実体を詳しく分析していることは特記できる。その結果，18～19世紀に低位ランクの定期市が淘汰され，有力定期市に一元化する市場網再編が進行したこと，平野部と山間地とでは定期市の分布やその商業圏の広さが異なることを実証した。さらに市町の出店者であり，かつ商品の購買者でもあった商業的農民の行動を個人日誌から分析するなど，多眼的な市町の考察が本書の本領である。

　筆者は上越市直江津の出身で，定期市や豪雪地帯特有の雁木(がんぎ)通りへの関心から市町研究にのめり込み，新潟大学で修士課程まで，歴史地理学と近世史の2つのゼミで学際的な方法論を身につけた。博士後期課程は大阪大学大学院に進み，武蔵国の市町研究に邁進するようになった。その道程はけっして順風満帆ではなかったが，地道に地域の研究者との交流を重ね，現地図書館，公文書館，市史編さん室などに足繁く通って本書の完成に漕ぎ着けた。近世全体にわたる大きな変化，関東の内外での各国，幕領と私領といった地域的な違いの検討や，地理学でかつて隆盛であった中心地集落論を再考するなどの課題を本書は残しているが，久々の日本の定期市・市町の消長に関する基本書であることは間違いない。

近世関東の定期市と市町

目　次

序　文
──多眼的な近世関東の定期市・市町の考察──　　野間晴雄 ………… i

序　論 ……………………………………………………………………… 1
　　1．はじめに　1
　　2．1960年代以前の研究動向　4
　　3．1970～1980年代の研究動向　8
　　4．1990年代以降の研究動向　11
　　5．史料整理の進展と近世定期市研究　14
　　6．市場網の成り立ちと変化　21
　　7．市町における定期市の出店形態　23

第1部　市場網の成り立ちと変化

Ⅰ．村明細帳を用いた近世武蔵国における市場網の分析 ….. 30
　　1．はじめに　30
　　2．村明細帳の定期市関係記事とその特質　35
　　　（1）村明細帳における定期市関係記事　35
　　　（2）自村定期市の記事　37
　　　（3）最寄定期市の記事　39
　　3．近世武蔵国における定期市の展開　40
　　　（1）村明細帳と定期市の消長　40
　　　（2）定期市と周辺村々　45
　　4．小　括　50

Ⅱ．近世中後期における武州二郷半領の村々と平沼六斎市
　　──村明細帳の分析を中心に── ………………………………… 56
　　1．はじめに　56
　　2．対象地域の概観　57
　　3．二郷半領の村々における定期市の利用　59
　　4．近世後期の平沼六斎市とその商業圏　67
　　5．小　括　75

目　次

Ⅲ．近世関東における定期市の新設・再興とその実現過程
　　――幕府政策の分析を中心に―― ……………………………………… 81
　　1．はじめに　81
　　2．定期市新設をめぐる『地方凡例録』の記事と幕府の対応　84
　　　（1）『地方凡例録』の市場関係記事　84
　　　（2）市場争論の裁定にみられる幕府政策　86
　　　（3）「新規市立」の諸類型　90
　　3．定期市の新設とその実現過程　92
　　　（1）下仁田・本宿市場争論に窺える新市実現過程　92
　　　（2）周辺市町の承認に基づく新設　95
　　4．定期市の再興とその手続き　98
　　　（1）定期市再興に対する幕府政策　98
　　　（2）鉢形町における定期市再興の実現過程　100
　　5．小　括　102
Ⅳ．日記史料に現れる近世後期農村住人の定期市利用
　　――武州多摩郡中藤村の指田藤詮を中心に―― …………………… 106
　　1．はじめに　106
　　2．所沢六斎市の概要と周辺地域との関係　108
　　　（1）所沢六斎市の成立と市日の変化　108
　　　（2）所沢六斎市の市場景観と店舗形態　110
　　　（3）所沢六斎市とその周辺地域との関係　113
　　3．『指田日記』に現れる定期市利用　116
　　4．同時期の日記史料にみる人々と定期市との関わり　120
　　　（1）『公私日記』にみる鈴木平九郎と定期市との関わり　120
　　　（2）『星野半右衛門日記』にみる星野半右衛門と定期市との関わり　123
　　5．小　括　125

第2部　市町における定期市の出店形態

Ⅴ．近世関東における市場争論と絵図作成 ………………………… 134
　　1．はじめに　134
　　2．絵図を伴う争論と伴わない争論　137

(1) 市場争論の諸類型と絵図作成　137
　　　(2) 絵図を伴わない市場争論とその要因　142
　　3．市場争論絵図の表現内容と争点　143
　　　(1) 市立街区を重視する市場争論絵図　144
　　　　a．1709年（宝永6）頃「宝永年中市場一件書類并見世割図面写」　144
　　　　b．1735年（享保20）「小川村市出入絵図」　145
　　　(2) 個々の売場を重視する市場争論絵図　147
　　　　a．17世紀後期「室田宿絵図」　147
　　　　b．1813年（文化10）「小川村市出入内済立会絵図」　147
　　　　c．1817年（文化14）頃「今市町上町絵図面」　149
　　4．市場内争論の展開と絵図作成　151
　　　(1) 市立街区争論と売場争論　151
　　　(2) 市場内争論における絵図作成　153
　　　(3) 市場争論絵図と訴訟制度　154
　　　(4)「浦和市高見世場絵図」の描写にみる争点　156
　　5．小　括　158
Ⅵ．近世在方町における絵図作成の特色
　　　──武州小川を事例として── ……………………………………… 163
　　1．はじめに　163
　　2．対象地域の概観　166
　　3．小川・大塚境界争論の展開と絵図作成　169
　　　(1) 1721年（享保6）の境界争論と絵図作成　169
　　　(2) 1833～1835年（天保4～6）の境界争論と絵図作成　173
　　4．在方町小川における市場争論の展開と絵図作成　180
　　　(1) 享保期の市場争論と絵図作成　182
　　　(2) 文化期の市場争論と絵図作成　184
　　5．争論以外の契機に作成された絵図　189
　　6．小　括　191
Ⅶ．近世の定期市における高見世の存在形態
　　　──19世紀初頭の武州小川を中心に── ……………………………… 196
　　1．はじめに　196
　　2．高見世に関する見解相違の原因　199
　　3．高見世一件出入の展開過程　200

目　次

　　　（1）高見世をめぐる争点　200
　　　（2）争論の決着と高見世の規定　205
　　4．武州小川の事例から導ける高見世像　210
　　5．小　括　213

おわりに ………………………………………………………………… 217
　　1．本書で得られた知見について　217
　　　（1）市場網の成り立ちと変化　217
　　　（2）市町における定期市の出店形態　219
　　2．本書の成果の考察　221
　　3．今後の課題と展望　225

あとがき　231
文　献　235
初出一覧　249

　　　　　　　　　　　　　　　　　　　　　　　装幀／寺村隆史

序　論

1．はじめに

　定期市は，一定周期をもって設営される取引の場で，前近代の日本で広く展開した三斎市や六斎市はその典型といえる。それらは，中心地論の視点からは，市日のみ機能する間欠的な中心地として捉えられるが，個々の定期市はそれ自体で完結するのではなく，多くの場合，定期市間の距離や市日の調整を通じて時空間的システム（市場網）を形成する（石原 1987：18, 46）。このような特性から，定期市は地理学における興味深い研究対象として，早くから分析が進められてきた（たとえば中島 1964，樋口 1977，藤田 1986，石原 1987）。

　日本における定期市の歴史的展開については，石原（1987：8-34）が概要を提示している。それによると，平安時代後期に農村（荘園）に定期市が現れ，鎌倉時代中期に急増した。そして，先進地域では，農業生産力の向上と貨幣流通の進展に伴い，14世紀前期には市場網がほぼ確立した。さらに，南北朝時代以降には，一般農民の市への参加が拡大し，六斎市が一般化した。しかし，近世中期以降は，常設店舗の普及に伴って特産品集荷へと機能が変化し，近代に定期市が継続したのは後進地方が主であったという。このような石原（1987：8-34）の理解は，もちろん個別事例に目を向ければそれに適合しないケースも見出せるものの，概要を簡潔に提示しているという意味では今日でも一定の妥当性がある。そして，石原（1987：8-34）の把握を踏まえると，日本の定期市を考える際に，中・近世の定期市のあり方は重要な論点となることが分かる。

序　論

　ただし，中世を対象として定期市研究を進める場合，史料的制約のため，研究手法が限定される。たとえば，越後国では中・近世に定期市が盛んに行われ，現在に至るまで定期市が広く残存しているが，中世から現代（1969年）に至る越後定期市の展開過程を概観した石原（1970）は，中世定期市研究における史料的制約の問題に直面している。

　石原（1970）は，3点の近世地誌を用いて，近世には蒲原平野のほぼすべての在方町に定期市が存在し，隣接する市相互間では市日が重複しないよう調整されていたこと，蒲原平野の定期市の分布は18世紀中期から幕末まではとんど変化がなく，在方町や六斎市の新設は18世紀中期までにほぼ完了していたことを明らかにした。一方で，中世の定期市については，13～14世紀の越後地方に相当数の定期市が存在していたと推定するものの，同時代史料に基づいて把握できる事例は極めて限定された。そのため，「七日市」といった地名からのアプローチの必要性も指摘しているが，藤田（1994：169，1996：161）が述べるようにそれらの市場地名が具体的にどの時期の定期市に由来するものであるかは検証が困難である。つまり，市場地名のようなアプローチ手法を模索せざるを得ないこと自体が，中世定期市研究の難しさを表しているといえよう。

　一方で，近世の定期市を分析対象とする場合，残存する史料が中世以前と比較して格段に多い利点がある。もちろん，絵図や日記，争論史料など多様な史料に基づくアプローチは中世定期市研究でも同様に試みられてきたが，利用し得る史料の数と多様性が大きく異なるのである。また，中世定期市研究にあっては，新たな文献史料・絵図史料が発見されることはほとんどないが，近世定期市研究では利用可能な史料が着実に増加している。その意味でも，今後の発展性が比較的大きい分野であるといえよう。

　そして，近世定期市を考える意義として，市場網の変化について経年的に考察できる史料が残存していることが挙げられる。石原（1987：79）は，「成立した市システムが，外的諸条件の変化のもとに遂げる変容」の解明を，定期市研究の重要な課題と位置づけている。市場網の変遷の仕組みは，定期市

1. はじめに

研究における大切な論点であるが，この問題は現在の定期市だけみていたのでは解明しがたく，歴史的な考察が不可欠である。しかし，定期市は商業形態としては原初的なものであり，経済の発達とともに常設店舗へと移行する傾向がある。そのため，定期市が全盛であった時代に，市場網がどのような歴史的変遷を辿ったのか，豊富な同時代史料によって検証できる近世日本の事例は貴重である。

　伊藤（1967）は，近世関東地方において，17世紀の定期市では日用品の供給が定期市の重要な機能であったが，近世中期以降には在地商業の発達とともにその必要性が低下し，むしろ在地から都市へと移出する特産品の集荷が定期市の盛衰を左右したことを指摘した。つまり，近世関東では，市場商業を中心とした17世紀の定期市がまず存在し，近世中期以降は常設店舗が発展するなかで，それらと共存しながら定期市が展開していったのである。このことは，商業の中心が定期市から常設店舗へと移行するなかで，在来の定期市がどのような変化をみせたのかを検討する上で，近世関東の定期市が貴重な事例であることを示している。

　そして，近世日本における市場網の変遷は，近代的な交通体系が存在しない社会における事例である点でも注目される。近現代における市場網の変遷は，近代的交通機関の発達による影響を強く受ける点に特徴がある。たとえば，スキナー（1979）は中国の事例をもとに，近代化による輸送機関の改良がより高次の中心地への指向性を高め，結果的に定期市の淘汰をもたらすと論じた。しかし，定期市は古代から存在し，市場網の変遷は近代的交通機関の成立以前にも絶えず起こっていた。近世日本の定期市は，近代的な交通体系が存在しない社会において，市場網がどのような動態的な変化をみせたかを検証できる貴重な事例であると考えられる[1]。

　さらに，近世の定期市を検討することは，現代の定期市を考える際にも一定の意義を有する。近世に成立した定期市には，近・現代へと継承されていった市が少なくないからである。たとえば，越後平野では，現代に続く定期市の多くが近世に創始されたものであった（石原 1970）。

序　論

　近世日本の定期市に関する研究動向については，これまで現代を含めた定期市研究全般のなかで，あるいは中心地研究の動向を展望するなかで整理した成果はみられる（石原1968，森川1987）。しかし，いずれの論考も，より広い枠組みについて論じる中で近世定期市研究に目配りしたもので，それぞれの研究の一分野として小さく取り上げられたに過ぎない。さらに，1990年代以降の近世定期市研究については，このようなより広い枠組みにおける研究動向の整理すら行われていない。

　また，近世日本の定期市研究は，近世歴史地理学の一分野としてとしても位置づけられる。しかし，同分野における定期市研究への関心も決して高いとはいえず，たとえば近世歴史地理学の研究動向について体系的に整理した小野寺（2003）は，定期市研究について一切言及していない。しかし，以下で述べるように，近世定期市研究は歴史地理学にあっても豊かな研究蓄積がみられる。近世定期市研究自体に焦点を当てて，歴史地理学的な視点から検討を進める作業に一定の意義はあると考える。このような視点を踏まえつつ，次に，近世日本の定期市について，その研究史を概観したい。

2．1960年代以前の研究動向

　近世日本の定期市に関する研究は，早い時期からみられる。民俗学の柳田（1997，初出1909）は中世以前の三斎市から，近世には六斎市が中心となったこと，あるいは日限市が常設店舗に発展していったことなどを指摘しており，先駆的研究といえる。また，農業経済学の桑原（1943）は，近世越後国の六斎市について検討し，六斎市が城下町の経済都市化に寄与するとともに，新田開発時の移住者引入手段としても機能したことを示した。また，桑原は六斎市の商業機能が隣接の六斎市と相互に深く関連しつつ発展したことを指摘し，1つの市町では維持できない多くの市場商人や取扱商品を，全体として支持したと論じた。同時期には，野州鹿沼六斎市における市場争論や

2．1960年代以前の研究動向

見世割図を取り上げた日本史学の西岡（1944a, b）のような成果もみられる。これらの研究で示された成果や論点は，戦後の研究へと引き継がれていった。

近世日本の定期市について，地理学では，市日の出店形式と集落形態との関係を考察した集落地理学の研究が早くにみられる（たとえば矢嶋 1956，長岡 1958，中島 1964）。それらの研究では，市町内における定期市の出店形態や，周辺農村との関係など，その後の研究で重視されている論点もすでに議論の俎上にのぼっており，先駆的研究として評価できる。また，菊地（1977：360，初出1956）は，17世紀の検地において所沢などの市町の反当収穫量が周辺農村よりも高いことを指摘し，これを定期市開催の利潤に対する「かぶせ盛」であると考察した。さらに，1950年代の地理学では，近世後期の農村商人に注目するなかで，その定期市利用に触れた研究もみられる（吉川 1959）。

そして，1960年代以降は，定期市の分布や市日に基づく市場網の検討や，市町と後背地との関係分析など，中心地論を念頭に置いた研究が盛んに行われた。たとえば，武藤（1965）は，近世後期の武蔵国を事例として，在郷町市場の中心であった市町と，その後背地との関係を検討した。武藤は，定期市を中心とした在郷町市場について，限られた需要では支持できない高次の中心機能を地域全体として支持できる利点があると指摘し，六斎市市場圏が展開する武蔵国は一見して多核的地域であるが，個々の集落規模（中心機能）は様々であったと論じた。

1968年には，近世萩藩を対象とした定期市の共同研究が行われ，定期市の中心性を論点とした複数の論文が発表された。西村（1968b）は，クリスタラーの中心地論が，中心地の形成に関する歴史的考察を欠くことを批判する立場から，近世萩藩領における市町の分布や規模，商圏を分析した。西村（1968b）は中心集落を大市町・小市町・小中心集落の3つに分類し，大市町の商圏の内部に小市町・小中心集落の商圏が展開したと論じた。最高次の中心地である大市町の商圏は，最大で16km程度の商圏を有したという。木村

(1968) は，防州徳地地域における市町の変遷に注目し，それに伴う商圏や地域秩序の再編成について検討した。これは，17世紀から近代に至る地域構造の変化について，定期市や市町を指標として見通した成果とも位置づけられる。

武藤（1968）は，近世の萩藩領の農村において，石高増加をはるかに上回る人口増加が起こったことに注目し，市町が必要とされた背景を検討した。萩藩領では，増加分の石高で賄える以上の人口増加が進んだが，自給穀物が不足するなかで農村が人口を支えるためには，穀物購入のための現金収入が必要であった。そのため，商品作物の販売や雇用の機会をもたらす市町の役割は重要であったと結論づけている。また，小林（1968）は戦国末期から近世初頭の萩藩領における市町の変遷について検討し，17世紀初頭に大規模な定期市の統廃合が起こった可能性を指摘した[2]。そこでは，地割形態と都市機能の関係や，定期市の移転の問題なども議論されている。

なお，当該期の地理学における定期市研究は，当時盛んに議論されていた中心地論の関心の一端という側面を有していた。たとえば，中心地研究の動向を検討した森川（1987：745）は，中近世日本における中心地の発生や分布構造の分析について，中心地研究の一部門として整理している。1960年代後半には，中心地研究に関する翻訳書が相次いで刊行され，それに呼応するように国内における中心地研究の成果も増加していた（森川 1987：743）。もちろん，定期市は特定の時間のみ開催されるという間欠的な性格を有する点で，中心地としては特異な性格を持つ。しかし，1960年代には，定期市に階層性がみられることを実証的に示したスキナー（1979：初出1964-1965）のような研究も現れ，定期市は中心地研究の対象として認知されるに至っていた。西村（1968a）をはじめとする共同研究の成果は，中心地論に基づいた定期市研究の視角を近世日本に導入したものとして位置づけることが可能である。

文献史学でも，1950～1960年代にかけて近世在方市の研究が盛んに進められた。まず，豊田（1952）は，戦国期から近世の南関東における定期市の分

布や市日を地図化し，商業の発展過程を検討した。また，この時期の文献史学では，幕藩制市場における在方市の位置づけが重視された。特に，関東の定期市（市町）をめぐっては，江戸地廻り経済圏との関係が重要な論点とされてきた（小村 1959, 伊藤 1967, 大石 1975）[3]。当該期の研究のなかで，特筆されるのは関東地方を中心とした伊藤（1967）による一連の分析である。

伊藤（1967）は，近世中期に市の管理主体が土豪的市頭から町場住人へと移行し，市町内部で街区ごとに市日を振り分けていたこと，18世紀以降の在方市が特産品の集荷へと機能変化し，その変化が江戸地廻り経済圏の確立過程と連動することなど，その後の研究でも盛んに引用される重要な点を指摘した。また，伊藤（1967）は，1990年代以降の近世定期市研究において関心が集まっている市場商人の問題についても，卓越した知見を示した。すなわち，近世前期の定期市は，領主的商品流通の末端組織という意味合いが大きく，城下町の連雀（れんじゃく）商人による統制が行われた。しかし，近世中期には定期市の性格が農民の交換の場へと変化し，従来の特権商人に代わる庶民的な市掛商人の市への参加が増加した。市掛商人には，一定の圏内のみならず他国他領に渡って廻市する者もおり，そのなかから香具商人が現れたという。このような伊藤の成果は，近世定期市研究における基本的文献として，今日に至るまで参照され続けている。また，大石（1975, 初出1961）は，信州上田藩が構築した領国経済圏について，17世紀におけるその確立過程と，確立後の統制のあり方を検討した。そのなかで大石は，上田藩では城下町への商業機能の一元化とともに六斎市が衰退したことを指摘した。

なお，以上に挙げたような学術研究のみならず，定期市を担ってきた地域の側が，近世定期市に関する研究成果を発信することも早くから行われてきた。たとえば，正田（1965）は，八王子織物工業組合の組合史であるが，近世八王子六斎市についても縞市を中心に興味深い知見を示している。後述するように，このような地域の側から発信された研究成果や，その研究過程で行われた史料整理は，近世定期市研究の発展を底辺から支えていくこととなった。

序　論

3．1970〜1980年代の研究動向

　1970年代に入ると，地理学と近世史学，いずれの分野でも近世定期市に関する研究は急減した。歴史地理学にあっても，1968年の共同研究に加わったメンバーのほとんどは近世定期市研究から離れていった。上記のように，1960年代の歴史地理学における近世定期市研究では，定期市の中心性に関心の重きが置かれた。しかし，近世定期市の中心性を議論するための，新たな史料や研究手法は，その後なかなか見出されなかった。このことは，1970年代に，近世定期市研究が急減した一因であると考えられる。

　このような状況において，歴史地理学の小林健太郎による一連の成果は特筆される（小林1985）。小林は，上記の近世萩藩の定期市をめぐる共同研究者のひとりであり（小林1968），その後，他の共同研究者が定期市研究から離れていくなかで，新たな分析手法による斬新な成果を発信し続けた。とりわけ，1970年代に相次いで公表された，長宗我部地検帳に基づく16世紀末期の土佐国の市町に関する復原的研究は特筆される（のち小林1985に所載）。小林（1985）は土佐を中心とする戦国期の地方中心集落について，地割形態の復原をもとにその機能を推定し，短冊型地割を呈する市町の方がブロック型地割を呈するものより中心性が高く，市場商業に対して店舗商業の比重が高かったとした。市町の地割形態を細密に復原するに留まらず，その地割形態を町自体の中心性と結びつけて捉えようとしたのである。このような市町の中心性への関心は，1960年代の近世定期市研究における問題意識を継承したものと理解できる。

　ただし，地割形態に基づく中心性の考察に関して，歴史地理学の藤田（1986a，1994）は，①地割形態による中心集落の類型化と機能の推定の妥当性，②短冊形地割の卓越する，相対的に中心性が高いとする市町における市場にはまったく言及がない，③地割形態の復原にとどまり，三次元の景観

（建造物）は明らかにされていない，などの課題を指摘している。そして，藤田（1986a，1986b，1987a，1987b，1989，1990）は，流通そのものへの着目によって，形態論，分布論によるアプローチと比してより深く市場を分析できると主張し，中世の市場について商品や商人に着目する流通システム論の視点から研究を進めた。小林と藤田はアプローチ方法こそ異なるが，定期市や市町の中心性との関係は，いずれの研究でも重要な論点となっていた。新たな研究視角の導入を進める中でも，従来の定期市研究における問題関心は引き継がれていたといえよう。

　もちろん，小林（1985）は中近世移行期，藤田（1986ほか）は中世を対象とした成果であり，1970〜1980年代に近世定期市研究が急減したことに変わりはない。しかし，小林や藤田による一連の成果は，後述するように1990年代以降の歴史地理学における近世定期市研究の新たな動向の伏線となった。一見して断絶があるかにみえる1960年代と1990年代の近世定期市研究は，小林や藤田の成果を通してつながっている部分が認められるのである。

　なお，定期市・市町の中心性を議論する上で，小林や藤田は史料的制約という問題に直面していた。藤田（1996）は，自身の流通システム論が，小林（1985）の景観論と十分に接合できていないとし，その要因として，市町の住人であるから商人であるとは限らず，町外から来往する市場商人も存在したなかで，定期市の商業実態を究明することが極めて困難であることを述べている。中世の商人の活動や物資移動について，定期市や市町自体の中心性と結びつけて論じることは，史料的な制約から解決の難しい課題となっているといえよう。そして，このような難航を受けてか，歴史地理学において，中世の定期市を新たな視点から研究しようとする動きは藤田以降現れていない。

　文献史学においても，1970年代以降は近世定期市研究が急減した。しかし，1980年代後半になると，文献史学と建築史の研究者を中心とした都市史の共同研究が本格的に始まり，1989年にはその成果である『日本都市史入門』の刊行をみた（高橋・吉田 1989）。このような都市史研究の進展もまた，

序　論

1990年代以降，近世定期市研究の新たな潮流が生み出されていく伏線となった。

　経済史の成果としては，上州を事例とした和泉（1998：21-59，初出1986）が挙げられる。和泉（1998：21-59）は，16～17世紀の上州の定期市について，領主の政策や在地における役割に焦点を当てて考察した。和泉によると，戦国期の上州の市は有力大名の争奪の場となり不安定な状態が続いた。彼らは，土豪的商人を利用して中世以来の市の掌握を図るとともに，新市取立てを積極的に行った。1590年に関東に入封した徳川氏は，近世城下町を中心とする流通網の整備を目指した。その過程では，城下や宿場に市が整備され，あるいは新田開発の拠点・山間部生産物換金の場として市の設置が進められた。近世日本では，畑作地には永高制が適用されたため，山間部では生産物換金の場として市が必要であった。17世紀の六斎市は，近世後期のように特産品に特化せず，生活必需物資の取引が中心であったという。

　このような，16世紀から17世紀にかけての定期市の変化は，1990年代に入ると地理学や近世史学において盛んに議論されるようになった。和泉（1998：21-59）の関心自体は，1960年代までの定期市研究に近いものがあった。しかし，中近世移行期に注目する視点は，結果的に1990年代の歴史地理学や文献史学に先行する形となり，後述する岡村（1997）や杉森（2006）などで繰り返し参照されていくこととなった。

　なお，1970～1980年代には，『群馬県史』や『新編埼玉県史』をはじめとする多数の自治体史が刊行された（たとえば群馬県史編さん委員会 1977，埼玉県 1979）。本書で主たる対象とした上州・武州のなかで，多摩地域では早くから近世史料の整理が進んでいたが，それ以外の地域では研究に利用できる史料は今日と比較して極めて限定されていた。しかし，1970年代以降，多くの自治体が自治体史を刊行し，1960年代には知られていなかった多数の史料が手軽に参照できるようになった。市場を描いた絵図や，市場争論に関する文献史料は，その町の歴史を知る上で貴重な内容を伴うことが多く，自治体史を刊行する際には必ずといってよいほど採録される。また，自治体史の編

纂過程では，その地域に残る膨大な史料が目録化され，結果的に自治体史に採録されなかった史料についても，写真やマイクロフィルムなどの形態で保存されていった。たとえば，『群馬県史』や『新編埼玉県史』の編纂時に収集された史料の写真は，県立文書館で手軽に閲覧することができ，本書を進める際にも非常に役立った。

　このような研究環境の改善は，近世定期市研究の進展にも寄与し得るものであった。しかし，それを活かした新たな分析材料や分析手法がただちに見出されることはなかった。この時期に1960年代までの問題関心を引き継いだ近世定期市研究が進まなかったことで，近世の市場網がどのように存在し，変化していったのか，あるいは広域的な市場網がどのように管理されていたのかなど，近世定期市に関する基礎的な分析が積み残されたままとなった。そして，これらの問題を積み残したまま，1990年代には，近世定期市研究は新たな展開をみせるようになった。

4．1990年代以降の研究動向

　1990年代以降は，定期市の売場空間や市町の住人について，歴史地理学（岡村 1999，鯨井 2003，渡邉 2008b，2011），文献史学（森下 1999，吉田 2000，杉森 2006，多和田 2007），建築史（伊藤 1996）など複数の分野で盛んに議論されている。また，町人と商人とが本源的に異なるという身分制論の成果をうけ（塚田 1994），近年では商人の検討も増加している[6]。

　これらのうち，歴史地理学の成果は，中世〜戦国期を対象とした小林や藤田による定期市研究の流れを引き継ぐものであった。たとえば，岡村（1999）は，流通拠点である市町の成立と，商人の活動とを関連づけて論じた研究が乏しいことを指摘し，六斎市成立と市町形成との関係や，そこで活動した市場商人のあり方を検討した。定期市の出店形態に着目した鯨井（2003）も，それと同様の視点からの分析といえる。これらの研究は，中世・

序論

戦国期の定期市研究において難航したテーマである，市町住人と市場商人との関係についても議論している。一方で，史料に恵まれた個別事例を掘り下げる手法が採用されたため，1960年代の歴史地理学で重視された，近世の定期市の分布を広域的に捉えるような研究は，目立った進展をみせなかった。

1990年代には，文献史学や建築史においても，同時期の歴史地理学と近似的な成果が相次いで現れた。それらの成果は，同時期の都市史研究で提唱された市場社会論（たとえば吉田 1999）の影響を強く受けている。都市史研究は，1980年代後半以降，文献史学と建築史を中心とした学際研究として進展し，空間構造に着目する建築史の方法が積極的に導入された。歴史地理学と近似的な分析が行われるようになったのも，このような空間構造への関心の高まりのためであった。市場社会論も，都市史研究の中で提唱されたもので，市場に関わる人と場について社会構造や流通構造と結びつけて把握しようとする点に特徴があった。その代表的な成果として，杉森（2006：81-126，初出1996）が挙げられる。

杉森は，17世紀後期の上州下室田を事例として，絵図に現れる町屋敷と定期市の売場との関係を丹念に読み解き，その売場をめぐって屋敷主と商人がどのような関係を取り結んでいたか分析した。また，多和田（2007：29-64）は，17世紀後期の信州小布施における市場内争論を題材に，土豪的町人と町，あるいは常設店舗との関係や相克を描くとともに，その背景となった周辺農村との関係を検討した。これらの成果は，いずれも市場社会論の枠組みを在方市町に導入しようとしたものであった。

ただし，市場社会論を念頭に置いた当該期の都市史研究の成果には，伊藤（1967）をはじめとする従来の近世定期市研究を積極的に位置づける姿勢が看取できない。たとえば，杉森（1996，のち杉森2006に所載）は当該期の近世定期市研究の代表的な成果であるが，冒頭の研究史整理において伊藤（1967）の位置づけを行っていない。また，森下（1999）の問題意識も，市場社会論に関連する成果との関係のみから導かれ，伊藤（1967）への言及はまったくみられない。史学分野における近世定期市研究にあっては，1960年

4．1990年代以降の研究動向

代の研究と1990年代以降との研究との間に断絶があるように見受けられる。

このように，1990年代以降の研究では，個別定期市の内部に注目したアプローチが進展をみせた。一方で，複数の定期市を取り上げて，市場網として検討する視角は，歴史地理学の研究にあっても，相対的に弱まった感がある。しかし，市町間の距離や市日の調整を通じて時空間的システム（市場網）を形成することは，定期市の重要な要素であり，今後も分析が深められるべき課題であろう。そして，近年盛んに行われている，個々の定期市を精緻に分析する研究についても，さらに精緻に展開していく必要があろう。このような問題意識から，本書では17世紀以降の関東地方の定期市と市町について，市場群と市場内という二つのスケールから分析を進めることを目的とする。

これらはいずれも，従来の定期市研究において追究されてきた論点であり，分析視角としてそれほど目新しいものではないと思われる。これは，表現を変えれば，定期市研究における基本的問題でありながら，未だに十分に解明されていない点が少なくないということである。特に，近世の市場網がどのような仕組みで形成され維持されていたのかは，早くから議論されてきたテーマであるにも拘わらず，近年では新たな研究成果がほとんどみられない。もちろん，近年でも市場商人の市掛行動に注目する立場からこの問題にアプローチした岡村（1999）などの成果はあるが，史料に恵まれた特定の時代・地域に分析が限定されているのである。

近世定期市研究におけるこのような現状を提示したとき，「なぜそのような根本的な問題がこれまで十分に追究されてこなかったのか」と問われることも多い。地理学における定期市研究は，1950～1960年代という早い時期から進行し，市場網の成り立ちと変化を分析しようとする視点も，相当早い時点から存在していたからである。筆者はこれについて，敢えて要因を指摘するならば，方法論の欠如であろうと考える。次に，この問題について考えてみたい。

序　論

5．史料整理の進展と近世定期市研究

　近世日本の定期市・市町の中心性は，既に述べたように1960年代の歴史地理学において盛んに議論されていた。その議論が，1970年代以降さしたる進展をみせなかった要因には，方法論的な行き詰まりがあったように思われる。

　定期市や市町の中心性を検討するにあたっては，市場網を広域的に把握することが第一に重要となる。しかし，以下に述べるように，1960年代の研究手法をさらに深めるための新たな分析材料は，長い間見出されてこなかった。

　歴史地理学における近世定期市研究で用いられてきた代表的な史料として，地誌類が挙げられる。たとえば，武蔵国（武藤 1965，藤田 1987b，埼玉県 1988a，1989）や越後国（石原 1970，小村 1981，渡邉 2003），萩藩領（周防国・長門国）（西村 1968b）などを対象として，地誌をもとに近世定期市の分布や市日を把握しようとする分析が蓄積されてきた[5]。これは，地誌類において，しばしば定期市の分布や市日が広域かつ網羅的に記載されるためであろう。そのため，地誌類は統計資料の整備されていない前近代の市場網を検討する際の，有効な史料として活用されてきたといえる。ただし，地誌類はそれが編纂された時点の状況を示すのみで，個々の定期市や市場網の時期的変化を考える場合には十分な史料とはいい難い。筆者が以前検討した越後国のように，良質な地誌が複数利用できる場合であっても，2～3の時の断面における静態的な変化が捉えられるに留まるのである（渡邉 2003）。しかし，定期市の新設・再興や衰滅，それに起因する市場網の変化は，実際にはより動態的に進行していたことが明らかである（渡邉 2009a，2010a）。

　また，地理学における定期市研究では，定期市の中心性が重要な論点とされてきた。この問題を議論するためには，定期市と後背地との関係を考える

5．史料整理の進展と近世定期市研究

必要があるが，近世日本の定期市に関して，それを直接かつ広域的に示す史料は見出されてこなかった。そのため，近世日本の定期市における後背地の考察は，組合村の範囲や産子圏(うぶすな)に基づく推定（矢嶋 1954，武藤 1965，木村 1968），あるいは近代のデータからの遡及的考察（武藤 1965）など，間接的なアプローチに留まる傾向があった[5]。近世日本における定期市の動態的な変化，あるいは後背地との関係を把握するためには，地誌類に代わる同時代史料に基づいた検討が必要であろう。しかし，地誌類に代わる有効な史料は，長い間見出されてこなかった。このことは，近世定期市の分布や市日を把握しようとする分析が1970年代以降，目立った進展をみせていない要因といえる。

なぜ，新たな史料が見出されなかったか。その要因として，近世定期市の中心性や市場網のあり方を分析した1960年代の研究が，今日と比較して史料的制約が極めて大きいなかで進められたことが指摘できる。

しかし，その後今日までに，定期市研究に利用できる史料は増加してきている。既に述べたように1970年代以降，数多の自治体史編纂事業をはじめとして，近世史料の所在調査や目録作成，あるいは活字化などが進められてきた。本書の対象地域である上州・武州に関しては，1970～1980年代の『群馬県史』や『新編埼玉県史』の編纂がこのような史料整理を強力に推進した。これらの県史編纂事業で調査された近世史料は，多くが活字化され，そうでないものも群馬県立文書館や埼玉県立文書館においてマイクロフィルム等が手軽に閲覧できるようになった。史料整理は，今日に至るまで着実に進展し続けているが，県史編纂事業の進んだ1980年代には，1960年代と比較して相当多くの史料が利用できるようになっていたとみられる。1990年代に入って，近世定期市研究が再び増加し始めたひとつの要因には，史料整理の進展があったと考えられる。

このような視点から改めて1990年代の研究を振り返ると，歴史地理学における近世定期市研究は，自治体史を中心とした刊行史料を活用して進められてきたといえる。たとえば，岡村（1999）は，川越・寄居・小川・秩父大宮

15

序　論

など武州各地の事例や，隣接地域である上州・下総の事例を横断的に収集しつつ論を進めているが，そこでは埼玉県（1990）をはじめとする自治体史や，柿原（1995）などの刊行史料集に所載の活字史料が分析の中心となっている。また，鯨井（2003）は，小川町（1998）に掲載された市場争論絵図に注目し，それを中心に論を組み立てている。史料の刊行が進むことで，様々な史料が研究者の目にとまるようになり，そのことが新たな研究成果にもつながったといえよう。

　文献史学に目を転じると，未整理の史料群に注目して，その整理を進めながら研究をまとめた多和田（2007）のような成果もみられる。一方で，群馬県史編さん委員会（1978）所載の史料を分析の中心に据えた杉森（1996）のように，刊行史料を分析に役立てた研究も存在する。もちろん，文献史学の場合，史料の活字化の有無はあまり意識されず，活字化された史料を用いる場合でも可能な限り原典にあたるのが普通である。ただし，史料の所在を把握する上でも，活字化された史料を調査する作業は行われているはずであり，その意味で自治体史をはじめとする刊行史料は研究の進展に役立てられたといってよい。また，未刊行の史料を用いる場合であっても，多和田（2007）のような例外を除いて，多くは史料整理を経て目録化されたものが用いられている。活字化の有無に関わらず，史料整理の進展は近世定期市研究に役立てられているのである。

　このように，史料整理の進展は，1990年代以降の近世定期市研究に大きく影響し，既述のような近世定期市研究における新たな視角も，そのなかから現れてきたといえる。ただし，史料整理を経て活用可能となったあらゆる史料が，近年の研究で十分に活用されてきたというわけではない。史料の種類によっては，史料整理が進展したのちも，十分に活用されてこなかったものもあるように見受けられる。そのような史料として，たとえば，村明細帳が挙げられる。

　村明細帳が，定期市研究に利用できる可能性は，桑原（1943）によって早くに指摘されている。桑原は，越後平野の定期市について，村明細帳をもと

5．史料整理の進展と近世定期市研究

に若干の商圏分析も行っており，先駆的研究と評価できる。また，大石（1975：23-71）は信州上田藩領の市場圏について，村明細帳を用いて検討した。その後も，村明細帳から定期市と周辺村々との結びつきを分析した成果は，越後小出島周辺（吉川 1969）や武州青梅周辺（筑波大学歴史地理学研究室 1983：10-11），上武国境地域（和泉 1998：21-59），西上州（吉田 2000），東上総（土屋 2004）などを対象に一定の蓄積がみられる[7]。ただし，これらの研究はいずれも狭い範囲での分析に留まり，また，大石を除いては，自治体史等にあり参照が容易な村明細帳を取り上げるのみであった。

このように，村明細帳は定期市と村々との結びつきを検討する材料となり得ることが，早くから知られていた。しかし，1960年代までの研究にあっては，大石（1975：23-71）が検討した信州上田藩領のように，村明細帳が藩側の史料として体系的に残っている場合を除いて，村明細帳を広範に収集することは困難であったと考えられる。しかし，近年ではこの状況に変化がみられる。史料整理が着実に進むとともに，自治体史などで村明細帳の活字化も進行してきたためである[8]。村明細帳を広範に収集できる条件が整ってきたといえよう。もっとも，筆者がⅠの分析で使用した村明細帳について，活字化や資料目録の刊行が行われた時期をみると，1990年頃にはその多くが活用できる状態になっていたとみられる。それにも拘わらず，このような研究環境の改善を生かして，村明細帳を本格的に分析しようとする定期市研究は現れてこなかった。

そのなかで，吉田（2000）や土屋（2004）など，文献史学の研究が村明細帳を広範に収集しなかったのは，あくまで補助的な史料として用いたためであると考えられる。これは，村明細帳の史料的性格とも深く関連している。すなわち，村明細帳は近世を通じて繰り返し提出されたが，その都度新しいものを調製するのではなく，前代の明細帳の写しで済まされる場合も少なくなかった（野村 1949：44）。また，村々の自己申告による書面であるため，裁判における証拠能力は低かった（宮原 2002）。村明細帳のこのような史料的性格から，文献史学の研究では村明細帳を分析の中心に据えるという発想

序　論

がそもそもなかったと考えられる。

　しかしながら，村明細帳は定期市の分布や後背地との関係を記録した同時代史料であり，それを広範に集めることで，地誌類に替わる同時代史料として利用し得る。1960年代の研究で議論されていた近世定期市の中心性に関わる論点について，考察を深めるための新たな材料となり得るのである。そのような村明細帳の利用可能性は，上記のように1960年代までに見出されていたといえる。それにも拘わらず，史料整理が進展して大量かつ広域的な村明細帳の収集が可能になってからも，村明細帳を本格的に活用した研究は現れてこなかった。村明細帳に関していえば，史料整理の進展がほとんど生かされてこなかったといわざるを得ない。

　また，市場争論絵図についても，上記の鯨井（2003）のような成果こそあるものの，全体的にみれば研究環境の改善を生かした研究の進展は限定的であった。後述する表V-4では，近世の上州・武州で描かれた市場争論絵図を一覧表に整理しているが，それらのうち，歴史地理学や近世史，経済史の先行研究で分析の題材とされてきたのは17世紀後期の下室田と，1813年（文化10）の小川における2点のみである。市場争論絵図を分析の題材とした研究自体が，実は特定の絵図に偏って行われてきたといえよう。

　さらに，これら2点のうち，下室田の絵図は矢嶋（1956：251）で活用されるなど，早くから知られてきた。そのため，近年の図録公刊の流れと同図を利用した研究との関係は，あまりないようにみえる。もう1点の小川の絵図に関しても，図録の公刊が先行研究に与えた影響というのは，実はそこまで大きくはない。たとえば，詳しい経緯はⅦで述べるが，杉森（1996）は同図を見落として文献史料だけで論を進めた結果として，杉森（2006）で見解を訂正することとなった。また，岡村（2000）は小川町（1998）から同絵図を転載しているものの，本格的な分析は行っていない。このようにみてくると，鯨井（2003）のような，絵図の公刊が大きく影響した成果というのは，意外に少ないことが分かる。

　史料整理の進展が十分に生かされてこなかったのは，村明細帳や市場争論

5．史料整理の進展と近世定期市研究

絵図だけではない。たとえば，日記史料は近世の定期市と周辺地域との関係を考える上で貴重な材料となるが，1960年代にはそれらを十分に活用できるだけの史料整理が進んでいなかったと考えられる。しかし，その後は武州多摩地域を中心として，近世の地域住人による日記の刊行が積極的に進められてきた。それらは，1970年代以降，長い期間をかけて刊行されてきたものであり，たとえばⅣで分析を行う『公私日記』は1972～1983年に，10年以上をかけて全巻が活字化された（水野・伊藤 1972-1983）。このようにして，現在までに多彩な日記史料を研究に活用できる環境が整えられてきた。

　近世定期市に関する先行研究でも，このような日記史料の利点を生かした分析は散見できる。たとえば，岡村（1999）は，武州川越町の商人である榎本氏の「万之覚」を用い，17世紀後期に榎本氏のもとで活動した商人たちが，市日に従って複数の定期市を巡回（市掛行動）したことを示した。また，経済史の谷本（1998：73-119）は，武州入間郡の縞木綿商人である細渕氏の定期市での活動を「市日記」（1859～1873年）から分析した。ただし，このような日記を活用した近世定期市研究はまだまだ少なく，また，岡村（1999）や谷本（1998）はいずれも市商人による記録を用いた分析であった。つまり，市商人以外の定期市利用者（たとえば購買者や零細出店者）による日記は，近世定期市研究に用いられてこなかったといえる。中世や近現代を対象とした定期市研究では，1980年代以降，様々な属性の人々による日記史料が分析に活用されてきた（藤田 1989, 1990, 山本 2019）。そのことを念頭に置くと，近世定期市に関して同様の視点からの分析が進まなかったのは意外なことであった。

　このように，近年の近世定期市研究では，史料整理の進展による研究環境の改善を生かした成果が増加しているものの，未だ十分に活用されていない史料が少なくない。このような近世定期市研究の現状を鑑みると，近世定期市研究における史料の種類と，それらを活用したアプローチ方法について，先行研究を踏まえつつ改めて整理することは，今後の研究を進める上でのひとつの糸口になると考える。これは，近世定期市研究に取り組む上での基礎

序　論

的作業といえるが，先行研究を振り返ると，必ずしも十分に行われてきたとはいえない状況があった。

たとえば，村明細帳の定期市関係記事に関する史料的特性は，これまでの近世定期市研究でほとんど議論されることがなかったといってよい。先行研究が，村明細帳を分析の中心に据えるのではなく，あくまで補助的な史料として利用してきたためであろう。しかし，村明細帳を本格的に用いようとしたとき，既述のような前代の村明細帳からの引き写しの問題や，自己書面ゆえに裁判での証拠能力が低いなどの史料的特徴は当然問題となる。そのような史料的性格を踏まえた上で，近世定期市研究にどのように活用できるか，慎重に考えて位置づけを行う必要があろう。

Ⅰでは，村明細帳が証拠として採用された市場争論の事例なども参照しつつ，村明細帳に現れる定期市関係記事の性格について位置づけを行いたい。同様の視点から，Ⅳでは日記史料，ⅤとⅥでは市場争論絵図について，それらの史料的特質と近世定期市研究における活用方法を考えたい。このような視点から，本書では，史料の特性を踏まえた新たな分析手法を模索しつつ，4節で述べた研究課題に取り組んでいきたい。

そして，本書では近世日本，とりわけ関東地方の定期市に注目した。近世の関東地方では定期市が広く展開し，先行研究も蓄積されているからである（たとえば伊藤1967，岡村1999，杉森2006）。特に武蔵国は，『新編武蔵国風土記稿』や『武蔵国郡村誌』（以下，『風土記稿』，『郡村誌』と略記）など，定期市の分布や市日を網羅的に把握できる官撰地誌が存在し，それらを用いた定期市研究が早くから蓄積されてきた（たとえば武藤1965，藤田1987b）。さらに，地誌類以外でも，多彩な文献史料や良質な絵図史料残が存している。つまり，関東地方を対象とした近世定期市研究が進展したのは，史料に恵まれていたためであった。しかし，上記のように，定期市研究に有効に活用できるにも拘わらず，未だに本格的な分析が及んでいない史料が少なくないように思われる。それらを用いることで，新たな知見が得られることが期待できよう。

6. 市場網の成り立ちと変化

　ここからは，4節の末尾で述べた本書の課題について，具体的にどのように取り組んでいくかを記述したい。第1部（Ⅰ～Ⅴ）は，主題を「市場網の成り立ちと変化」とし，18～19世紀の市場網がどのような形成・変遷過程を辿ったのか同時代史料に基づいて明らかにするとともに，市場網がどのような仕組みで形成・維持されていたのか検討したい。
　Ⅰでは，近世の市場網を広域的かつ通時的に把握する方法として，村明細帳の史料的価値に注目して論じる。先に述べたように，近世における定期市の動態的な変化，あるいは後背地との関係を把握するためには，地誌類に代わる同時代史料に基づいた検討が必要であり，その際に村明細帳の史料的価値が注目される。村明細帳は，近世の領主が村柄を把握するために村々から提出させた帳簿で，その記載内容は，村高や田畑反別，検地，山林，河川，用水，旧跡，社寺，家数，人数，牛馬数など多岐にわたる（地方史研究協議会 1955：52）[9]。そして，定期市に関する記事も，村明細帳においてしばしばみられる。
　Ⅰでは，今日に至るまでの史料整理の進展を生かして，村明細帳を武蔵国一国レベルで広範に収集し，そこから得られたデータをもとに近世の市場網やその変動，あるいは定期市間の階層構造について検討したい。これらは，1960年代の歴史地理学における近世定期市研究で重視されてきた論点でありながら，史料的制約もあって今日まで深められてこなかったテーマである。本書では，先に述べたような研究環境の改善を生かして，改めてこの課題に取り組みたい。
　ただし，既述のように，村明細帳は提出のたびに新しいものが調製されるのではなく，前代の村明細帳からの引き写しも広く行われた。そして，自己書面ゆえに裁判での証拠能力も低かった。Ⅰでは，このような村明細帳の史

序　論

料的性格を位置づけた上で，それらが近世市場網の分析にどのように活用できるのかについて，アプローチ方法を模索したい。

　また，村明細帳を近世定期市研究に用いるもう一つの意義として，史料の乏しさから分析が遅れている事例について，新たな知見が提示できる点が挙げられる。Ⅱでは，そのような事例として，武州東部の平沼六斎市を取り上げる。

　武蔵国の定期市に関する研究は，先駆的業績である伊藤（1967）をはじめ，多摩郡や秩父郡など，武州西部を中心に蓄積が進んでいる[10]。一方で，武州東部とりわけ葛飾郡の定期市については，相対的に分析が手薄であった[11]。その要因として，従来知られてきた定期市に関する史料が，武州西部に偏在していることが指摘できる。たとえば，埼玉県（1990：725-757）では，「市」に関する史料が14点掲載されているが，そのほとんどは秩父郡や高麗郡など武州西部のもので，武州東部の葛飾郡・埼玉郡のものは一点もない。市町村史の資料編をみても，武州西部では定期市関係の史料だけで一項目が立てられることも珍しくないが[12]，葛飾郡の市町村史では，定期市の史料がまとまって掲載されることはほとんどない。従来の定期市研究が，武州西部を中心に進められてきたのも，こうした状況に少なからず規定されたと考えられる。

　定期市に関する直接の史料が十分でない場合，周辺村々の記録からアプローチする方法が一つに考えられる。定期市は，周辺村々の人々が生活物資を調達する場であり，また，商品生産が進展する近世中期以降には，特産品を売却する場としても重要であった[13]。そのため，周辺村々の記録を検討することで，定期市がそれらの村々にとってどのような場であったのか，ひいてはその定期市の性格や地域における役割を窺えよう。Ⅱではこのような視点から，武州東部の二郷半領を事例として，村々と周辺定期市との関係を検討する。

　Ⅲでは，定期市の新設・再興について，幕府の方針を検討したい。市場網の変遷の仕組を考える際のひとつの論点として，定期市の新設・再興の問題

が挙げられる。これらは，定期市の衰退・廃絶とともに市場網の変遷における重要な局面だからである[14]。しかし，近世関東の新市をめぐっては，Ⅲで詳細に述べるように，新市が厳重に規制されていたとする議論と，新市の実例を取り上げてそれらがどのように成立したのかを論じる研究とに分かれている。しかし，新市が規制されていたのであれば，なぜそのなかで定期市の新設が実現した事例がみられるのであろうか。近世の関東地方では，定期市の新設・再興をめぐる市場争論が数多く発生した。Ⅲでは，それらの新規市立争論に注目し，幕府が裁判のなかで新市の問題にどのような姿勢で臨んだのか検討したい。その上で，市場網の確立していた近世中後期にあって，新市がどのように実現され，あるいは規制されたのか，具体例に基づいて考察したい。

さて，Ⅰ・Ⅱでは，村明細帳に現れる定期市と後背地との関係を検討した。しかし，村明細帳は村々の概要を示す史料であり，実際にそこに暮らした個々の住人がどのように定期市を利用したのかはさらに議論する余地がある。Ⅳでは，近世の定期市を利用した人々の日記に注目し，具体的な定期市利用のあり方を検討する。その際，近世定期市研究における日記史料の史料的位置づけを行いたい。そして，そこで見出された史料の特質を踏まえつつ，近世定期市研究における日記を用いた分析手法を提示したい。もちろん，近世定期市に関する先行研究でも，日記史料の利点を生かした分析は散見できる。ただし，先行研究が用いた日記は，いずれも市場商人による記録であった。そのため，定期市の購買者や零細出店者など，より多様な属性を有する人物の日記を検討することで，より多角的な視点からの近世定期市研究が可能になると考える。

7．市町における定期市の出店形態

第２部では，個々の定期市の内部に視点を移して，市町において定期市が

序　論

どのように設営されていたのか検討する。市の内実に踏み込んだ近年の議論にあっては，売場空間を構成する市見世のあり方が重要な論点とされている。これを考察する材料として，先行研究で主に用いられてきたのは，絵図を含めた市場争論関係史料であった。しかし，先行研究では，これらの史料の位置づけが必ずしも十分でなかった。そのため，Ⅴ・Ⅵでは市場争論関係史料の特質について，市町間の相互比較と，ひとつの市町の文脈に沿った検討という2つの視角をもとに，分析を行いたい。

Ⅴでは，市場争論絵図を通して，訴訟内容と表現内容との関係に注目した争論絵図分析の方法と意義について考察する。上述のように，1990年代以降の定期市研究では，個々の市の内実に踏み込んだ議論が進展し，そこでは，市町の町並みや定期市の売場を描いた絵図史料が盛んに用いられている。それらの絵図に関する資料批判は，当然ながら先行研究でも行われてきたが，それは個々の事例に即した位置づけであった。

近世定期市に関する先行研究が利用した絵図をみると，市場争論の際に作成された争論絵図であることが多い。市場争論絵図は，市町の町並を骨格として出店形態や開催日が詳細に描かれることが多く，それゆえに近世定期市研究でも盛んに利用されてきたといえる。近世定期市研究では，市日の出店配置や取扱商品の問題が早くから分析されてきたが（矢嶋1950, 1954, 伊藤1967：55-59），市場争論絵図はそれらの情報を豊かに表現する史料として注目されたのである。

このような関心に基づく市場争論絵図の利用は，矢嶋（1956：251）において既にみられる。また，経済史の和泉（1988：21-59）も16・17世紀の上州の定期市について，市場争論絵図を利用して出店形態や取扱商品を分析した。そして，1990年代に入ると市場景観に関する議論が活発になるとともに，それが描写される史料としての争論絵図の利用頻度は増加した。歴史地理学では，「三斎市から六斎市，やがて常設店舗へ」という発展段階論の再検討を進めるなかで一連の市場景観研究を著した岡村（1994a, 1994b, 1997, 2000）や，高見世という特徴的な出店形態を分析した鯨井（2003）が挙げられる。

7．市町における定期市の出店形態

ただし，これらの研究も市日における出店形態を絵図から読み解くことが中心で，利用方法においては矢嶋（1956）や和泉（1998）と同様であった。

　一方で，近世史の杉森（2006：81-126）は，出店形態を読み解くことを中心としつつも，絵図の作成契機となった市場争論の争点を争論絵図の表現内容から検討した。これは，作成契機との関係から市場争論絵図を位置づけた点で注目される。ただし，杉森（2006）も上州下室田という単一の市場争論のなかでの位置づけで，複数の市場争論絵図を比較検討する視点は有さない。もちろん，市場争論絵図の位置づけは当該市町における関係史料との照合をもって行うのが基本ではあるが，異なる市町で作成された市場争論絵図の相互間に認められる表現内容の類似性にも注意する必要があろう。表現内容の類似性は，市場争論絵図の作成目的や用途の類似性に起因すると考えられるからである。そのような比較検討を行うことで，個別事例に即した分析のみではみえてこなかった史料の特性が浮き彫りになる可能性があると考える。そこで見出された新たな史料的特性は，たとえば絵図のみが残り関連史料が不十分である事例を考察するための手掛かりとなるはずである。

　市場争論絵図を分析するもうひとつの視点として，市町に伝来する様々な絵図のなかで，市場争論絵図がどのように位置づけられるかという問題が挙げられる。上述のように，市場争論絵図の史料的位置づけを行う際には，当該市町における他史料との関係からそれを考えることがまずは基本となる。Ⅴは，複数市町における市場争論絵図の横断的な分析からその性格を考えたが，Ⅵでは改めて基本に立ち返り，その市町の文脈に沿った市場争論絵図の位置づけを念頭に置きたい。このように，複数の視点から位置づけを考えることで，市場争論絵図の史料的性格がより鮮明になることが期待できよう。

　市場争論関係史料に関して，Ⅴ・Ⅵで得られた知見を踏まえることで，市見世をめぐる議論を再検討したい。Ⅶでは，19世紀初頭の武州小川町をめぐる市場争論史料の再検討を通して，市見世の一形態である高見世の位置づけを探りたい。近世関東の定期市をめぐっては，近年，売場の景観や商人差配権の問題に関心が集まっている（岡村 1999，杉森 2006，吉田 2000）。そのな

序　論

かで，市見世の問題は，売場のあり方を考察する際の重要な切り口として注目されてきた。

　市見世には，前見世・中見世など諸形態があることが知られ，高見世もその一つといわれる[15]。しかし，高見世に関する史料は豊富とはいい難く，その特色は他の市見世と比較して不明な点が多かった。そのなかで，19世紀初頭の武州小川の市場争論は，高見世の性格を窺わせる興味深い事例として，先行研究でも盛んに取り上げられてきた。ただし，そこに現れる高見世の位置づけをめぐっては，論者によって見解の違いが著しい。そこでⅦでは，先行研究における高見世理解の相違について原因を明らかにした上で，その位置づけを再検討することを目的とする。小川六斎市の高見世をめぐっては，1813年の市場争論絵図をどのように理解するかが論点となる。本書では，ⅤとⅥで検討した市場争論絵図の史料的性格を踏まえつつ，この課題に取り組みたい。

　本書では，以上の一連の分析を通して，近世の関東地方における定期市と市町をめぐる問題を検討したい。

　　　注
　1）　近年の地理学では，現代を対象とした定期市研究の進展がみられる（たとえば石原・溝口 2006，石原 2009，中村 2016）。しかし，現代の定期市は，たとえ途上国の定期市であっても近代的な交通機関の影響を受けており，この点で前近代の定期市のあり方とは異なる。
　2）　小林（1985）における萩藩領の定期市の考察は，1968年に発表した論文に基づくものであり，実質的には1960年代の成果である。
　3）　江戸地廻り経済圏は，江戸を経済的に支える後背地を指した概念である（伊藤 1966）。
　4）　特に，香具師商人（岡村 1997，神田 2000），近江商人（杉森 2006），長吏（岡田 2002）など集団として組織された商人の分析が目立つ。
　5）　歴史時代の市場網を地誌から導いた成果は，海外研究においてもみられる（石原 1987）。
　6）　なお，近年では市場商人に関する研究が進展し，その市掛行動や集荷活動の実態などが報告されている（たとえば岡村 1999，杉森 2006：209-252）。これら

7．市町における定期市の出店形態

　　は，定期市の中心性を窺わせる点においても貴重であるが，史料に恵まれた特定の時期や地域に考察が限定される点に課題が残る。
7) なお，享保期（1716〜1735年）の秩父郡大渕村明細帳を用いた伊藤（1967：70）のように，個別の村明細帳を用いた定期市研究はさらに多くみられる。
8) 村明細帳に特化した資料集を刊行する自治体も増加しており，たとえば多摩地域では，小平市，青梅市，八王子市，町田市，日野市などが挙げられる。
9) 村明細帳は歴史地理学において，村々の生産品目や農間稼ぎ，使用肥料など，従来から様々な分析に利用されてきた。研究例として梶川（1970），上原（1982），古田（1996：245-278），溝口（2002：90-120）などが挙げられる。
10) 近年の研究例として，岡村（1994b），鯨井（2003），杉森（2006），尾崎（2008），渡邉（2008b）などが挙げられる。
11) たとえば，埼玉県（1988a：669-686）では38頁にわたって県内各地の定期市について論じられるが，葛飾郡の定期市については，米穀取引が盛んであったことがわずかに言及されるのみである（埼玉県 1988a：679）。
12) たとえば，小川町（2001：96-122）は，「市をめぐる争い」という項目において，27頁にわたって17点の史料を採録している。
13) 伊藤（1967：99-101）は，商品生産の発達する近世中期以降，定期市の機能として，絹・生糸・炭など特産品の集荷機能がより重要になったことを指摘している。
14) 石原（1987：79）は，「成立した市システムが，外的諸条件の変化のもとに遂げる変容」の解明を，定期市研究の重要な課題と位置づける。市場網の変遷の仕組みは，定期市研究における大切な論点といえよう。
15) 岡村（1994a）は，近世定期市の市見世として，内見世・前見世・定見世・中見世・高見世の5つが通時的かつ広域的に確認できるとしている。

第 1 部　市場網の成り立ちと変化

第 1 部　市場網の成り立ちと変化

Ⅰ．村明細帳を用いた近世武蔵国における市場網の分析

1．はじめに

　Ⅰでは近世武蔵国を対象として，①村明細帳における定期市関係記事の特質を整理する，②その特質を踏まえ，村明細帳の分析を中心に定期市の消長や市場網の変化を検討する，ことを目的とする。武蔵国では，近世を通じて定期市が広範に展開し，『新編武蔵国風土記稿』や『武蔵国郡村誌』（以下，『風土記稿』，『郡村誌』と略記）など，定期市の分布や市日を網羅的に把握できる官撰地誌も存在する。このことは，近世の市場網を分析する際の大きな利点であり，後述するように，これらの官撰地誌を用いた定期市研究が早くから蓄積されてきた。また，村明細帳に関しても，1977年に『武蔵国村明細帳集成』が刊行されるなど，史料整理や活字化が進んでいる（小野 1977）。さらに，武蔵国は所領錯綜地域であるため，近世を通じて領主や代官の変遷が激しい。村明細帳が提出される主要な契機の一つに，領主や代官の交替があったことを考えると（野村 1949：20），武蔵国では有力大名の所領が展開する地域と比較して，村明細帳の提出機会が多かったことが想定される。このような条件から，本書の対象地域として適当であると考えた。
　武蔵国の市場網は中世以来，再編を繰り返しながら近代に至ったことが知られ，先行研究では後北条氏による支城領の設定や，家康の関東入封による再編などが具体的な画期として指摘されている（藤田 1987，岡村 1994a）。再編は江戸時代にも継続し，18世紀以降にも新市が広く設立された（伊藤 1967：99-101）。また，17世紀中期から18世紀初頭にかけては，土豪など個人に帰属する色彩の強い中世的な市から，市町の住人が共同管理する近世的な

I. 村明細帳を用いた近世武蔵国における市場網の分析

市への変化も進行した（伊藤 1967：62-63）。このような定期市の管理主体の変化は，17世紀の検地や市屋敷の設定と密接に関係することが指摘されている（杉森 2006：140-141）。また，この地域の定期市は近世中期以降，商品生産の進展を背景に，日用品供給から特産品の集荷へその機能を大きく転換させた。18世紀以降における既存定期市の衰滅と新市設立，それに起因する市場網の変化は，そのような定期市の機能変化を背景として進んだと考えられる（伊藤 1967：99-101）。

近世武蔵国の市場網に関する研究の嚆矢として，武藤（1965）が挙げられる。武藤（1965）は，『風土記稿』にみえる市町と市日を分析し，いくつかの市リングの存在を指摘した[1]。また，武藤（1965）は1875年の『郡村誌』を用いて，『風土記稿』にみえる定期市と比較するとともに，埼玉郡・新座郡における定期市の市場圏を検討した[2]。その後，1980年代後半には藤田（1987）や埼玉県（1988a, 1989）による検討がみられる。藤田（1987）は，『風土記稿』を中心に北武蔵の市町・古市場の分布を検討し，埼玉県（1988a, 1989）は埼玉県域の定期市について，『風土記稿』の分析を中心に近世前期・近世後期の別に一覧にした[3]。表I-1は，それらの先行研究で抽出された定期市について郡別かつ五十音順に整理したものである。また，図I-1ではそれらを地図上に示した[4]。

武藤（1965）や藤田（1987），埼玉県（1988a, 1989）は，いずれも『風土記稿』を中心に分析したものであるが，そこで抽出された定期市をみると，それぞれ相違点がみられる。その要因として，①『風土記稿』以外に補助的に用いた史料がそれぞれ異なる，②『風土記稿』からの定期市の抽出基準が異なる，の2点が指摘できる。たとえば①について，武藤（1965）は『郡村誌』から，『風土記稿』以降幕末までに新設・再興された定期市も抽出している[5]。また，②について，埼玉県（1988a, 1989）は，村内の小字「市場」にまつわる伝承など，江戸時代の市か判然としないものまで広く抽出している[6]。武藤（1965）や藤田（1987）が取り上げなかった定期市（古市場）が，少なからず取り上げられているのは，そのためである。

第1部　市場網の成り立ちと変化

表Ⅰ-1　江戸時代の武蔵国における定期市

郡	市町（市日）	A	B	C	風土記稿	村明細帳初見	備考
足立郡	1. 上尾宿（2・7）	×	△	×	記述なし	1841年（上尾宿）	
	2. 石戸宿	×	大市	大市	大市	未見	＊
	3. 浦和宿（2・7）	○	○	○	○	1700年（与野町）	
	4. 大宮宿（5・10）	×	×	×	記述なし	1842年（三室村）	
	5. 桶川宿（5・10）	○	○	○	○	1729年（桶川宿）	
	6. 川口宿（5・10）	○	△	大市	△	未見	
	7. 鴻巣宿（4・9）	×	○	○	○	1743年（南村）	
	8. 小室宿	×	×	△	○	未見	＊
	9. 草加宿（5・10）	○	○	○	○	1721年（草加町）	
	10. 大門宿	×	×	×	記述なし	未見	注Ⅰ-17)
	11. 舎人（2・7）	（範囲外）	△	△	○	未見	
	12. 鳩ヶ谷宿（3・8）	○	○	○	○	1816年（大牧村）	
	13. 原市（3・8）	○	○	○	○	1700年（与野町）	
	14. 平方	×	×	△	小名	未見	＊
	15. 与野（4・9）	○	△	○	市神	1689年（宿村）	
	16. 蕨宿（1・6）	幕末新市	大市	大市	大市	1821年（大谷口村）	
入間郡	17. 今市（2・7）	△	△	○	○	1697年（平村）	
	18. 入間川（2・7）	△	○	大市	△	未見	
	19. 扇町屋（3・8）	○	○	○	○	1718年（南入曽村）	
	20. 上松郷（4）	×	×	○	△	未見	
	21. 川角（9）	○	○	×	○		のち市場村に分村
	22. 坂戸（3・8）	○	○	○	○	1725年（新堀村）	
	23. 所沢（3・8）	○	○	○	○	1700年（小川新田）	
	24. 宗岡	×	×	△	小名	未見	＊
	25. 森戸（4・10）	×	×	△	小名	未見	「河越御領分明細記」
	26. 毛呂（1・5）	×	△	×	記述なし	1704年（成瀬村）	
	27. 四日市場（4）	△	△	○	記述なし	未見	
	a. 川越（2・6・9）	○	○	○	記述なし	1700年（与野町）	
荏原郡	28. 品川宿	（範囲外）	（範囲外）	（範囲外）	大市	未見	毎日市もあり
	29. 世田谷（1・6）	（範囲外）	（範囲外）	（範囲外）	大市	未見	長沢（2008）
	30. 二日五日市(2・5)	（範囲外）	（範囲外）	（範囲外）	△	未見	
大里郡	31. 熊谷宿（2・7）	△	△	○	△	1694年（越畑村）	
	32. 村岡	×	×	○	△	未見	＊
男衾郡	33. 鉢形（3・8）	○	○	○	○	1727年（白岩村）	
葛飾郡	34. 上赤岩	×	×	○	△	未見	＊
	35. 栗橋宿（1・6）	○	○	○	○	1716年（葛梅村）	
	36. 幸手宿（2・7）	○	○	○	○	1716年（葛梅村）	
	37. 杉戸宿（5・10）	○	○	○	○	1805年（上吉羽村）	
	38. 平沼（1・6）	○	○	○	○	1754年（彦倉村）	渡邉（2010b）
	39. 三輪野江（3・8）	○	○	○	○	未見	
児玉郡	40. 児玉（3・10）	○	○	○	○	1767年（児玉村）	
	41. 八幡山（5・8）	○	○	○	○	1760年（秋山村）	
	42. 本庄宿（2・7）	○	○	○	○	1750年（石神村）	
	43. 渡瀬（2・7）	△	△	○	記述なし	1702年（三波川村）	

I．村明細帳を用いた近世武蔵国における市場網の分析

郡	市						備考
高麗郡	44. 虎秀	×	△	△	小名	未見	＊
	45. 高麗本郷（3・8）	△	△	△	△	未見	
	46. 高麗（4・8）	×	△	△	△	1716年（梅原村）	梅原・栗坪村境
	47. 高萩（2・7）	△	△	△	△	未見	＊
	48. 中山（1・5）	△	△	△	△	1720年（上名栗村）	
	49. 飯能（6・10）	○	○	○	○	1716年（梅原村）	
	50. 町屋（4・10）	×	×	×	記述なし	1705年（萱方村）	村明細帳にのみ現れる
埼玉郡	51. 粕壁宿（4・9）	○	○	○	○	1843年（上金崎村）	
	52. 加須（5・10）	○	○	○	○	1785年（水深村）	
	53. 上新郷（5・10）	○	○	○	○	未見	
	54. 騎西（4・9）	○	○	○	○	1716年（葛梅村）	
	55. 久喜（3・8）	○	○	○	○	1716年（葛梅村）	
	56. 越谷（2・7）	○	○	○	○	1737年（藤塚村）	
	57. 菖蒲（2・7）	○	○	○	○	1729年（葛梅村）	
	58. 羽生町場（4・9）	○	○	○	○	1764年（北河原村）	
	59. 向古河（4・9）	△	△	△	△	未見	
	60. 鷲宮（5・10）	○	○	○	○	1716年（葛梅村）	
	b. 岩槻（1・6）	×	○	○	○	1700年（与野町）	
	c. 行田（1・6）	○	○	○	○	1694年（越畑村）	
多摩郡	61. 五日市（5・10）	（範囲外）	○	（範囲外）	○	1716年（五日市村）	
	62. 伊奈（1）	（範囲外）	△	（範囲外）	記述なし	1716年（五日市村）	
	63. 今井	（範囲外）	△	（範囲外）	小名	未見	1617年に新町に移転
	64. 青梅（2・5）	（範囲外）	○	（範囲外）	○	1689年（下師岡村）	
	65. 小川新田（1・7）	（範囲外）	○	（範囲外）	記述なし	1771年（小川村）	＊
	66. 北野	（範囲外）	○	（範囲外）	○	未見	＊
	67. 清戸	（範囲外）	×	（範囲外）	記述なし	1700年（小川新田）	
	68. 新町（4・7）	（範囲外）	○	（範囲外）	記述なし	1689年（下師岡村）	
	69. 鈴木新田（2）	（範囲外）	○	（範囲外）	記述なし	1774年（鈴木新田）	
	70. 関戸（3・9）	（範囲外）	○	（範囲外）	△	未見	＊
	71. 田無（1・6）	（範囲外）	○	（範囲外）	記述なし	1863年（田無村）	
	72. 中里新田	（範囲外）	○	（範囲外）	記述なし	未見	伊藤（1967:104）
	73. 拝島（3・9）	（範囲外）	○	（範囲外）	△	1734年（伊奈村）	
	74. 八王子（4・8）	（範囲外）	○	（範囲外）	○	1689年（大沢村）	
	75. 原町田（2）	（範囲外）	（範囲外）	（範囲外）	○	1804年（森野村）	
	76. 平井（6）	（範囲外）	○	（範囲外）	○	1700年（小川新田）	
	77. 府中宿（5・9）	（範囲外）	大市	（範囲外）	大市	1700年（小川新田）	
	78. 本町田（7）	（範囲外）	（範囲外）	（範囲外）	○	1804年（森野村）	
秩父郡	79. 大野原（4・9）	△	△	△	△	未見	
	80. 大宮郷（1・6）	○	○	○	○	1689年（古大滝郷）	
	81. 小鹿野（5・10）	○	○	○	○	1683年（太田部村）	
	82. 坂石町分	大市	大市	×	大市	未見	
	83. 坂本（2・7）	○	○	○	○	未見	
	84. 下吉田（3・8）	○	○	○	○	1683年（太田部村）	
	85. 薄（薬師堂）	×	×	×	記述なし	未見	注Ⅰ-17)
	86. 名栗	×	×	△	小名	未見	＊
	87. 贄川（2・7）	△	△	大市	△	1689年（古大滝郷）	
	88. 皆野（4・9）	幕末新市	×	○	記述なし	未見	1867〜72年に新設か

第1部　市場網の成り立ちと変化

郡	市名	A	B	C	『風土記稿』	年代	備考
秩父郡	89. 本野上（2・7）	○	○	○	○	1788年（古大滝村）	
	90. 安戸（5・10）	△	△	大市	△	1733年（大野村）	
新座郡	91. 白子宿（5・10）	（範囲外）	○	○	○	未見	
	92. 下新倉	×	大市	×	大市	未見	
	93. 野火止宿（5・10）	×	×	△	記述なし	1704年（野火止宿）	
	94. 引又（3・8）	×	○	○	○	1701年（館村）	
	95. 膝折（4・9）	△	○	大市	△	未見	
幡羅郡	96. 葛和田（4・9）	大市	大市	大市	大市	未見	
	97. 妻沼（5・10）	○	○	○	○	未見	
榛沢郡	98. 深谷宿（5・10）	○	○	○	○	1822年（古郡村）	
	99. 寄居（4・9）	○	○	○	○	1694年（越畑村）	
比企郡	100. 伊草宿（1・7）	△	△	△	△	未見	＊埼玉県(1990：732)
	101. 大塚	×	×	△	記述なし	未見	
	102. 小川（1・6）	○	○	○	○	1694年（越畑村）	
	103. 玉川	×	△	○	記述なし	未見	
	104. 松山（5・10）	○	○	○	○	1694年（越畑村）	
横見郡	105. 久保田（3・8）	×	大市	大市	△	1697年（久保田村）	渡邉（2024）

A：武藤（1965），B：藤田（1987），C：埼玉県（1988a，1989）。○『風土記稿』の定期市　△『風土記稿』の時点で衰退していた定期市　×定期市として把握されない　＊戦国期以前に展開・廃絶した可能性のある定期市　a〜c：城下市町

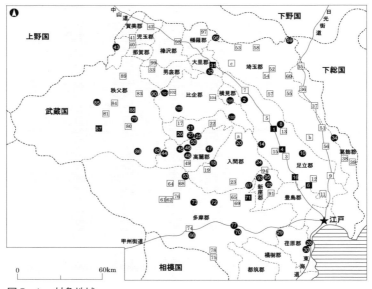

図Ⅰ-1　対象地域
□『風土記稿』の時点で定期市　■『風土記稿』の時点で休止中または設立以前であるが，幕末までに新設・再興された定期市　●『風土記稿』の時点で古市場または大市　図中の番号は表Ⅰ-1と対応

『風土記稿』では、それが編纂された時点で既に衰退していた定期市について、従前の定期市の様子がしばしば記される[7]。先行研究では、そのような古市場の記述をもとに、近世前期の定期市に関する議論が行われてきた。しかし、それらの定期市は、『風土記稿』以前に展開し、衰退したことが分かるが、実際の活動期間については不詳である場合が多い[8]。この問題に対しても、村明細帳を用いることで、より具体的な消長の過程や時期の把握が可能になると期待される。

また、以下の分析では、村明細帳に加えて市場争論や定期市の新設・再興に関する史料も援用的に用いる。これらは、各地に大量に残る村明細帳と比較して点数が限られ、その分析のみで市場網の広域かつ通時的な動向を把握することは困難である。一方で、これらの史料は、個別の定期市に関して村明細帳よりも詳細な記述を伴うことが多く、村明細帳の分析から得られた知見を補強あるいは検証する材料として有用である。以下、具体的な分析に移るが、まず2節では、村明細帳の定期市関係記事とその特色を整理するところから始めたい。

2. 村明細帳の定期市関係記事とその特質

(1) 村明細帳における定期市関係記事

村明細帳は上述のように、近世の村々の概況を記録した史料である。ここではまず、村明細帳の定期市関係記事が、具体的にどのように現れるのか確認したい。次の史料は、その例として、1694年（元禄7）の比企郡越畑村明細帳から、定期市関係記事を中心に抜粋したものである（小野 1977：182-185）[9]。

第1部　市場網の成り立ちと変化

【史料Ⅰ-1】（下線は筆者による）
　（前略）一，当村市場ニハ無御座候
　一，当村西東ヘ八町北南ヘ十八町
　一，当村より熊谷ヘ三り，小川ヘ壱里，行田ヘ五り，松山ヘ三里，寄居ヘ三里，石之市ヘ出商売仕候（穀）　（10条略）
　一，男稼耕作之間ハ熊谷行田市市場真木売仕候（後略）

　このように，村明細帳では諸項目が箇条書きで記され，定期市関係の記事もそのひとつである。そして，定期市関係の記事は下線で示した2条に分かれて記述されている。すなわち，先の条では「当村市場にはござなく候」とあり，越畑村に定期市がないことが記される。そして，後の条では，最寄の定期市と越畑村からの距離が記され，それらの市で穀物が取引されていたことも知られる。17世紀末期の越畑村では，周囲1～5里（約4～20km）の範囲にある複数の定期市が利用されていた。また，【史料Ⅰ-1】では，男性の農間稼ぎとして，熊谷・行田の市における真木（薪）の売却が記される。商品生産が盛んになる17世紀後期以降の村々にとって，定期市は特産品を売却する場でもあった。そのため，村々と定期市との関係は，村明細帳の農間稼ぎの項目にもしばしば表れる。

　【史料Ⅰ-1】のように，村明細帳の提出村における定期市開催の有無と，提出村から最寄の定期市とは，別々に記されることがほとんどである。以下，本章では前者を自村定期市の記事，後者を最寄定期市の記事として整理する。農間稼ぎの項目における定期市への言及も，最寄定期市の記事に類する扱いが可能であろう。これらの定期市関係記事はどの村明細帳にも必ず記されるわけではなく，両方が記されるもの，どちらか一方のみ記されるもの，定期市関連記事がまったくみられないものなど多様である。これは，村明細帳がその時々に領主が示す雛形に基づいて作成され，提出させる目的によって記載内容が一定しなかったためと考えられる（野村 1949：19)[10]。本章では，定期市関係の記事を伴う村明細帳を分析対象とするが，まず，自村

I．村明細帳を用いた近世武蔵国における市場網の分析

定期市と最寄定期市，それぞれの記事の特質について位置づけを行う。

（2）自村定期市の記事

自村定期市の記事は，村明細帳の提出村における定期市開催の有無に関する記録であり，一般農村の場合，【史料I-1】のように市がない旨が記される[11]。これにより，当該村に定期市がなかったことが確認できるが，一般農村に定期市がないことは，いわば当然のことであり，さして重要な情報とは思われない。それゆえ，自村定期市の記事が注目されるのは，提出村が定期市を開催している場合といえる。村明細帳は一般農村のみならず，定期市が開催された市町でも広範に作成された。これは，近世日本において，城下町以外の町場は行政的に村として管理されたためである。

それでは，市町が提出した明細帳において，自村定期市の記事はどのように現れるのであろうか。その例として，1720年（享保5）の与野町明細帳をみると，「当町毎月市日，四日・九日・十四日・十九日・廿四日・廿九日，粟・稗・大豆・小豆，その外穀物売買仕り候」とある（与野市企画部市史編さん室1982：357-361）。これにより，与野4・9市が1720年時点で開催されており，粟・稗などの穀物や豆類が取引されていたことが知られる。これ以外でも，市町が提出した明細帳では，市日が記される場合が多く，市日の時期的変化を検討する材料となり得る。また，取引商品が記録される例は稀であるが，記載される場合は市での取引品目が分析可能となる[12]。

また，自村定期市の記事では，定期市の休止，あるいは過去の定期市開催について記録される例もしばしばみられる。定期市の休止が記される例として，1720年の安戸村明細帳には，「当村市日，五日・九日・十五日・十九日・廿五日・廿九日，古来よりの市日にござ候ところ当分立ち申さず候，春のばかり楮の売買ござ候」という一節がみられる[13]。これにより，安戸の市が1720年時点で休止中であり，春季間だけ楮の取引がなされる状況にあったことが知られる。また，過去の定期市開催が記された例として，1809年（文化

37

第1部　市場網の成り立ちと変化

表 I-2　市場争論における村明細帳の証拠資料としての利用

年代	係争地(支配)	争論内容と村明細帳の利用	典拠
1733	境・世良田 (伊勢崎藩領・幕領)	境が世良田新市の差止を求める。世良田は従来からの定期市と主張。 →1722年の世良田村明細帳で定期市の休止が確認される。世良田は敗訴。	渡邉(2009)
1785	下仁田・本宿 (幕領)	下仁田が本宿を定市場でないと訴える。本宿は定期市開催の正当性を主張。 →本宿は1710〜60年代の明細帳を提出。証拠に採用され定市場と認定。	渡邉(2009)
1832	青梅・新町 (幕領)	7・27の市日がどちらのものか争われる。 →先年の青梅村明細帳に7・27の市日の記載がなく、両市日は新町の市日となる。	伊藤(1967:76)
1844	中之条・原町 (清水家・幕旗相給)	単独での毎月市開催を求める中之条と、隔月市の維持を求める原町との争い。 →原町は明和期(1764〜1772年)の村明細帳を証拠として提出。	中之条町誌編纂委員会(1983:676)

6)の膝折村明細帳では，「当村市日七月七日・十二月廿四日，右は先年市御証文頂戴罷り有り候ところ，大出水の節失われ申し候，その節は芹沢市と申し先年百姓古屋敷の候節は毎月六度ずつ市立て申し候へども，出水にて只今屋敷引き申し候，以後立ち兼ね申し候間お願い申し上げず候」とある[14]。膝折では洪水が原因で定期市が廃絶し，1809年時点で年2回の大市になっていた。このように，自村定期市の記事を通して，定期市の休止あるいは過去の定期市開催が確認できるケースはしばしばみられる。それらの具体的な検討は，3節の(1)で行いたい。

なお，市町の明細帳における自村定期市の記事は，ある程度の正確さをもって記されたと考えられる。幕府機関が審理した市場争論において，自村定期市の記事が，過去における定期市開催の証拠として採用された例が複数みられるからである(表 I-2)。このような史料的性格は，次にみる最寄定期市の記事と異なり，自村定期市の記事の特徴といえる。

(3) 最寄定期市の記事

　最寄定期市の記事は，【史料 I - 1】にみたように，明細帳の提出村で利用されていた定期市に関する記録であるが，自村定期市の記事のように，中断した古市場であることを断った記載はみられない。そのため，最寄定期市の記事に現れる定期市は，基本的にはその時点で存在していた定期市とみなされる。ただし，最寄定期市の記事は，市場争論で証拠として用いられた例は現時点で確認できていない。証拠の価値としては，市町自らが申告した自村定期市の記事よりも，客観性がありそうに思われるが，村明細帳が市場争論で証拠として採用された場合でも，そこで用いられたのは自村定期市の記事に限られるのである。このことは，最寄定期市の記事が必ずしも正確さを期した内容でないことを暗示するように思われる。すなわち，先年の提出分がそのまま引き写されることも多い村明細帳にあって，最寄定期市の細かい動向が逐一反映されなかった可能性である。

　最寄定期市の動向を踏まえないまま，先年の記事を引き写したとみられる村明細帳は，実際に確認できる。1788年（天明 8 ）の秩父郡北川村明細帳は，最寄定期市として秩父大宮，飯能，高麗，越生（今市），小川を挙げ，「右市場え罷り越し諸用相達し申し候」と記す[15]。しかし，高麗 4 ・ 8 市は後述するように，1771年（明和 8 ）から休止中であった。つまり，ここでは，17年前から休止中の市が，最寄定期市として挙げられるのである。北川村では，これに先行する1755（宝暦 5 ）年の村明細帳でも，最寄定期市として上記 5 市を挙げており（飯能市史編集委員会 1983：137-141），1788年の村明細帳の内容は，高麗 4 ・ 8 市の直近の動向を踏まえずに引き写された可能性が高い。

　最寄定期市の記事は，定期市と後背地との関係を窺わせる貴重なデータであるが，このような史料的性格には留意すべきであろう。たとえば，定期市の消長時期を議論する際など，最寄定期市の記事は慎重に用いる必要があ

る。3節の分析では，同一村における年次の異なる村明細帳を比較して，引き写された内容でないか検証を行うとともに，より信頼性の高い史料と組み合わせる，あるいはその他の傍証を得るなどして，最寄定期市の記事から得られる内容を補強するよう努めた。

以下では，このような村明細帳の定期市関係記事の特質を踏まえつつ，具体的な分析に移りたい。3節の（1）ではまず，定期市の動向を把握する視点から，近世中後期における定期市の消長を検討する。

3．近世武蔵国における定期市の展開

（1）村明細帳と定期市の消長

武蔵国では17世紀末から幕末期までの期間に休止・廃絶した定期市が少なからず存在する。図Ⅰ-2では現時点で確認できているそれらの定期市を取り上げ，市の消長および根拠となった史料の種類を示した[16]。これらの定期市のうち，大宮宿，町屋，清戸は，武藤（1965）や藤田（1987），埼玉県（1988a，1989）のいずれの先行研究でも取り上げられず，かつ，『風土記稿』に定期市に関する記事がみられない[17]。従来，知られてこなかった定期市といえよう[18]。

大宮宿は，1809年（文化6）大宮宿明細帳で市が休止中であるとされ，定期市の存在が示される（小野 1977：64-73）。その後，1842年（天保13）三室村明細帳（浦和市総務部市史編さん室 1981：693-698）や，1890年（明治23）の「埼玉県報」（埼玉県 1988b：699）では大宮宿5・10市が挙げられ，幕末期に再興されたと考えられる[19]。

町屋は，1705年（宝永2）萱方村明細帳[20]，1725年（享保10）新堀村明細帳（日高市史編纂委員会 1996：269-279）という複数の村明細帳で最寄定期市として現れ，18世紀前期に定期市があったことは明らかである。しかし，そ

I. 村明細帳を用いた近世武蔵国における市場網の分析

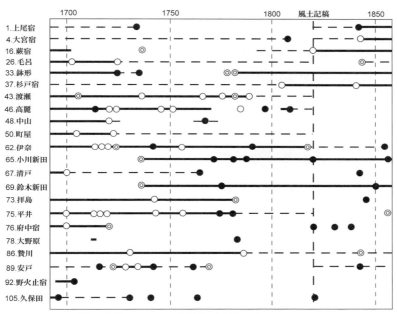

図I-2 江戸時代の武蔵国における定期市の消長
● 自村定期市記事　○ 最寄定期市記事　◎ その他（訴訟記録など）
実線：定期市継続　破線：消長不詳　線なし：休止・廃絶ないしは設立以前
市町の番号は表I-1と対応　「風土記稿」は『新編武蔵国風土記稿』

れ以後，町屋の市に関する記録は確認できず，『風土記稿』でも定期市への言及がみられない。なお，町屋六斎市に関しては，四日市場や川角，森戸の定期市との系譜的関係が指摘できる。1702年（元禄15）の「河越御領分明細記」（埼玉県 1991：92）で4・10市とされる森戸は，町屋の隣村であり市日も共通する。この場合，両村で同一市日の定期市が別々に立てられたと考えるよりも，定期市の移転や，あるいは町屋4・10市と森戸4・10市とが同一の定期市を指す可能性を想定すべきであろう[21]。また，両村の西に隣接する四日市場は，17世紀前期に市が立てられ，隣村の川角9市と合わせて4・9市を成した[22]。川角9市の開催地は，1681年（延宝9）頃に川角から分村した市場村に比定される（蘆田 1996b：2-3）。町屋あるいは森戸の4・10市

第1部　市場網の成り立ちと変化

は，17世紀のある時点で，これらの市を継承したことが想定できよう。

清戸も『風土記稿』で定期市の記事がみられないが，1682年（天和2）の引又3・8市の記録において清戸の市への言及がみられ（志木市 1987：327），1700年の小川新田明細帳では最寄定期市として挙げられる（小平市中央図書館 1993：4-11）。その後，清戸の市は周辺村々の明細帳に現れなくなり，1764年の上清戸村明細帳には定期市が衰退している旨が記される（清瀬市史編纂委員会 1973：256-259）。なお，市日は現時点で未詳である。

さて，図Ⅰ-2で取り上げた定期市のうち，大宮宿，町屋，清戸以外のものは，従来から存在が知られてきた定期市といえる。それらの定期市についても，村明細帳の検討によって，17世紀末から幕末期にかけての消長過程を，従来に比べて明確にできた。これらの定期市の消長過程は，いくつかのパターンに整理することが可能である。

第1に，17世紀末から幕末期にかけて新設された定期市として，小川新田，鈴木新田，大野原，野火止宿が挙げられる。小川新田と鈴木新田は1739年（元文4），大野原は正徳年間（1711～1716年），野火止宿は1695年（元禄8）の開設である（埼玉県 1991：92，柿原 1995：78）。このうち，大野原と野火止宿は新市設立の数年後には廃絶している。すなわち，1779年（安永8）の秩父大宮郷町年寄の記録によれば，大野原4・9市が他所から移転されたもので，正徳年間に2～3年立てられたのみであるという[23]。また，野火止宿5・10市は，1705年（宝永2）段階で7・12月のみの開催となっており（志木市 1987：53-56），『風土記稿』では定期市に関する記事がみられない。

第2に，17世紀末から幕末期に従来の定期市が再興された例として，上尾宿，大宮宿，杉戸宿，安戸が挙げられる。このうち，安戸以外の3件は，現時点で中断に至った時期が不詳であり，17世紀以前から衰退していた可能性も否定できない。安戸六斎市は，2節の（2）で述べたように，1720年（享保5）時点で春季だけの開催であったが，1727年には隣接市町である小川に勝訴して定期市開催が認められた（小川町 2001：106-109，東秩父村 2005：114-115）。その後，18世紀中期まで継続したのち再び廃絶している[24]。

I．村明細帳を用いた近世武蔵国における市場網の分析

　第3に，17世紀末から幕末期に従来の定期市が衰退した例として，蕨宿，毛呂，鉢形，渡瀬（わたらせ），高麗（こま），中山，町屋，伊奈，清戸，拝島，平井，府中宿，贄川，久保田（渡邉 2024）が挙げられる。このうち，蕨宿，毛呂，鉢形，高麗，中山の市は，衰退後しばらくして再興された。

　蕨宿六斎市は1703年（元禄16）に休止し，1741年（寛保元）に再開された際に隣接市町の浦和宿が訴訟を起こし，幕府道中奉行の裁定により差止めとなった（丸山 1975：312-315，渡邉 2009a）。これにより，蕨宿六斎市は廃絶したと考えられるが，19世紀になると，1821年の大谷口村明細帳は近隣定期市として蕨宿六斎市を挙げている（浦和市総務部市史編さん室 1981：665-671）。また，丸山（1975：465）は，蕨宿内の日記史料において，1791年（寛政3）や1804年（文化元），1821年（文政4）などたびたび盆暮以外の市日に関する記述がみられることを指摘している。しかし，『風土記稿』では，「年毎に七月十一日，十二月廿六日の両度を市日として，時用の物を交易せり」とあり，年二度の大市に関する記述しかみえない。このような『風土記稿』と他史料との離齬は，どのように理解できるであろうか。

　18世紀末から19世紀前期の蕨宿にとって，年二回の市日以外に市を立てることは，1741年の裁許に違反する行為であった。そのため，『風土記稿』の廻村調査の際など，表向きには年二回の市であると申告していたのであろう。一方で，丸山（1975：465）が挙げた宿内の日記史料は，あくまで宿内での覚書であって，外部の目に触れることは基本的に想定されていないはずである。そのため，裁許違反の市開催であっても，日記に記す限りにおいては，特に問題はなかったであろう。

　また，1821年大谷口村明細帳については，当時実際に存在した蕨宿六斎市について記述した可能性が高いと考える。村明細帳は前代の内容を引き写すことが少なくなかったとはいえ，蕨宿六斎市がなくなってから80年間も引き写し続けた可能性は，さすがに小さいように思われるからである。おそらくは，当該期の蕨宿が六斎市を開催していて，大谷口村の人々がそれを利用しているという実態が存在したのであろう。公儀に提出する書面にそれを書く

第1部　市場網の成り立ちと変化

ことは，蕨宿に対して配慮を欠く行為であったともいえるが，1821年にはすでに裁許から80年が経過しており，市場争論に関する近隣住民の意識も薄らいでいたことが考えられる。

　このように考えると，蕨宿では，1741年の市場争論の折に大市開催のみ認められた経緯から，形式的には年2回の市日を申告し続けながらも，1821年頃には六斎市の実体を整えていた可能性が指摘できよう。蕨宿六斎市は，年次不詳（幕末期）の芝村明細帳（小野 1977：12-25）に現れるほか，丸山（1975：466）も1866年（慶応2）時点で頻繁な市開催があっていたと指摘しており，少なくとも幕末期には再興されていたことが明らかである。

　また，鉢形の市も18世紀中期の中断ののち1780年代前半に再興が果たされた（渡邉 2009a）。蕨宿と鉢形は，再興ののち幕末まで継続したとみられるが，毛呂や高麗，中山の市は短期間で再び衰退した。

　このうち高麗は，定期市の消長時期が村明細帳から明確にできる例として興味深い。高麗では，1655年（承応4）の市場規定が残り（埼玉県 1990：743），市の成立はそれ以前に遡れる。また，18世紀には複数の村の明細帳で最寄定期市として現れるが（小野 1977：143-147，飯能市史編集委員会 1983：137-141，日高市史編纂委員会 1996：263-279)[25]，1798年（寛政10）の梅原村明細帳には，定期市が27年前（1771年）から潰れていると記される[26]。

　また，『風土記稿』では，「月ごとに四八の日を市日となして賑ひしに，元文二年（筆者注 1737年）御代官（中略）江戸へ引移れり。（中略）当所の市も漸く衰へて五六十年前より終に廃せりと云」とある。『風土記稿』の編纂が行われた1820〜1830年頃から「五・六十年前」となると，ちょうど村明細帳にある1771年（明和8）頃にあたる。その後，1805年（文化2）に市は再興され，1809年梅原村明細帳には「文化二年奉行へ願い上げ奉り，その後相改め四八ノ日を定日と致し梅原・栗坪両村へ六斎市相立申すべき旨仰せ渡され尤も前々より商人入込み諸品売買仕り候」とある（小野 1977：148-150）。ただし，『風土記稿』では1805年の再興について言及がみられず，実態を伴わないまま短期間で再び衰滅したとみられる[27]。

Ⅰ. 村明細帳を用いた近世武蔵国における市場網の分析

以上,武蔵国内における22の定期市について,17世紀末から幕末期に至る消長過程を検討した[28]。それでは,このような定期市の消長は,周辺定期市との関係や,市場網の変遷のなかで,どのように位置づけられるのであろうか。次に,武州西部の入間・高麗地域を事例として,この問題を検討したい。

(2) 定期市と周辺村々

2節の(3)で述べたように,村明細帳の最寄定期市の記事は,定期市と後背地との関係を窺わせる材料となる。『風土記稿』には,村々がどの定期市を利用したかという記事はなく,近世日本の定期市と後背地との関係について,同時代史料に基づいて広範に分析した成果は,これまでみられなかった。ここでは,高麗・入間郡を中心とした地域を取り上げ,村明細帳の分析をもとに,定期市と後背地との関係を考察したい。この地域は,18世紀から幕末期にかけて定期市の変遷が顕著であることに加え,平野部から山麓,山間地まで含まれるため,定期市と村々との関係をめぐる平野部と山間地との差異を検討できる。また,高次の中心性を有する川越九斎市があり,定期市の階層性の問題を議論することも可能である。

図Ⅰ-3は,18世紀前半の定期市と村々との関係について,村明細帳の分析をもとに図化したものである[29]。これらの定期市のうち,川越と青梅は戦国期以来の市で,市日は17世紀中期までに整えられた(埼玉県 1988a:671,伊藤 1967:74)。また,新町は1617年(伊藤 1967:49),所沢は1639年(埼玉県 1988a:679),扇町屋も所沢と同時期には定期市が開設された[30]。高麗でも前述のように17世紀中期までに定期市が成立しており,毛呂や中山の市も17世紀中期には存在が確認できる(岡村 1999)。そして,1679年(延宝7)の「市目録之次第」には,青梅,所沢,扇町屋,中山,飯能といった定期市とその市日が列挙され[31],今市をめぐっては,1677年に玉川との間で市場争論が発生している(埼玉県 1990:743-744)。このように,当地域の定期市の成立時期は区々であるが,1670年代には幕末期まで続く市日配置も概ね整えられて

第1部　市場網の成り立ちと変化

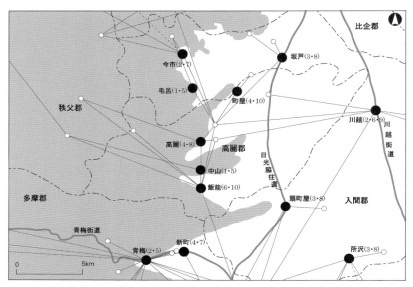

図Ⅰ-3　入間郡・高麗郡周辺における定期市と村々（1701〜1750年）
※網掛けは山地，破線は1700年以前の村明細帳に現れるもの

いたと考えられる。

　さて，図Ⅰ-3で特徴的なのは，平野部と山間地との傾斜変換点に沿った定期市の林立で，今市，毛呂，高麗，中山，飯能，青梅がそれに該当する[32]。山間部には定期市がみられず，外秩父や多摩川上流の村々は，遠方の谷口集落を最寄定期市として挙げている。一方で，平野部では一定間隔で定期市が分布し，村々は概ね2里（約8km）以内の定期市を最寄定期市として挙げるが，そのなかで川越は広い後背地を有していた。このような定期市の階層性は，村々と定期市との結びつき方にも窺うことができ，たとえば高麗，または中山を最寄定期市として挙げる村は，必ず飯能も同時に挙げている。

　高麗や中山は，18世紀中後期に衰退した市であり，18世紀前期においても，飯能より中心性が低かった可能性が指摘できる。これと同様に，最寄定期市として毛呂を挙げる村は今市を，新町を挙げる村は青梅を同時に挙げてい

Ⅰ．村明細帳を用いた近世武蔵国における市場網の分析

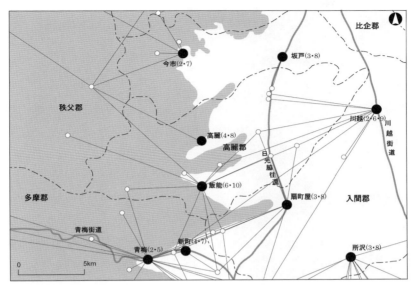

図Ⅰ-4　入間郡・高麗郡周辺における定期市と村々（1751～1800年）
※網掛けは山地

る。このうち，毛呂は18世紀中後期に衰退した市で，18世紀前期にあっても中心性は高くなかったとみられる。

　図Ⅰ-4は，18世紀後半の定期市と村々との関係を図化したものである。一見して気づくのは，傾斜変換点付近の定期市の減少であり，先述の毛呂や中山，および町屋の市は，いずれも18世紀中期に衰退したとみられる。18世紀中期にはこれら低位の定期市の淘汰と有力定期市への一元化が進行したといえよう。その一方で，継続した定期市をめぐっては，18世紀前半と同様の傾向が看取できる。秩父郡や多摩川上流における山間地の村々は，遠方の谷口集落を最寄定期市として挙げ，川越は広い後背地を維持していた。また，高麗や新町は，18世紀後半にも継続こそしたが，最寄定期市の記事に現れる村々と定期市との関係をみても，飯能や青梅との間の階層関係に変化はなかったことが窺える。

　図Ⅰ-5では，19世紀前半の定期市と村々との関係を示した。この時期に

47

第1部　市場網の成り立ちと変化

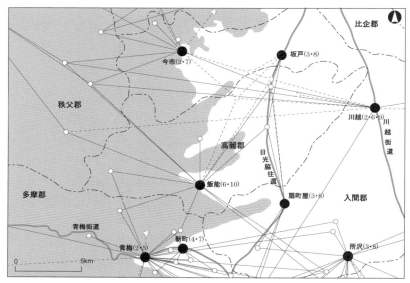

図Ⅰ-5　入間郡・高麗郡周辺における定期市と村々（1801～1850年）
※網掛けは山地，破線は1851年以降幕末までの村明細帳に現れるもの

は，高麗4・8市が衰退し，有力定期市への一元化はさらに進行した。また，18世紀にも広い後背地を有した川越は，19世紀前半になると，秩父郡の山間村々の明細帳にも散見されるようになる。そこでは7～9里（約28～36km）という距離が合わせて記録され，川越の中心性の高さが，この時期にはより顕著になったといえる。しかし，交通手段の発達していなかった江戸時代にあって，これほど遠方の定期市が日常的に利用され得たのであろうか[33]。

この点について，示唆的なのは，中島（1964：76）や伊藤（1967：74-80）が検討した1835年（天保6）の青梅・新町の市場争論である[34]。本争論は，2・5・12・17・22・25という青梅の変則市日を解消すべく，新町から7・27の市日を移そうとする動きのなかで発生した。

訴訟過程では，両定期市を利用する村々が，それぞれの立場から青梅側，あるいは新町側に名を連ねた。連名した村々は，2村を除いていずれも三田

Ⅰ. 村明細帳を用いた近世武蔵国における市場網の分析

図Ⅰ-6　1835年の青梅・新町市日争論における周辺村々の立場
○青梅側（三田領）　●新町側（三田領）　×連名しなかった村（三田領）
▲新町側（三田領以外）

領の村であった[35]。それらの村々の分布をみると，新町を支持する村々が新町周辺の比較的狭い範囲に留まるのに対して，青梅を支持する村々は，多摩川上流に広く展開し，直線距離でも30kmほど離れた甲州国境付近まで及んでいる（図Ⅰ-6）。幕末期の多摩川上流の村々にとって，青梅縞は重要な産業であったが，青梅の従来の変則市日は，5日単位で織り出す青梅縞の出荷に不便であったという（伊藤 1967：77-78）。つまり，多摩川上流の村々にとって，青梅が2・7市の体裁を整えることは，製品出荷の利便性を高める意味で重要であり，それゆえに青梅側に加担したのである。

　このことは，甲州国境付近の村々による青梅六斎市の利用が，日常的なものであったことを示す[36]。もちろん，これは青梅縞の生産と出荷という特殊な結びつきに基づくもので，川越九斎市と秩父山地の村々との関係に敷衍できるかは慎重に考える必要がある。しかし，19世紀前半に，30km以上離れた村々による定期市利用が，実際に行われ得たことの証左とはなろう。

　このような遠方の定期市の利用は，より早い時期の史料でも確認できる。たとえば，1743年（寛保3）の秩父郡中津川村明細帳には，「当所より市場え上小鹿野町市え七里程，大宮町市え拾里程，右両所の市へ罷り出諸用相達し申し候」という記事がみられる[37]。10里（約40km）ほども離れた大宮郷の市まで出向き，諸用を達したというのである。このように，山間地の村々にあっては，18世紀前半においても遠方の定期市の利用が行われていた[38]。

49

なお，表Ⅰ-1をみると，入間郡・高麗郡周辺には，入間川や川角など，複数の定期市がこれらと別に存在したことが分かる。ただし，それらの定期市は，いずれも『風土記稿』で古市場とされるか，あるいは定期市の記事がみられず，村明細帳の最寄定期市の記事でも確認できない。1702年（元禄15）の「河越御領分明細記」に現れる前述の森戸を除き，村明細帳が各地で作成され始める17世紀末期までに廃絶していたことが想定できる。また，定期市と村々との関係を考える際に，街道との関係は一つの論点である。近世の武州西部における主要街道として，日光脇往還が挙げられる。日光脇往還は，坂戸から扇町屋を通り八王子に至るルートをとるが，扇町屋を最寄定期市として挙げる村は，日光脇往還に沿って南北に展開する傾向が看取できる（図Ⅰ-4・5）。平野部における定期市と村々との結びつきに，街道が一定の影響を与えたことが窺えよう。

4．小　括

Ⅰでは，定期市研究における村明細帳の史料的意義とその特質を位置づけた上で，近世中後期の武蔵国における定期市の展開について検討した。村明細帳の定期市関係記事は，自村定期市の記事と最寄定期市の記事とに大別される。自村定期市の記事は，提出村における定期市の有無や市日に関する記録で，市町の提出した明細帳は市場争論で証拠に用いられた事例も複数みられた。また，提出時点で定期市が休止している場合に，その旨が記された場合も少なくない。最寄定期市の記事は，提出村の最寄りの定期市に関する記事で，定期市と村々との関係が示される点で貴重である。しかし，20年近く休止していた定期市が挙がる例もあり，また，市場争論で証拠に採用された例が見出せないことからも，記事の正確さについては注意して用いる必要がある。

武蔵国内の22の定期市について，村明細帳とその他の史料とを組合せるこ

Ⅰ．村明細帳を用いた近世武蔵国における市場網の分析

とで消長過程を追うことができた。特に，18世紀後半から19世紀にかけて中断と再興を繰り返した高麗4・8市は，消長時期が村明細帳から特定できる事例である。また，大野原や野火止宿のように，ごく短期間しか機能していなかった定期市も確認できた。

　近世の定期市と村々との結びつきは，従来，不明な点が多かったが，村明細帳の最寄定期市の記事を用いることで，ある程度の復原が可能である。武州西部の入間・高麗地域では，18世紀から19世紀にかけて，低位の定期市が淘汰され，有力な定期市に一元化される方向で市場網再編が進行した。川越九斎市の後背地は18世紀にも際立って広かったが，19世紀には30km以上離れた秩父郡の村々との結びつきも顕著になった。山間部では定期市の分布が疎で，村々は遠方の谷口集落の定期市を利用していた。一方で，定期市が一定間隔で分布する平野部にあっては，個々の定期市の後背地は，川越のような大規模なものを除いて，概ね2～3里（約8～12km）程度であった。また，街道のあり方は，平野部の定期市と村々との関係に一定の影響をもたらしたと考えられる。

　　注
　1）『風土記稿』は，1817～1823年に集中的に行われた廻村調査を踏まえて編纂された（白井 2004：177-242）。郡によって数年の時差はあるが，概ね1820年頃の様子を表す史料といえよう。
　2）埼玉郡と新座郡以外には分析が及んでいない。武藤（1965：68）が述べるように，両郡以外，『郡村誌』に村々と周辺定期市との関係が記載されていないためである。
　3）なお，武藤（1965）や埼玉県（1988a，1989）の分析は現埼玉県域のみを対象としているが，藤田（1987）はそれに加えて多摩郡や足立郡南部を範囲に含めている。
　4）図Ⅰ-1では，『風土記稿』に定期市に関する記述がみられなくとも，他史料で同時期における定期市開催が確認できる場合は，『風土記稿』の定期市と同じ扱いとした。『風土記稿』は，一定の指針に基づいて編纂された官撰地誌であるが，近現代の統計資料ほどの厳密さは想定できず，記載がないから定期市がなかったとは必ずしもいえないからである。ただし，熊谷宿2・7市のように，『風

第1部　市場網の成り立ちと変化

　　　　土記稿』に中断の旨が明記される場合は，近い年代の定期市関係史料がある場合でも中断扱いとした．
 5) 　表Ⅰ-1では，蕨宿1・6市，皆野4・9市がその例である．
 6) 　戦国期以前に展開し，江戸時代に継続しなかった可能性のある市には，表Ⅰ-1で「＊」の記号を付した．
 7) 　たとえば，高麗郡中山村の項では，「この村享保の頃までは毎月一五の日を定めて市立けるが，其後しばらく中絶し，明和の季に至て前に復し再び市立しが，それも又幾程なく止て今はなし」とある（蘆田1996b：124）．
 8) 　表Ⅰ-1の定期市のうち，上記の中山，および拝島に関してのみ，『風土記稿』に衰退や再興の時期が明記されている．
 9) 　越畑村は現在の埼玉県比企郡嵐山町にあった村である．
10) 　なお，同じ日付で同じ領主に提出された村明細帳であっても，村によって定期市関係記事の有無が異なる例も散見される．これは，雛形提示を伴わずに村明細帳を提出させることがあった可能性，あるいは雛形以外に村明細帳の記載項目を規定する要素があった可能性を窺わせる．後者について考えられるのは，先に述べた前代の村明細帳からの引き写しの問題である．これらの要素の相互関係については別途検討する必要があるが，現時点では，村明細帳の記載項目が雛形と前代の村明細帳という複数の要素に規定されたことを指摘するに留めたい．
11) 　本書では，山村も含めて「農村」と表記している．米家（2002）が指摘するように，農村と山村を区別した把握も古くからあるが，地理学における農村は，都市の対概念として用いられてきた用語でもある．高橋（2015：34）は，農村の定義について「住民が主として農業，あるいは漁業や林業などの第一次産業と呼ばれる活動をなりわいにして生活している村」としており，山村を含めて農村とする立場は今日の地理学でも明確にみられる．
12) 　与野以外の例として，1695年の寄居でも，「米，麦，薪，絹・綿・木綿布，繰綿，小間物」といった取引商品が村明細帳に記録される．岩田家文書61，1695年「武蔵国秩父領榛沢郡新寄居村差出帳」．本章では埼玉県立文書館の写真版（CH218）を使用した．なお，17世紀の寄居4・9市は，岡村（1994b）による詳細な検討がある．
13) 　東秩父村所蔵安戸村文書2-6，1720年「武州秩父郡安戸村明細帳」．なお，表Ⅰ-1で整理した「村明細帳初見」では，本史料のような，定期市の休止が明記される村明細帳は取り上げなかった．また，楮は安戸周辺で生産が盛んであった和紙の原料である．
14) 　牛山家文書，1809年「武蔵国新座郡膝折村明細帳」．本章では，埼玉県立文書館の写真版（CH15-4）を使用した．なお，膝折は定期市の廃絶時期が不詳であるため，ここでは取り上げなかった．
15) 　浅海家文書8，1788年「村差出明細帳」．本章では，飯能市立博物館の原本コ

Ⅰ．村明細帳を用いた近世武蔵国における市場網の分析

ピーを使用した。なお，北川村明細帳を用いた先行研究として当麻（1954）が挙げられる。
16) 17世紀末から幕末まで休止せずに継続した定期市，あるいは17世紀までに廃絶し，その後，再興されなかったと考えられる定期市については，図Ⅰ-2では表示しなかった。
17) 図Ⅰ-2に挙がる以外に，大門宿（10）と薄(すすき)（85）も，『風土記稿』に定期市関係の記事がみえず，かつ武藤（1965）や藤田（1987），『埼玉県史』といった先行研究でも取り上げられていない。ただし，薄は岡村（1994a）や杉森（2006：51-80）による事例研究がなされ，17世紀前期における薄から小鹿野への市の移転が明らかにされている。また，大門宿は1788年の大門宿明細帳に「先年ハ市場ニ御座候所当時市場ニも無御座候」という記述がみえ，1801年には定期市の再興申請を行っている（小野 1977：54-58，浦和市総務部市史編さん室 1981：349-350）。ただし，定期市の再興が実現したかは定かでなく，具体的な活動期間は現時点で未詳である。
18) 管見において，大宮市史編さん委員会（1974：30）に大宮宿六斎市への若干の言及がみられる程度である。
19) 「埼玉県報」に，埼玉県内の定期市の所在・市日・取引品目を一覧にした記事がみられる。
20) 町田家文書122，1705年「明細書差上之扣」。本章では，坂戸市歴史民俗資料館の原本コピーを使用した。
21) たとえば，定期市が両村にまたがって立てられ，川越藩が森戸4・10市と把握する一方，在地では町屋4・10市と認識されていた可能性が考えられる。定期市が2村以上にまたがって設置される例は散見され，町屋周辺でも，高麗（梅原村・栗坪村）や飯能（飯能村・久下分村）の市がそれに該当する（尾崎 2008）。
22) 1612年の検地帳（現存せず）に川角九日市場の記載がみられるという（蘆田 1996b：1）。
23) 「右之市他村にて承け候所，正徳年中に弐三か年も立ち候様に承け及び申し候」（柿原 1995：78）。なお，大野原六斎市がどこから移転されたのかは現時点で未詳である。
24) 安戸村役人が1771年の鉢形・小川の市場争論で証言を求められた際，休市同然であると述べている（東秩父村 2005：114-115）。
25) 吉田家文書247，1746年「武蔵国秩父郡上我野内明細帳」。本章では，飯能市立博物館の原本コピーを使用した。
26) 「以前高麗町と申し候て，毎月三八の日六才市立て申し候，しかるところ二十七か年以前辰年以来連々相潰れ候」。埼玉県立文書館所蔵堀口家文書202，1798年「村差出明細帳控」。なお，梅原村は高麗町を形成する1村であり，ここでの高麗六斎市休止の記録は，自村定期市の記事と位置づけられる。

第1部　市場網の成り立ちと変化

27) 1832年には，高麗六斎市の再興が改めて試みられ，町内議定が結ばれた。しかし，伊藤（1967：113-114）が指摘するように，この議定は町内での申し合わせの色合いが強く，実際に再興に至ったのかは未詳である。
28) なお，図Ⅰ-2に取り上げたのは，18世紀以降に定期市の休止・廃絶を経験した市町であり，実際には，この期間を通じて継続した定期市の方が多い。それらに対する村明細帳の意義は，定期市継続の過程を同時代史料において確認できることであろう。
29) 図Ⅰ-3～5は，それぞれ50年のタイムスパンのなかで確認できた関係を図化したもので，必ずしもある一時点で同時に存在した諸関係を表すものではない。しかし，従来の研究で不明な点の多かった近世日本の定期市と後背地との関係について，50年単位であってもこのような地図化を行う作業に一定の意義はあると考えた。また，最寄定期市の記事における引き写しの問題も，50年単位の大まかな目安として利用する限りにおいて，その影響は比較的小さい範囲に留められると考えた。なお，以下の分析では本来，典拠となった村明細帳をすべて挙げるべきであるが，膨大なリストになるため，紙幅の関係で割愛した。
30) 沢田家文書，17世紀中期「武蔵国入間郡扇町屋市祠之祝文」。なお，本史料の存在は入間市博物館の工藤宏氏にご教示いただいた。
31) 石川家文書8-14, 1679年「市目録之次第，乍恐指上ヶ申伊奈市口上書御事」。本章では五日市郷土館のマイクロフィルムを使用した。これは，市場争論の折に伊奈周辺の定期市とその市日を書き上げた史料で，日の出町史編さん委員会（2002：174-176）で概要が紹介されている。
32) 青梅六斎市は，1838年に2・7市となるまで，2・5・12・17・22・25日という変則的な市日であったが，本章では便宜的に青梅2・5市と表記する（伊藤1967：74-80）。
33) 石原（1987：24-30）は定期市の市場圏について，世界各地の事例から，ほぼ2～10kmの範囲に収まると述べる。これは，徒歩交通を時速4kmとした場合，片道0.5～2.5時間で到達できる距離であるという。これを念頭に置いた場合，ここでの川越九斎市の後背地は著しく広い。
34) 先行研究でも盛んに議論され，中島（1964：76）は模式的ながら図Ⅰ-6と同様の地図を掲載している。また，本書のⅡでは「領」と定期市の交易圏との関係に触れた。これに関して，経済史の神立（2003：240-267）は，青梅一帯に広がる「三田領」における人々の経済行動を検討し，本争論に関して中島（1964：76）と同じような図を掲載している。なお，図Ⅰ-6の元になった史料は青梅市史編さん委員会（1995：989-902）に所載されている。
35) なお，定期市と「領」との関係については，Ⅱで詳述する。
36) ただし，生産者農民が直接青梅縞を市に持参したとは限らず，生産と輸送との分業関係が広範に成立していた可能性も考慮すべきであろう。

37) 幸島(きしま)家文書D-2，1743年「武蔵国秩父郡中津川村高反別村差出牒」。本章では，埼玉県立文書館の写真版（CH160-1）を使用した。なお，中津川村は鉛山開発をめぐる鉱山集落として知られる（原田 2011）。
38) 1743年中津川村明細帳の別の箇所には，「当村男は耕作の間に山稼ぎ仕り渡世送り申し候」，「当村女は右山稼ぎの品々をせをい出し仕り渡世送り申し候」という記事がみられる。18世紀中期の中津川村においては，山稼ぎの品々（板・桶木など）を背負い出す役目を女性が担っており，定期市利用の一端もこの点にあったことが想定できよう。

Ⅱ. 近世中後期における武州二郷半領の村々と平沼六斎市──村明細帳の分析を中心に──

1．はじめに

　Ⅱでは武州東部の二郷半領を事例として，村々と周辺定期市との関係を検討する。近世関東の「領」は，後北条氏の地域編成の枠組が近世的に再編されたもので，二郷半領もその一つである。「領」と市場圏との関係について，三田領（青梅・奥多摩一帯）を事例として検討した神立（2003：240-267）は，「領」が近世初期には人々の経済行動の完結する範域であったことを想定しつつ，村々の生産力の向上とともに「領」を超えた経済行動が拡大すると論じた[1]。ただし，これは三田領の事例に基づく見通しであり，神立自身も述べるように，三田領以外における事例研究を蓄積しつつ，検証を進める必要がある。二郷半領は沖積平野に位置し，治水事業の進展する近世中後期には穀倉地帯を形成するなど，山間・山麓地帯に展開した三田領とは地域的性格が異なる。そのため，二郷半領を事例として「領」と周辺定期市との関係を考えることは，三田領の事例を相対化する意味でも，一定の意義があると考える。

　以下では，具体的な分析に移るが，まず2節では二郷半領とその周辺地域について概観したい。その上で，3節では二郷半領の村々と定期市との関係を考察する。そして，4節では二郷半領の定期市である平沼六斎市に注目したい。平沼六斎市は二郷半領の村々の記録に最も頻繁に表れる定期市であるが，その商業圏は二郷半領内で完結したのであろうか。本章では，周辺地域の史料を通して，「領」を超えた定期市と村々との結びつきを検討する。この一連の分析を通して，近世二郷半領の村々と定期市との関係を明らかにし

Ⅱ. 近世中後期における武州二郷半領の村々と平沼六斎市

たい。

なお，Ⅱでは，定期市に関する村々の記録として，村明細帳を中心に分析する。村明細帳は，近世の領主が村柄を把握するために村々から提出させた帳簿で，その記載内容は，村高や田畑反別，検地，山林，河川，用水，旧跡，社寺，家数，人数など多岐にわたる（地方史研究協議会 1955：52）。そして，定期市に関する記述も，村明細帳においてしばしばみられる。村明細帳の定期市研究への利用可能性は，桑原（1943）によって早くに指摘され，その後も信州上田藩領（大石 1975：23-71），武州青梅周辺（筑波大学歴史地理学研究室 1983：10-11，神立 2003：240-267），上武国境地帯（和泉 1998：21-59），西上州（吉田 2000），東上総（土屋 2004）などを事例として，分析が蓄積されてきた。Ⅱでもこれらの先行研究に学びつつ，村明細帳にみられる定期市関係の記述を分析したい。

2．対象地域の概観

近世の二郷半領は，現在の三郷市から吉川市にかけての地域に展開していた。図Ⅱ-1では二郷半領を中心とした地域を示したが，二郷半領は東を江戸川，西を古利根川，南を小合溜井で区切られ，北は吉川村の北方で松伏領と接していた[2]。南流する古利根川左岸の自然堤防上には早くから集落が立地し，戦国期には上赤岩[3]・吉川・彦名・花和田などの市場が存在したことが知られている。また，古利根川右岸の八条にも，戦国期に市が立っていた[4]。

近世の定期市について，『風土記稿』では平沼・三輪野江という二ヵ所の六斎市が二郷半領内に確認できる。また，越谷宿や草加宿の六斎市も二郷半領から1～2里（約4～8km）程度の距離にあった。さらに，江戸川左岸では松戸宿と流山村に六斎市があり，また，小金町や東深井村でも定期市が確認できる[5]。これらの定期市間では，隣接する市同士で市日が重ならないよ

第1部　市場網の成り立ちと変化

図Ⅱ-1　対象地域
■ 近世の市場（市日）　□ 戦国期の市場　● 本文で取り上げた村
河川流路は迅速測図（1880年）による

う調整され，いわゆる「市リング」が形成されていた[6]。図Ⅱ-1では，草加宿と流山村が同一市日であるが，それ以外は概ね別々の市日が設定されていたことが分かる。こうした市日調整により，市場商人は複数の定期市を巡回して商品販売をすることが可能になり，また，周辺村々の人々も，地域内の複数の定期市を利用できた。

また，平沼村，三輪野江村，流山村の六斎市はそれぞれ近接した位置関係にあり，二郷半領一帯の特色と

して指摘できる。平沼村と三輪野江村は直線距離で1里（約4km）程度，さらに，三輪野江村と流山村は半里（約2km）程度と近接していた。その要因として，江戸川や古利根川といった大河川が，この地域を縦断していたことが挙げられる。たとえば，三輪野江村と流山村との間には江戸川が流れ，両村を行き来する際の障壁となっていた。江戸川両岸に別個の定期市が必要とされたのは，そのためであろう。

なお，幕末期の二郷半領では，古利根川沿いに平沼村，江戸川沿いに三輪野江村を親村とする改革組合村が設定されたが，平沼村組合の寄合は，組合村のほぼ中央に位置する彦成村や駒形村で行われることもあったという（桜井2005）。これは，平沼村が二郷半領の北部に位置し，二郷半領南部に位置する村々からのアクセスが悪いためであった。このことを念頭に置くと，二

Ⅱ．近世中後期における武州二郷半領の村々と平沼六斎市

郷半領内の村々のなかでも，北部の村と南部の村とでは定期市との関係が異なった可能性が考えられる。3節ではその点も考慮しつつ，村明細帳の分析を中心に，近世二郷半領の村々がどのように定期市を利用していたのか検討したい。

3．二郷半領の村々における定期市の利用

　近世二郷半領の村明細帳について，今回調査できたのは表Ⅱ-1の52点である[7]。村明細帳が各地で広く作成されるようになるのは17世紀末であるが，二郷半領で確認できる現時点で最も古い村明細帳は，1716年（正徳6）の彦倉村明細帳である。また，18世紀のものが全体の5分の4を占め，19世紀の村明細帳は相対的に点数が少ない。表Ⅱ-1にみられる村明細帳の提出村は，駒形村，境木村，大膳村，中曽根村，彦倉村，吉川村の6村で，駒形村と大膳村を除く4村は，いずれも古利根川左岸の自然堤防上の村である（図Ⅱ-1）。

　それでは，村明細帳において，定期市に関する記事はどのように表れるのであろうか。【史料Ⅱ-1】は，1754年（宝暦4）の彦倉村明細帳から，定期市関係の記事を中心に抜粋したものである。

【史料Ⅱ-1】（下線は筆者による）
　「（表紙）　　邑柄様子明細書
　　　　　　　武蔵国葛飾郡彦倉村」
　午より戌迄五ヶ年定免　　武州葛飾郡二郷半領
　　一高三百八拾八石九斗八升五合　　　　　彦倉村
　　　巳　米百七拾四石七升五合
　　　　　永拾壱貫九百拾四文

59

第1部　市場網の成り立ちと変化

午	米百七拾四石四斗五升七合	外百廿石八斗五合
	永拾壱貫九百拾四文	当未水損捨差引
未	米五拾三石六斗五升弐合	
	永拾壱貫九百拾四文	
申	米百拾四石四斗五升七合	
	永拾壱貫九百拾四文	
酉	米百七拾四石四斗五升五合	
	永拾壱貫九百拾四文	

（15条略）

一^{a)}　<u>農業之間男ハ縄筵等仕候，女ハ夫食飯料を拵衣類縫洗濯仕候，其外何ニ而も余稼一向無御座候，尤縄筵等漸ク手前遣用計ニ而他所へ売出助成ニ相成申候儀曽而無御座候</u>

一^{b)}　<u>最寄市場之儀ハ平沼村と申市場ニ而道法壱里余有之申候</u>
　　　　　　　　　　　○他村○
一　田畠共ニ御領所ニ御座候而入会村ニ而ハ無御座候

一　夫食ハ麦・稗・粟・菜・大根・芋平生夫食ニ仕候

一　百姓分限七・八反所持候百姓六・七人，五・六反分所持候百姓四・五人，水呑百姓弐・三人，此外高持候者之儀大概右ニ准シ申義ニ御座候得共，大高持者ハ小作入地ニ仕候間，高ニ応シ候而ハ思之外小人数ニ御座候

一　御林無御座候

一　原地芝間等之開地無御座候

一　百姓林無御座候

一^{c)}　<u>町場市場無御座候</u>

一　古利根川附キ村ニ御座候得共，是より用水引候義無御座候

（58条略）

　　　右村柄様子相違無御座候

60

Ⅱ．近世中後期における武州二郷半領の村々と平沼六斎市

武蔵国葛飾郡二郷半領彦倉

宝暦四年戌　　　　　　　　　　　　　　名主　孫右衛門
　　九月　　　　　　　　　　　　　　　　　（3名略）

このように，村明細帳では多岐にわたる項目が列挙され，定期市に関する記事もその一つとして表れる。【史料Ⅱ-1】において，定期市は，下線部b）とc）の2条に分かれて記述されている。下線部b）では，「最寄市場の儀は平沼村と申す市場にて道法壱里余これ有り申し候」とあり，彦倉村から最寄の定期市として，一里余の距離にある平沼村が挙げられている。また，下線部c）から，当時の彦倉村に市が立っていなかったことが分かる。このように，村明細帳における定期市の記事は，提出村から最寄の市場に関する記事と，提出村における市開催の有無に関する記事とに大別できる。また，下線部a）は農間稼に関する記事であるが，これも定期市との関係において注目される。前述のように，商品生産の盛んになる近世中期以降，定期市の機能は日用品供給から特産品集荷へと大きく転換した（伊藤 1967：99-101）。そのため，村々と定期市との関係は，村明細帳の農間稼の記事にもしばしば現れる[8]。

　二郷半領の村明細帳のなかで，定期市に関する記事が最初に確認できるのは，1737年（元文2）の彦倉村明細帳である。そこでは，「米穀前栽物江戸へ出し売り候も稀にござ候，近在町場市場へ出し売り候義はござ候」と記され，当時の彦倉村の人々が，米穀や前栽物を近在の市場で売却していたことが知られる。同様の記事は，1746年（延享3）正月や同年6月，および1750年（寛延3）の彦倉村明細帳でもみられるが，「近在町場市場」が具体的にどの定期市を指すのかは記載されていない。しかし，既述のように，1754年（宝暦4）の彦倉村明細帳（【史料Ⅱ-1】）では，最寄市場が平沼村と明記され，先行する村明細帳における「近在町場市場」についても，平沼村であることが想定できる。その後も，彦倉村では1756年，1759年，1763年の村明細帳で，米穀・前栽物を近在市場で売却することが記されるが，それ以後の村

第1部 市場網の成り立ちと変化

表Ⅱ-1 近世二郷半領の村明細帳

No.	年代	村名	資料名	所蔵・出典
1	1716.4.	彦倉村	武蔵国葛飾郡彦倉村指出シ	三郷市史編さん委員会編 （1989：285-288）
2	1721.4.	境木村	武蔵国葛飾郡二郷半領境木村鑑帳	堀切幸内家文書C-1
3	1721.5.	吉川村	武蔵国葛飾郡二郷半領吉川村鑑帳	戸張斎家文書6
4	1730.4.	彦倉村	武蔵国葛飾郡弐郷半領彦倉村鑑帳	田中雅文家文書3-2
5	〃	境木村	武蔵国葛飾郡二郷半領境木村鑑控	堀切幸内家文書C-3
6	1733.6.	彦倉村	武蔵国葛飾郡弐郷半領彦倉村鑑帳	三郷市史編さん委員会編 （1989：289-291）
7	〃	境木村	武蔵国葛飾郡弐郷半領境木村鑑帳	堀切幸内家文書C-4
8	1734.9.	境木村	武蔵国葛飾郡弐郷半領境木村鑑帳	三郷市史編さん委員会編 （1989：292-296）
9	1737.5.	境木村	村差出シ帳	堀切幸内家文書C-6
10	1737.12.	彦倉村	村差出シ帳	田中雅文家文書3-4
11	〃	境木村	武蔵国葛飾郡二郷半領境木村鑑帳	堀切幸内家文書C-7
12	1742.8.	中曽根村	村差出シ帳	埼玉県立文書館長谷川勇氏収集 中曽根村文書12
13	1744.6.	彦倉村	邑指出帳	田中雅文家文書3-5
14	1746.1.	彦倉村	村差出帳	田中雅文家文書3-6
15	1746.6.	大膳村	武蔵国葛飾郡弐郷半領大膳村鑑帳	三郷市史編さん委員会編 （1989：297-299）
16	〃	彦倉村	村差出銘細帳	田中雅文家文書3-7
17	1750.10.	彦倉村	村指出銘細帳	田中雅文家文書3-8
18	1753.5.	彦倉村	武蔵国葛飾郡彦倉村鑑大概書	田中雅文家文書3-9
19	1754.9.	彦倉村	邑柄様子明細書	田中雅文家文書3-10
20	1756.10.	彦倉村	村指出明細帳	田中雅文家文書3-11
21	1759.5.	彦倉村	村鑑帳	田中雅文家文書3-12
22	1763.9.	彦倉村	村差出明細帳	田中雅文家文書3-13
23	1765.4.	大膳村	村鑑帳	立澤賢久家文書C-7
24	〃	境木村	村鑑帳	堀切幸内家文書C-16
25	1768.3.	境木村	武蔵国葛飾郡境木村鑑帳	堀切幸内家文書C-17-2
26	1771.3.	中曽根村	村鑑帳	埼玉県立文書館長谷川勇氏収集 中曽根村文書34
27	〃	彦倉村	村鑑帳	田中雅文家文書3-14
28	〃	境木村	卯歳境木村鑑帳	堀切幸内家文書C-17-1

Ⅱ．近世中後期における武州二郷半領の村々と平沼六斎市

29	1771.7.	大膳村	武州葛飾郡二郷半領大膳村差出帳	立澤賢久家文書C-8
30	〃	境木村	村差出シ帳	堀切幸内家文書C-18
31	1777.4.	彦倉村	村鑑下帳	田中雅文家文書3-15
32	1780.4.	彦倉村	村鑑下扣帳	田中雅文家文書3-16
33	1783.4.	彦倉村	村鑑帳下	田中雅文家文書3-17
34	1786.4.	彦倉村	村鑑帳	田中雅文家文書3-18
35	1788.7.	境木村	村差出明細帳	堀切幸内家文書C-23
36	1789.6.	彦倉村	村鑑帳	田中雅文家文書3-19
37	1792.3.	彦倉村	村鑑帳下扣	田中雅文家文書3-20
38	1792.4.	中曽根村	村鑑帳	埼玉県立文書館長谷川勇氏収集 中曽根村文書62
39	1792.8.	彦倉村	銘細書上帳	田中雅文家文書3-21
40	1800.11.	中曽根村	明細書上帳	埼玉県立文書館長谷川勇氏収集 中曽根村文書22
41	1803.1.	大膳村	村方明細帳	立澤賢久家文書C-27
42	1805.	大膳村	武蔵国葛飾郡弐郷半領大膳村銘細書上帳	立澤賢久家文書C-32
43	1821.8.	大膳村	地誌取調書上帳	三郷市史編さん委員会編 （1989：300-303）
44	1837.11.	中曽根村	村差出明細帳下	埼玉県立文書館長谷川勇氏収集 中曽根村文書26
45	1838.3.	中曽根村	村差出銘細帳下帳	埼玉県立文書館長谷川勇氏収集 中曽根村文書70
46	〃	大膳村	村差出明細帳	立澤賢久家文書C-55
47	1838.7.	駒形村	〔村明細帳〕	深井直人家文書95
48	1842.6.	中曽根村	村差出銘細下帳	埼玉県立文書館長谷川勇氏収集 中曽根村文書31
49	1852.8.	中曽根村	村差出銘細書上下帳	小野（1977：488-492）
50	1869.2.	中曽根村	明細書上帳下	埼玉県立文書館長谷川勇氏収集 中曽根村文書61
51	〃	境木村	明細書上帳	堀切幸内家文書C-88
52	年次未詳	境木村	〔境木村明細帳下書〕	堀切幸内家文書C-82

堀切幸内家文書，田中雅文家文書，立澤賢久家文書，深井直人家文書は三郷市教育委員会の原本コピーを使用した。また，戸張斎家文書は吉川市教育委員会の原本コピーを使用した。

第1部　市場網の成り立ちと変化

明細帳では，定期市に関する記事は確認できない。

　彦倉村と同時期には，中曽根村明細帳でも近似的な記事が確認できる。すなわち，1742年（寛保2）の中曽根村明細帳には，「米穀江戸へ出し売り申さず候，近在市場にて少々ずつ売り申し候，ならびに前栽物作り申さず候」とあり，近在市場における米穀の売却が記録される。この近在市場について，時代は下るが，1800年（寛政12）の中曽根村明細帳に，「最寄市場平沼村江道法拾五町」という記事が確認できる[9]。中曽根村は，先にみた彦倉村と比べても平沼村に近接しており（図Ⅱ-1），1742年（寛保2）の中曽根村明細帳における「近在市場」も平沼村を指す可能性が高いと考える。また，中曽根村では1838年（天保9），1842（天保13）年，1852年（嘉永5）の村明細帳でも，近在市場における米穀の売却が記録されている。中曽根村における平沼六斎市での米穀売却は，少なくとも18世紀中期から幕末期まで継続していたと考えられる。

　境木村では，1771年（明和8）7月の村明細帳に，「当村米穀の儀は，江戸へ出し候義は遠方，殊に川渡り不自由にござ候に付，当領平沼村，小金領松戸宿へ出し売り申し候」という記事がみられる[10]。二郷半領南部に位置する境木村では，平沼村とともに松戸宿でも米穀を売却していた。図Ⅱ-1をみても，境木村は直線距離では平沼村よりも松戸宿に近接していた。その際，江戸川は交通の障壁となったと思われるが，水戸街道の金町～松戸の渡しが利用できたことで，一定の利便性が確保されていたのであろう。

　それを裏づけるように，江戸川右岸の村が，松戸宿での商取引を記録する例は，境木村以外にもみられる。東葛西領の例であるが，1805年（文化2）の金町村明細帳では，「五穀の外多く作り出し候ものは三つ葉牛蒡ふきとふ奈す瓜茄子大角豆冬瓜葱等を作り江戸本所，松戸辺に売出し申し候」という記事が確認できる（東京都葛飾区 1985：582-589）。江戸川を越え，松戸宿にて前栽物を売却したというのである。もちろん，金町村には松戸宿への渡し場があったため，江戸川右岸の村々のなかでも，特に松戸宿との結びつきが強かったと思われる。しかしながら，1771年の境木村明細帳の記事を念頭に

Ⅱ. 近世中後期における武州二郷半領の村々と平沼六斎市

置いたとき，二郷半領にあっても，境木村以南の村では，商取引の場として松戸宿が利用されていたことが想定できよう。

このように，二郷半領の村明細帳では，平沼村や松戸宿といった定期市が，主に米穀を売却する場として記録されている。これは，葛飾郡の定期市で，米穀取引が盛んであったとする埼玉県（1988a）の指摘とも対応する。既述のように，近世中期以降の定期市では，特産品の集荷市としての機能がより重要になっていた（伊藤 1967：99-101）。江戸川と古利根川に挟まれた低湿地に位置する二郷半領では，定期市に集荷される主要な商品は，米穀であったと考えられる。しかし，米穀以外の商品生産は，二郷半領では行われていなかったのであろうか。この問題を考えるため，村明細帳にみられる，一般村民にかかる農間稼の記事を次に検討したい。

具体的に分析したのは，【史料Ⅱ-1】の下線部a）に相当する記事である。【史料Ⅱ-1】では，「農業の間男は縄筵等仕り候，女は夫食飯料を拵え衣類縫い洗濯仕り候，その外何にても余稼一向ござなく候，もっとも縄筵等漸く手前遣い用計にて他所へ売り出し助成に相成申し候儀かつてござなく候」とあり，農間稼の内容について男女別に記載されている。男性の仕事として縄・筵の作成が挙げられるが，自己消費分しか生産しておらず，他所に売り出すほどではないという。また，女性の仕事については，食事の準備，衣類の裁縫，洗濯といった家事労働一般が列挙されるのみである。

表Ⅱ-2は，村明細帳にみるこのような農間稼ぎについて，村別・年代順に一覧にしたものである。一見して分かるように，中曽根村以外の4村における農間稼の内容は【史料Ⅱ-1】と近似的であり，また，時代による変化もほとんどみられない[11]。男性の農間稼は，縄・俵・筵の作成が基本であり，【史料Ⅱ-1】と同様に，自己消費分しか作っていないことが併記される場合がほとんどである。これらは，稲藁を用いた製品と考えられ，米作を中心とした二郷半領の生業形態とも密接に関わるといえよう。また女性の農間稼は，炊事・裁縫・洗濯といった家事労働に加えて，木綿糸機が挙げられる場合が多い。ただし，縄・俵・筵と同様に，自己消費分しか生産されていな

第1部　市場網の成り立ちと変化

表Ⅱ-2　近世二郷半領の村明細帳にみる農間稼

村名	年代	表Ⅱ-1 No.	縄	俵	莚	飯料拵	衣類縫	洗濯	木綿糸機	漉返紙
境木村	1721	2	○	○	○	●	●	●	●	
	1730	5	○	○	○	●	●	●	●	
	1733	7	○	○	○	●	●	●	●	
	1734	8	○	○	○	●	●	●	●	
	1737	11	○	○	○	●	●	●	●	
	1765	24	○			●	●	●	●	
	1768	25	○			●	●	●	●	
	1771	28	○			●	●	●	●	
	〃	30	○			●	●	●	●	
	1788	35	○			●	●	●	●	
	1869	51	○			●	●	●	●	
	年次未詳	52	○			●	●	●	●	
大膳村	1765	23	○		○	●	●	●	●	
	1805	42	○			●	●	●	●	
	1821	43	△	△		●	●	●	●	
	1838	46	○			●	●	●	●	
中曽根村	1742	12	○	○				●	●	
	1771	26	○	○				●	●	
	1792	38	○					●	●	
	1800	40								○●
	1837	44	○					●	●	
	1838	45	○					●	●	△
	1842	48	○					●	●	
	1852	49	○					●	●	
彦倉村	1730	4	○	○	○	●	●	●	●	
	1733	6	○	○	○	●	●	●	●	
	1737	10	○	○	○	●	●	●	●	
	1744	13	○	○	○	●	●	●	●	
	1746	14・16	○	○	○	●	●	●	●	
	1750	17	○	○	○	●	●	●	●	
	1753	18	○	○	○	●	●	●	●	
	1754	19	○	○	○	●	●	●	●	
	1756	20	○	○	○	●	●	●	●	
	1759	21	○	○	○	●	●	●	●	
	1763	22	○	○	○	●	●	●	●	
	1771	27				(「男女共申立等成候稼無御座候」)				
	1777	31	○	○	○				●	
	1780	32	○	○	○				●	
	1783	33	○	○	○				●	
	1786	34	○						●	
	1789	36	○						●	
	1792	37	○						●	
	〃	39	○	○	○	●	●	●		
吉川村	1721	3	○	○	○	●	●	●	●	

○男性の農間稼　●女性の農間稼　△農間稼（性別未記載）
表Ⅱ-1の村明細帳のうち農間稼の記事がみられないものは，本表では除外した

かったようである[12]。

　このように，村明細帳の農間稼の記事をみても，近世中後期の二郷半領では，米穀以外の商品生産が発展していた様子は看取できない。そのなかで，1800年以降の中曽根村明細帳にみられる漉返紙は，商品生産に関わる農間稼として興味深い。漉返紙は，使用済みの和紙を再製したもので，江戸北郊で生産が盛んであったという（会田 2002）。ただし，中曽根村で生産された漉返紙が，実際に定期市で売却されたのかは村明細帳では確認できず，今後，検証を進める必要がある。

　なお，二郷半領の村明細帳において，三輪野江村や流山村の定期市を利用したことを示す記録は，今回，確認できなかった。その一因として，本章で分析した村明細帳のほとんどが，古利根川左岸の村のものであったことが考えられる。今後，江戸川右岸の村々の記録を検討することで，三輪野江村や流山村の定期市との関係を位置づける必要があるが，その検証は今後の課題としたい。

4．近世後期の平沼六斎市とその商業圏

　3節の検討から，近世二郷半領において，平沼村での米穀取引を記録する村が複数みられることが明らかになった。それでは，二郷半領の米穀が集散した平沼六斎市とは，どのような場であったのだろうか。また，平沼六斎市を利用する村々は，二郷半領内で完結したのであろうか。4節では，近世における平沼の町場や六斎市のあり方を概観するとともに，周辺地域の史料を通して，「領」を超えた定期市と村々との結びつきについて検討したい。

　図Ⅱ-2は平沼の町場とその周辺の地割形態について，1876年（明治9）の地租改正地引絵図から復原したものである[13]。一見して分かるのは，町場に特有の短冊形地割が，平沼村内を南北に走る往還の西側に連続していることである。一方で，往還東側には短冊形地割があまり観察できず，一筆ごと

第1部　市場網の成り立ちと変化

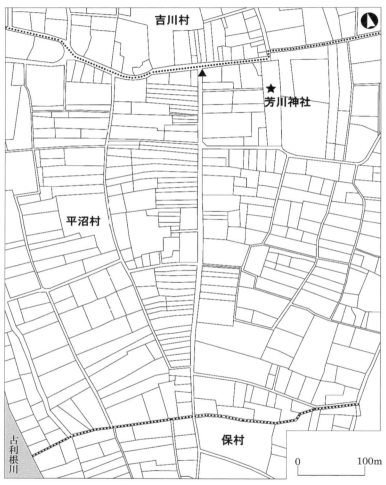

図Ⅱ-2　平沼の地割形態
　鎖線：村境　　▲：市神
　埼玉地方法務局越谷支局の地租改正地引絵図（1876年）より作成

Ⅱ. 近世中後期における武州二郷半領の村々と平沼六斎市

の間口が相対的に大きい。また，北接する吉川村の南端にも短冊形地割がみられる。このような平沼の景観は，『風土記稿』にも記されている。

【史料Ⅱ-2】（蘆田 1996a：139）
　　（前略）東西十九町余，南北四町余，市場は村内を貫きて凡四町許北の方吉川村より，南の方保村までの間民屋道の左右に列せり，道幅六間許，毎月一六の日を以て市の期とし，雑穀及農具を貿易す。此市場を昔より吉川市と称す，按に埼玉郡大口村延文六年（筆者注：1361年）市祭文に，下総国下河辺吉川市と云事見ゆ，ことに当村古は吉川村を通して一村なりしと土人もいへは，此市由て来ること旧き知へし（後略）

【史料Ⅱ-2】は『風土記稿』の一節であるが，平沼の市場について，北接する吉川村から南接する保村まで，道幅6間（約11m）程度の道の両側に民家が軒を連ねたとある。その戸数は【史料Ⅱ-2】には記載されないが，19世紀前期の「遊歴雑記」に「四百軒余」と記録されている（埼玉県 1979：795-796）。これは，図Ⅱ-2の筆数と比較しても明らかに多く，実際には一筆のなかに複数の家作が展開していたのであろう。このように，遅くとも『風土記稿』の廻村調査が行われた1823年（文政6）頃には[14]，近代以降の市街地へと継承される都市的な景観が，ある程度整えられていたと考えられる。

　また，平沼村は1602年（慶長7）に分村するまで吉川宿の一部であり（吉川市教育委員会 2007：32），『風土記稿』が編纂された当時の平沼六斎市は，吉川市(いち)と呼ばれていた。【史料Ⅱ-2】はこのことを踏まえ，平沼六斎市を1361年（延文6）の市祭文に表れる吉川市と関連づけながら，古くからの市であると考察している。1361年の市祭文は，その後の研究により戦国期の記録であることが共通認識になっているが[15]，戦国期の吉川市は，近世の平沼六斎市に先行する市場として位置づけられよう。ただし，平沼六斎市をめぐる17世紀の動向は，現時点で十分に把握できておらず，近世の平沼六斎市が戦国期以来，連綿と継承されたものであるかは，今後，慎重に考える必要が

第1部　市場網の成り立ちと変化

図Ⅱ-3　八坂神社外観
2009年11月15日に筆者撮影

ある。

なお，後掲する【史料Ⅱ-3】には，「弐郷半領吉川村・平沼村の義は，先々より市場ござ候て吉川市と相唱え，相場書等御役所へ上げ来り候」という記述がみられる。これにより，幕末期の平沼六斎市が，平沼村・吉川村の二村にまたがって開催されていたことが知られる[16]。平沼の町並は吉川村まで連続していたが，定期市の売場も同様に吉川村内に連続していたのである。また，1575年（天正3）の勧請と伝わる市神の八坂神社（図Ⅱ-3）は，従来，村境付近に設置されていた（図Ⅱ-2）[17]。市神は一般に町の中央に祀られるが，町並みの一端で道が屈折する場合は，突き当たりに設置されることがあるという（中島1983，2004）[18]。中島はその事例として，相州久保沢や野州栃木町を挙げているが，平沼はこれらの類例と位置づけられよう。

次に，平沼六斎市における取引商品について検討したい。【史料Ⅱ-2】では，雑穀や農具の取引が記されるが，平沼六斎市では，それ以外にも様々な品目が売買されていた。たとえば，1836年（天保7）には，幕府代官が平沼六斎市の菜種相場を報告させており（三郷市史編さん委員会 1989：508-509），平沼六斎市で菜種が取引されていたことが分かる。また，近代の史料であるが，1891年（明治24）の「埼玉県報」は，平沼六斎市の主要取引品目として菽・麦を挙げている（埼玉県 1988b：699）。そして，3節でみたように，米穀は平沼六斎市における重要な取引品目であったと考えられる。ここでは，平沼六斎市における米穀取引について，幕末期と推定される米代金滞出入一件を通して検討したい。

Ⅱ．近世中後期における武州二郷半領の村々と平沼六斎市

　本争論は，埼玉郡四条村名主・丘兵衛が，平沼村の米商人・半次郎を訴えたもので[19]，その発端は，四条村の訴訟人が越谷宿の米穀商人に米穀を売却しようとしたところ，平沼村の米穀商人・半次郎が「我等売買の障りに相成り迷惑」であると申し入れたことであった。訴訟人・丘兵衛は，100俵程度の売却を計画していたが，これにより，55俵の売却に留めることになったという。丘兵衛は元来，半次郎方にも米穀を売却していたが，この一件の翌年に，半次郎からの米代金の支払いが滞る事態が生じた。これについて，丘兵衛は，半次郎が米代金の支払いができない身分にはなく，丘兵衛が越谷宿に米穀を売却したことに対して，作為的に支払いを滞らせていると主張して訴えたのである。

　次の史料は，この争論に際して作成された始末書であるが，そこでは平沼六斎市における米穀取引について詳細な記述がみられ興味深い。

【史料Ⅱ-3】（越谷市 1973：454-456）

（前略）右始末書

一弐郷半領吉川村・平沼村之義ハ，先々より市場御座候而吉川市と相唱，
　相場書等御役所江上来候，在町ニ而近郷最寄村々米穀ハ勿論諸色売買
　仕，近村之義ハ外宿方へも相隔居，無拠右吉川市場へ米穀等も売渡候得
　共，実々外市場と見比候へハ相場等下直ニ買取〆売〆買之姿ニ御座候，
　右次第ニ相成候所以ハ近村之内荷船高瀬舟所持之船持も無御座，右市場
　ニハ運漕荷船十艘余有之，商人仲間ニ而取極銘々手船同様ニ仕，素人売
　荷米穀江戸積等容易ニ船人之自由ニハ不相成，市場之荷物ニ而舟人も渡
　世致居候故，縦軽荷候共急之荷物ニ付早々江戸着可致旨申之，兎角素人
　荷物江戸積等故障御座候間，無是非右吉川市場江米穀売渡候義ニ御座
　候，右町方へ売渡候而ハ現金ニ仕候得者相場ニ抱，一ヶ月二ヶ月又ハ半
　年ツヽも代金猶予いたし請取候事ニ罷成申候，右市場穀士共多人数御座
　候へ共，是迄何れへ売渡候ても滞等出来迷惑仕候間，市荷物無之時分船
　持相頼江戸積等仕候得者，荷物疎略ニ取扱殊之外切米等出来是以難義仕

第1部　市場網の成り立ちと変化

候，自然右市場ならてハ売買難成次第御座候，（後略）

　本史料は後欠であるため，作成年次が不明であるが，訴訟人・丘兵衛が居住する四条村の領主が松平下総守とされることから，幕末期のものと推定できる[20]。内容的には，訴訟人・丘兵衛代の治右衛門による主張が長文に渡って記されるが，後欠のため訴状とは断定できない。むしろ，冒頭に「右始末書」とあることから，争論の決着段階で作成された証文である可能性なども考えられよう。

　【史料Ⅱ-3】の冒頭では，吉川（平沼）六斎市の出店範囲が，吉川・平沼の二村に及び，米穀をはじめ様々な商品が取引されていたことが記される。ただし，米穀の相場は他の市場と比較して低く抑えられており，代金の支払いもひと月から半年ほど待たされる状況にあったという。当時の平沼（吉川）には数多の米穀商人がいたが，どの商人に売却しても代金支払いの遅延があった。また，米穀商人たちは，当時10艘ほどあった荷船も掌握しており，市荷物以外は粗雑に扱うため，江戸輸送を頼んでも切米が発生するような事態であった。そのために，市場を通さずに取引することも難しい状況が生じていたという。

　もちろん，これらは訴訟人側の主張であり，誇張を伴う可能性を考慮する必要があるが，平沼六斎市で米穀取引が盛んに行われ，米穀商人が多く居住していたこと，彼らが米穀商人仲間を形成していたことなどは事実と考えてよかろう[21]。また，平沼六斎市に集荷された米穀は，主に江戸へと船で輸送されていた。古利根川の水運は，18世紀中期には夏季しか利用できなかったが，幕末期には冬季以外，通船可能になっていたという（川名 2003：351-353）[22]。古利根川の通船期間が延長された時期とその要因は別途検討する必要があるが，そのことが平沼河岸に，より有利な条件をもたらしたことは容易に想像できよう。

　ところで，本争論の当事者となった四条村は，平沼村から古利根川を挟んだ対岸にあり（図Ⅱ-1），埼玉郡柿木領に属していた。これは，幕末期にお

Ⅱ. 近世中後期における武州二郷半領の村々と平沼六斎市

いて、平沼六斎市を利用する村が二郷半領の外にも広がっていたことを意味する。それ以外にも、19世紀には、二郷半領の周辺地域において、平沼村を最寄市場として挙げる村明細帳が複数確認できる。たとえば、1805年（文化2）の上赤岩村明細帳では、「最寄町市場日光道中越ヶ谷宿へ道法壱里半程、弐合半領平沼村へ壱里」という記事がみえる（松伏町教育委員会 1990：163-168）。また、1816年（文化13）の川藤村明細帳でも、「最寄市場日光道中越谷宿へ弐里、弐郷半領平沼村江廿丁」という記事が確認できる[23]。これらの村は、二郷半領に北接する松伏領に属するが、いずれも平沼村に20町〜1里程度（約2〜4km）と近接していた。

　上赤岩村では先述の通り、1588年（天正16）時点で市が開かれており、近世初頭の段階にあっては、これらの村にとっての最寄市場は上赤岩であったと思われる。しかし、19世紀には上赤岩の市は既に衰退しており、松伏領の村々にとって、二郷半領など隣接地域での商取引はより重要になっていた。なお、19世紀の上赤岩村や川藤村では、平沼村と同時に越谷宿も最寄市場として挙げている。これらの村々は、幕末期の改革組合村においても越谷大沢組合に属しており、元来、越谷宿との結びつきが強かったのであろう。

　また、1875年（明治8）の『武蔵国郡村誌』は、埼玉郡と新座郡の村々について、物産とその売却先を記録しており[24]、古利根川右岸の四条村・千疋村・柿木村が平沼六斎市を利用していたことを記載している。これらの村の物産と物資移出に関する記事について表Ⅱ-3に示したが、いずれの村も平沼で米を売却し、さらに千疋村は麦、柿木村は大豆も移出していた。『武蔵国郡村誌』は近代初頭のデータであるが、【史料Ⅱ-3】を念頭に置くと、これら古利根川対岸の村々による平沼六斎市の利用は、少なくとも近世後期には遡れると考えられる。

　このように、近世後期の平沼六斎市には、二郷半領のうち少なくとも境木村以北の村々、上赤岩村や川藤村といった松伏領南部の村々、古利根川対岸の埼玉郡柿木領の村々からの人や物資が集散していた。これらの村々は、平沼村から南北方向に大きく広がっていたが、東西方向にはあまり広がってい

第1部　市場網の成り立ちと変化

表Ⅱ-3　『武蔵国郡村誌』にみえる平沼での物資売却

村名	物産	物資売却に関する記事
四条村	米，大麦，小麦，大豆，小豆，里芋，綿，製茶	米は少しく余ありて平沼辺へ輸送す
千疋村	米，大麦，小麦，大豆，小豆，里芋，綿	米麦は余ありて葛飾郡吉川辺に輸送す
柿木村	米，大麦，大豆	米及大豆は余ありて葛飾郡吉川平沼辺に販く

なかった。古利根川や江戸川が交通の妨げになったことに加えて，三輪野江村や越谷宿，あるいは流山村といった近隣定期市との競合関係が，その要因として考えられる。『武蔵国郡村誌』では，古利根川右岸の村のうち，四条村や千疋村，柿木村以西の村々は，物資を移出する市場として越谷宿を挙げている。これは，越谷宿との競合関係が，平沼村から西方向への商業圏を狭めていることを示唆する。

また，Ⅱで述べたように，二郷半領とその周辺では，定期市の分布密度が高かった。そのため，個々の定期市と村々との結びつきも，相対的に狭い範囲に留まっていたといえる。たとえば，神立（2003：240-267）が検討した三田領では，多摩川上流の甲州国境付近の村々が，幕末期において，直線距離で約30km離れた青梅六斎市を利用していたが[25]，二郷半領周辺では，このような遠方の定期市の利用はみられない[26]。

三田領に限らず，定期市の分布密度が低い地域では，遠方の定期市の利用が村明細帳に記録される例がしばしばみられる。管見の範囲では，1743年（寛保3）の秩父郡中津川村明細帳に，「当所より市場へ，上小鹿野町市へ七里程，大宮町市へ拾里程，右両所の市へ罷り出諸用相達し申し候」という記事がみられる[27]。10里（約40km）ほども離れた大宮郷六斎市を利用していたというのである。また，1853年（嘉永6）の上名栗村明細帳では，「最寄市場飯能宿ならびに川越より夫食買い入れ牛馬にて引き取り申し候，但し飯能宿へ五里，川越へ九里余，秩父大宮へ五里」という記事が確認できる[28]。幕末期の上名栗村では，複数の定期市が利用されていたが，9里（約36km）も離れた川越の城下市でも取引を行っていた。より広い商業機会を求めたので

あろう。これらと比較して，二郷半領とその周辺地域における村々の定期市利用は，近世後期にも狭い範囲に留まっていたことが指摘できる。

5．小　括

Ⅱでは近世二郷半領の村々における定期市の利用について，平沼六斎市を中心に検討した。二郷半領とその周辺地域には，戦国期に上赤岩・吉川・彦名・花和田・八条といった市場が展開し，このうち吉川の市は近世の平沼六斎市に先行する市場として位置づけられる。近世には，平沼村・三輪野江村という二ヵ所の六斎市が二郷半領内に確認でき，周辺地域にも越谷宿・草加宿・松戸宿・流山村といった定期市が展開していた。これらの定期市は互いの市日が競合しないよう調整され，いわゆる「市リング」が形成されていた。

近世二郷半領の村明細帳を分析したところ，最寄市場として最も頻繁に表れる定期市は，平沼村であった。特に，古利根川左岸の彦倉村や中曽根村は，18世紀前半の史料で平沼村における余剰米の売却が記録され，中曽根村では幕末期までそれが続いたことが確認できる。また，同じ二郷半領の村であっても，18世紀後期の境木村では，平沼村とともに松戸宿でも米穀を売却していた。彦倉村や中曽根村は，平沼六斎市に1里程度と近接していたが，二郷半領南部に位置する境木村は，直線距離では松戸宿の方がむしろ近く，平沼村と松戸宿の両方で取引が行われたのも，それゆえと考えられる。

近世中期以降の定期市は，在地への日用品供給機能よりも，在地からの特産品の集荷機能がより重要になっていたといわれている。江戸川と古利根川とに挟まれた低湿地に位置する二郷半領では，定期市に集荷される主要な商品は，米穀であったと考えられる。米穀以外の商品生産について，村明細帳における，一般農民にかかる農間稼の記事を検討したところ，縄・俵・莚といった稲藁を用いた製品の製造，あるいは木綿糸機などが，二郷半領の村々で広く営まれていたことが確認できた。ただし，これらは自己消費分の生産

第1部　市場網の成り立ちと変化

に留まり，定期市での販売は行われていなかったとされる。そのなかで，近世後期の中曽根村における漉返紙は，商品生産に関わる農間稼として興味深いが，実際に定期市で取引されたのかは現時点で確認できず，今後，検証を進める必要がある。

　二郷半領の米穀が集散した平沼の町場は，南北に走る往還の両側に民家が建ち並び，幕末期には400戸以上が軒を連ねたという。町並は北接する吉川村にも連続し，幕末期には六斎市の売場も吉川村地内に及んでいた。近世後期の平沼六斎市では，米穀をはじめ，麦，雑穀，豆類，農具など，様々な品目が取引されていた。そして，平沼には多くの米穀商人が居住しており，米穀商人仲間が形成されていた。平沼村に集荷された米穀は，主に江戸へと船で輸送されていたが，幕末期には米穀商人仲間がそれらの荷船を掌握していたという。

　また，平沼六斎市を利用する村々は，必ずしも二郷半領内に留まっていなかった。特に，19世紀に入ると，二郷半領に北接する松伏領の上赤岩村や川藤村が，最寄市場として平沼村を挙げている。上赤岩村には，16世紀末期に市が立っており，松伏領の村々にとっての最寄市場は，その段階では上赤岩村であったと思われる。しかし，上赤岩村の市がその後，衰退したことにより，松伏領には定期市がなくなり，二郷半領など隣接地域での取引がより重要性を増したと考えられる。また，平沼村から古利根川を挟んだ対岸に位置する埼玉郡柿木領の村々も，近世後期には平沼六斎市を利用していたことが確認できた。

　このように，近世中後期の平沼六斎市は，二郷半領のなかでも，特に古利根川左岸の村々にとって重要な取引の場であった。また，二郷半領南部の境木村が，国境を越えて松戸宿を利用していたことや，松伏領や柿木領の村々が平沼六斎市を利用していたことも確認できた。近世中後期の二郷半領とその周辺地域では「領」内で完結する経済行動ばかりではなく，「領」を超えた経済行動も広く展開していたといえよう。Ⅱでは，二郷半領における近世前期の定期市と村々との関係について，十分に明らかにできず，このような

Ⅱ．近世中後期における武州二郷半領の村々と平沼六斎市

「領」を超えた経済行動がどの時期にまで遡れるのかは，改めて検討する必要がある。

これに関して，北接する松伏領では，近世前期から中期にかけて「領」を超えた経済活動が進展し，その過程で上赤岩の市が衰退したことが想定できる。このような隣接地域の動向も念頭に置きつつ，今後は二郷半領においても，定期市と村々との関係について，近世前期に遡って検討を進める必要があろう。それにより，定期市と村々，あるいは「領」と市場圏の関係が，時代的にどのように変化したのか，位置づけがより明確になると考える。

また，Ⅱでは，二郷半領のうち古利根川左岸を中心とした考察となり，江戸川右岸における三輪野江六斎市と村々との関係については，十分に言及できなかった。本章では，平沼六斎市が古利根川左岸の村々にとって重要であったことを示したが，江戸川右岸も含めた二郷半領全体として定期市と村々との関係を考える場合，三輪野江六斎市の位置づけは重要な論点となろう。これらの問題は，筆者の今後の課題としたい。

注
1） 藤田（1987b）は，戦国期の支城領が，小売商人の販売区域として機能していたことを指摘している。すなわち，人々の経済行動が「領」内で完結するという，神立（2003）が想定する近世前期のあり方は，戦国期の支城領をめぐる経済機能の残存と捉えることもできよう。ただし，藤田（1987b）は塩・鋳物等，支城領内で生産が賄えない商品は，戦国期にも広域的に流通していたとしており，この点は近世前期でも同様であったと考えられる。つまり，近世前期にあっても，経済活動の大半が「領」内で完結しつつも，「領」を超えた広域流通やそれに関与した商人も存在したことを想定すべきであろう。
2） 図Ⅱ-1の川藤村や上赤岩村は，松伏領に属する村である。
3） 『新編武蔵国風土記稿』（以下，『風土記稿』と略記）の上赤岩村の項に，「又郡中川藤村大泉院所蔵天正十六年（筆者注，1588年）の文書に，赤岩新宿不入之事とみえたれば，此頃まで当所に宿駅ありて市の立しこと見えたり，既に村内天王社は其頃の市中鎮護の神なりしと土人の口碑にも残れり」という記事がみられる（蘆田 1996a：168）。
4） これらの戦国期の市場については，豊田（1952：308-323），杉山（1960），藤田（1987b），三郷市史編さん委員会（1995：265-268），三郷市史編さん委員会

第1部　市場網の成り立ちと変化

(1991：27-28) などを参照。

5) 松戸宿六斎市については，1774年（安永3）の松戸宿明細帳に「当宿市日四日・九日・十四日・十九日・廿四日・廿九日」という記事がみられる（千葉縣史編纂審議会 1958：540-553）。また，1698年（元禄11）の大谷口村明細帳に，「壱里余り流山町之市にて用事調申候，尤も小金町へも四五町御座候故小金町市にて調え申し候事」という記事がみられ，流山村や小金町に市が立ったことが知られる（松戸市誌編纂委員会 1958：93-97）。松戸や流山の六斎市については，明治初期の状況について中島（2001）の検討がみられ，近代にも継続したことが知られる。東深井村については，1741年（寛保元）の東深井村明細帳に「当村先年は市場，只今中絶仕り候」という一節がみられる。つまり，東深井村にも市があったが，18世紀中期にはすでに廃絶していた（流山市立博物館 1987：57-61）。

6) 「市リング」が近世武蔵国で広く確認できることは，武藤（1965）によって早くに指摘されている。なお，武藤（1965）の考察は武蔵国に留まるが，図Ⅱ-1から，「市リング」は国境を越えて下総国にも連続していたことが確認できる。

7) 以下では村明細帳を繰り返し引用するが，個々の出典は表Ⅱ-1を参照。

8) たとえば，1716年（享保元）の高麗郡梅原村明細帳では，「当村女の儀諸作取納の間には操綿買い候て木綿布に仕り近郷市にて売り申し候て少々勝手に仕り候」という記事がみられる（小野 1977：143-147）。当時の梅原村では，女性の農間稼として木綿布の生産が行われ，近隣の定期市で売却されていたことが知られる。なお，村明細帳における農間稼の記事は，二つに大別される。一つは，【史料Ⅱ-1】の下線部aのような，村民一般の生業に関する記事で，男女の別に記述されることが多い。もう一つは，酒屋・髪結などの諸営業の有無や，その従事者に関する記事である。ただし，後者は定期市に関する記述を伴う事例を現時点で確認できておらず，本章では前者のみ分析対象とした。

9) 15町は約1.6kmに相当する。

10) この記事は，小暮（1989）によって既に紹介されている。

11) 村明細帳は近世中後期を通じて繰り返し徴収されたが，その都度新しいものを調製するのではなく，前代の村明細帳の写しで済まされる場合も少なくなかった（野村 1949：49）。農間稼の記事に関して，時期的変化がほとんど観察できない理由の一端も，この点に求められる可能性があろう。ただし，中曽根村の農間稼にある時期から濾返紙が現れるように，時期に応じた修正もある程度は行われていたと考えられる。

12) たとえば，1721年（享保6）の境木村明細帳では，「女は飯料等拵え，その外衣類縫いせんたく木綿糸はた等仕り候，もっとも糸はたの儀商売に罷り成り候程は出来申さず候」と記される。

13) 地租改正地引絵図の史料的性格については，佐藤（1986）を参照。

14) 葛飾郡の廻村調査は1823年（文政6）に行われたとされる（白井 2004：209-

210)。
15) 前掲4)の諸文献を参照。
16) 近世武蔵国において，二村以上にまたがって開催される定期市は，平沼六斎市以外にも散見される。たとえば，尾崎 (2008) が検討した飯能六斎市は，飯能村と久下分村とにまたがって開催されていた。
17) 道路拡幅に伴い，明治後期に芳川神社に合祀され，現在ではその境内社になっている（吉川市教育委員会 2008：181-185）。
18) なお，平沼における市神の祭神は，スサノオノミコトである。中島 (2004) は，牛頭天王（スサノオノミコト）が市神として祀られる事例が，特に埼玉県下で多く認められるとし，岩槻・小川・桶川・鴻巣・深谷・本庄・寄居などを列挙している。また，前掲3）の上赤岩でも，近世後期の時点で天王社が市神として伝わっており，同様の位置づけができよう。
19) 四条村は平沼村から古利根川を挟んだ対岸にあった村で，現在は越谷市に属している（図Ⅱ-1）。
20) 幕末期の四条村は忍藩松平氏の所領であったが，下総守を名乗ったのは，1841～1863年の藩主・松平忠国，および1863～1869年の藩主・松平忠誠であった（埼玉県 1989：284）。
21) 近代のデータであるが，1897年（明治30）の『埼玉県南埼玉・北葛飾二郡公民必携名家鑑』（渋谷 1988：196-197）では，平沼の有力商人9名が紹介されている。そのうち，米穀肥料販売が3名と最も多く，味醂醸造販売（1名）も米穀を原料とする点でこれに類する。米穀取引を中心とした町場のあり方が，19世紀末期にも継続していたことが窺える。なお，同名簿では，米穀商人以外の有力商人として，荒物販売・材木営業・乾物販売・足袋販売・質屋兼古物商が各1名ずつ挙げられている。
22) ただし，川名 (2003) の考察は，平沼の上流にあたる粕壁宿（現春日部市）の史料に拠るものであり，元荒川と合流して流量の増す二郷半領付近では，それよりも通船期間が長かった可能性があろう。
23) 吉川市川藤区有文書116，1816年（文化13）「村差出明細帳扣」。なお，本章では吉川市史編さん室の原本コピーを使用した。
24) 武藤 (1965) は，『武蔵国郡村誌』のデータをもとに，埼玉郡・新座郡の村々と定期市との関係を地図化している。ただし，それ以外の郡では物産の売却先は記録されていない。そのため，葛飾郡に属する二郷半領の村々については，『郡村誌』に基づく同様の分析は，残念ながら行い得ない。
25) なお，幕末期青梅六斎市の後背地の広がりについては，伊藤 (1967：74-80) や中島 (1964：76) によって早くに検討されている。
26) 二郷半領の場合，江戸とも4～6里程度の距離にあったが，【史料Ⅱ-1】にあるように，米穀や前栽物を江戸に売り出してはいなかったという。

第 1 部　市場網の成り立ちと変化

27)　幸島家文書D-2，1743年（寛保 3）「武蔵国秩父郡中津川村高反別村差出牒」。
　　　本章では，埼玉県立文書館の写真版（CH160-1）を使用した。
28)　学習院大学史料館所蔵町田家文書1799，1853年（嘉永 6）「村方様子書上帳」。

Ⅲ. 近世関東における定期市の新設・再興とその実現過程——幕府政策の分析を中心に——

1. はじめに

 Ⅲでは，市場網の変遷における重要な局面である，定期市の新設・再興について，幕府の方針を検討する。近世定期市の新設・再興に関しては，早くから議論がみられる。柳田（1997：301（初出1909））は，幕府領の公事取扱に「市場は村鑑次第」とあることに触れ，私の市（非公認の市）が厳禁されたこと，および公認の市場であっても中断したものはなるべく再興させない方針があったことを指摘している。また，農業経済学の桑原（1943：45-67）は，新市の多くが村役人や百姓の発起で設立され，領主は在地からの申請に沿ってそれを助成したという見通しを示した。一方で，桑原（1943：82）は『地方凡例録』の記述を引いて新市が容易に認められなかったことも指摘した。これは，新市の存在を前提とした桑原自身の分析と矛盾するようにみえるが，新市が規制されたなかで新市が存在し得た理由は説明されていない。そして，以後の研究も，新市規制の議論と，具体的な新市の実態分析とが乖離したまま進行してきた。
 新市規制の議論として，矢嶋（1952：171，1956：252，1958：153）は『地方凡例録』の記述を重視し，新市が厳重に規制されたことを再三にわたり強調した。しかし，桑原（1943）と同様に，この立場からは，新市の実現例が存在する事実をうまく説明できない。これに対して，武藤（1965）は既存市町から3里（約12km）以上離れていることが新市許可の目安であるとした。これは，新市許可の一条件として注目されるが，その根拠は明確に示されていない。新市の実現例を踏まえた再検討が必要であろう。

第1部　市場網の成り立ちと変化

　これに対して，伊藤（1967：62-63）は武州新町・甲州上野原などを事例として，定期市新設の具体的な過程を検討した。伊藤によれば，土豪など個人に帰属する色彩が強い近世前期の市に対して，近世中期の新市は最初から町が共同管理する近世的な市として成立するという[1]。新市の具体例を示すのみならず，新市の性格をめぐる時代的な差異を指摘した成果といえよう。その後も，16世紀末から17世紀の新市について，関東地方を中心に研究が進展した。たとえば，和泉（1998：21-59）や岡村（1994）は，近世的な市場網の構築を目指す近世領主が，戦国期の市を統制した土豪的商人を利用することで市場網を再編する過程を示した。また，杉森（2006：140-141）は検地による市場の確定が定期市の管理主体の変化と密接に関わることを指摘した。17世紀の検地において，いくつかの市町では，市日の商人差配権と引換えに，高率の税を負担する市屋敷が設定された。そこでは，個々の市屋敷住人が市日の商人差配の主体であり，特定権利者が支配する近世初頭のあり方は否定された。また，市開催権と結びつく市屋敷を検地で設定したことは，公儀による定期市の公認といえる。

　これらの成果は，近世前期の新市設立やその後の近世的な市への変化について，伊藤（1967）の議論を深めたと評価できる。また，菊地（1977：360）が指摘した1630年の所沢村検地帳における「かぶせ盛」も，市開催権と引換えに高率の税を賦課した点で，市屋敷と同様の意味を有したと考えられる。

　ただし，和泉や岡村，杉森らの研究は近世前期に主眼を置いており，近世中期以降の新市設立については，伊藤（1967）以降，議論の進展がみられない。関東地方では，17世紀の検地や市屋敷の設定により，市町はある程度固定化されたと考えられる。これは，近世前期の市場網形成におけるひとつの到達点とみなすこともできよう。

　近世中期以降の新市は，そのような状況下で新たに設立されたのであり，近世前期のあり方とは区別して捉える必要がある。このように，新市をめぐる先行研究には，①新市規制の議論と新市の実態分析に基づく議論とが整合的に理解できない，②18世紀以降の新市に関する実態分析の不足，という問

Ⅲ．近世関東における定期市の新設・再興とその実現過程

題点が指摘できる。それを踏まえ，本書では18世紀以降の新市がどのように実現され，あるいは規制されたのか，具体例に基づいて考察したい。その際，幕府機関による新市をめぐる市場争論の裁定内容に注目する。それらの裁定内容には，新市に対する幕府の姿勢が反映されると考えられるからである。新市規制の議論が実際の政策運用を踏まえていない問題点に対して，市場争論を通した分析は有効なアプローチになり得よう。

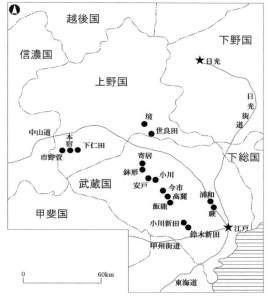

図Ⅲ-1　対象地域
※本文で取り上げた市町を表示

また，Ⅲでは，先行研究で手薄であった18世紀以降の新市に注目する。当該期の新市の検討は，新市規制の議論と新市の実態分析に基づく議論との乖離という問題に対しても有効であると考える。新市規制の議論で重視された『地方凡例録』は18世紀末期の史料であった。つまり，当該期の新市設立をめぐる実証的な検討の不足は，新市規制の議論と新市の実態分析に基づく議論との乖離の一因であると考えられる[2]。

さらに，18世紀以降の新市を検討することは，江戸地廻り経済圏の展開を考える上でも重要である。近世中期以降，関東地方の定期市は，在地への日用品供給から特産品集荷へと機能をシフトさせ，その過程で既存定期市の衰滅と新市設立が広範に生じた（伊藤 1967：99-101）。つまり，当該期の新市設立は，関東地方が江戸地廻り経済圏に組み込まれる過程とも密接に連関す

83

第1部 市場網の成り立ちと変化

る$^{3)}$。

　対象地域として，18世紀の関東地方，特に上州・武州を取り上げる（図Ⅲ-1）。この地域では，近世に定期市が広く展開し，先行研究も蓄積されているからである。以下では，2節で新市規制の問題について，幕府の政策運用や新市設立の具体例を通して検討する。そして，3節では，新市に準じる行為である再市の問題を考察する。この検討により，市場網再編の重要な局面である定期市の新設・再興について，その実現過程を考察したい。

2. 定期市新設をめぐる『地方凡例録』の記事と幕府の対応

(1)『地方凡例録』の市場関係記事

　近世の新市をめぐる先行研究は，新市規制の議論と新市の実態分析との間に乖離がみられる。これに対して，Ⅲでは新市規制の議論を再検討するところから始めたい。新市規制の議論の根拠となってきたのは，次の史料である。

【史料Ⅲ-1】（滝本1930：550-551，下線は筆者による）$^{4)}$
　　（前略）一　市場之事
　　　　是ハ昔ヨリ場所定マリ，其所ニ幾日幾日ト日限極リ，同町ノ内ニテモ市立ノ場所定リ，昔ヨリ定リタル外ハ禁ズ。勿論前々ヨリ村鑑帳ニ書ノセアリ。万一市場ノ儀ニ付，出入アル時ハ村鑑帳次第也
　　一　市場近所ニ新規ニ町家取立ル事成ガタシ，願出ルトモ最寄ノ市場相糺シナクバ，品ニヨリ新規ニ町家免ス事モアリ，元市ヨリ拒障アラバ不免也
　　一　年久ク中絶ノ土地，外ニ子細ナクバ願ノ上ニテ免ズ，サハリアレバ叶ハズ，尤昔ノ故由アリトモ，年久ク断シ上ハ証拠ヲ以テネガヘバ

吟味ノ上免ベシ，昔有シテネガハズ私ニ取立ル事ナラズ
一 市ナキ町方，新規ニ市立ル事堅ク停止也。市立ハ不容易ノ事ニテ，昔ヨリノ市ハ格別今新タニネガヒ出ルモ取上ナシ，左レド近所ニ市ナクバ万事ニ付，其ノ利害ヲヨクタダシタル上免スモ可也（後略）

【史料Ⅲ-1】において，桑原（1943）や矢嶋（1952, 1956, 1958）が注目したのは，1条目と4条目である。市場やその市日は明確に決まっており，村鑑帳にも記載された[5]。そして，村鑑帳は市場争論の際に証拠として参照された（1条目）。また，新市は厳重に規制されたが，近所に市がなく，かつ市立の利益が認められる場合は許可される（4条目）。4条目は，近世中期以降の新市がいかに成立し得たのかという疑問に対して示唆的である[6]。また，先行研究で取り上げられなかった3条目にも注意する必要があると考える。そこでは，長期間にわたって開催が中断している市は勝手に再開できず，再興を申請する必要があるという。そして，何らかの支障があれば市の再開は許可されなかった。つまり，一度中断した市の再開は，新設に準じた扱いがなされた。

なお，【史料Ⅲ-1】の内容は，現在広く普及している大石校訂の『地方凡例録』には掲載されていない（大石 1969, 1995）。これは，新市に関する近年の論考で，【史料Ⅲ-1】が参照されなかった要因のひとつと考えられる。この問題は，大石（1969）が底本に用いた東条本の性格と関係する。東条本は明治初年の改正版で，その時点で実情に合わなくなった部分が削除された（朴 1988）。定期市関連の記事も，その折に削除された可能性があろう。なお，【史料Ⅲ-1】も1866年に刊行された改正版であるが，内容面において比較的原本に近いとされる（朴 1988）。このような【史料Ⅲ-1】の内容を踏まえ，次に市場争論の裁定にみられる政策運用や，実際の新市のあり方についての考察に移りたい。

第 1 部 　市場網の成り立ちと変化

（2）市場争論の裁定にみられる幕府政策

　近世関東で，定期市の新設・再興をめぐる市場争論（新規市立争論）は広く確認できる（渡邉 2008a）。新規市立争論は定期市新設に対して，既存市町が差止を求めて出訴するのが基本的な形である[7]。江戸時代の上州・武州において28件確認でき，その約 6 割にあたる17件が18世紀に発生している（表Ⅲ-1）。19世紀に減少した理由として，地域の経済発展とともに店舗商業への移行が進み，定期市の重要性が相対的に低下したことが考えられる。また，17世紀前半の 2 件を除き，当事者となった市町は支配違か幕領同士かのいずれかである。その結果，新規市立争論の多くは幕府評定所が審理した。

表Ⅲ-1　江戸時代の上州・武州における新規市立争論

年代	係争地	審理担当	決着内容	典拠
1609	大間々・上桐原（伊勢崎藩）	伊勢崎藩か	不明（訴状のみ伝来）	大間々町誌編さん室（1995：656）
1644	大間々・上桐原（伊勢崎藩）	伊勢崎藩か	不明（訴状のみ伝来）	大間々町誌編さん室（1995：656-657）
1653	伊奈・五日市（幕領）	幕府評定所か	不明（訴状のみ伝来）	五日市町史編さん委員会（1976：356-357）
1666	藤岡（前橋藩）・吉井（吉井藩）	〃	不明（訴状のみ伝来）	吉井町誌編さん委員会（1974：567-568）
1678	伊奈・五日市（幕領）	幕府評定所	五日市を正式な市場と認定（裁許）	五日市町史編さん委員会（1976：360-361）
1710	渡瀬・鬼石（幕領）	幕府代官所	鬼石の新市日停止（内済）	神川町教育委員会（1992：177-178）
1725	五日市・伊奈（幕領）	幕府評定所	伊奈の新市日停止（裁許）	五日市町史編さん委員会（1976：362-363）
1727	小川（旗本領）・安戸（幕&旗）	〃	安戸を正式な市場と認定（裁許）	東秩父村（2005：114-115）
1728	境（伊勢）・太田・世良田（幕領）	不明	不明（訴状のみ伝来）	境町史編さん委員会（1996：345-347）
1733	木崎（旗本領）・世良田（幕領）	幕府評定所か	不明（返答書のみ伝来）	境町史編さん委員会（1996：352）

Ⅲ．近世関東における定期市の新設・再興とその実現過程

年	市（藩）	裁定機関	結果	出典
1733	境（伊勢崎藩）・世良田（幕領）	幕府評定所	世良田市は廃市に（裁許）	境町史編さん委員会（1996：353-355）
〃	太田（幕領）・小泉（館林藩）	幕府評定所か	不明（訴状のみ伝来）	大泉町誌編集委員会（1983：524-525）
1741	浦和・蕨（幕領）	道中奉行	蕨は市と紛らわしい取引を停止（内済）	浦和市総務部市史編さん室（1984：347-349）
1754	川井（前橋藩）・玉村（幕＆旗）	幕府評定所か	玉村の新市日を停止（内済）	群馬県史編さん委員会（1986：519-520）
〃	大原本町（幕領）・大間々（前橋藩）	幕府評定所	不明（訴状と評定所からの差紙のみ伝来）	大間々町誌編さん室（1995：661-663）
1760	下室田（旗4給）・神山（上里見藩）	幕府評定所か	不明（訴状のみ伝来）	群馬県史編さん委員会（1978：674-678）
1778	寄居（旗本6給）・鉢形（幕＆旗）	幕府評定所	再市の手続がなければ市立不許可（裁許）	寄居町教育委員会（1983：470-473）
1781	小川（旗本領）・鉢形（幕＆旗）	〃	不明（近隣市町が証人に呼ばれた記録のみ）	東秩父村（2005：114-115）
1785	本宿・市野萱（幕領）	〃	市野萱は市と紛らわしい取引を停止（裁許）	群馬県史編さん委員会（1977：624-626）
〃	下仁田・本宿（幕領）	〃	本宿の市立を容認（裁許）	神戸金貴家文書1676
1797	本宿・市野萱（幕領）	〃	1785年の裁許内容を確認（内済）	群馬県史編さん委員会（1977：631-632）
1799	境（伊勢崎藩）・堀下（旗本領）	〃	堀下新市を停止（内済）	群馬県史編さん委員会（1986：520-527）
1808	大宮郷（忍藩）・下吉田（幕領）	〃	不明（訴状のみ伝来）	吉田町教育委員会編（1982：248-252）
1823	松山（久留里藩）・久保田（佐倉藩）	〃	久保田新市を停止（内済）	東松山市教育委員会（1983：242-243）
〃	深谷（幕領）・中瀬（幕＆旗）	道中奉行	中瀬は市と紛らわしい取引を停止（内済）	河田（1971：163-164）
1824	藤岡（旗本領）・吉井（吉井藩）	幕府評定所	吉井を正式な絹市と認める（内済）	群馬県史編さん委員会（1977：633-635）
〃	桐生（松山藩）・新宿（旗本領）	不明	新宿新市停止か（内済）	群馬県史編さん委員会（1988：638-639）
1825	本野上（請西藩）・皆野（忍藩）	幕府評定所	皆野新市を停止（内済）	柿原（1995：221-222）

第1部　市場網の成り立ちと変化

　これらの新規市立争論については，決着内容が確認できる17件のうち，13件が新市として訴えられた側が敗訴している。一方で，新市とされた側が勝訴した4例は，いずれも従来からの市場であると認定された場合であった。つまり，それまで定期市がなかった場所への新設は，争論となった場合，裁定機関に関わらずほぼ勝ち目がなかったといってよい。なお，幕府評定所は個別領主で対応できない複数支配にかかる争論を審理したが，江戸時代を通じた訴訟システムが確立したのは享保期といわれる。享保期以後の新規市立争論では，内済（当事者同士の示談）による解決が重視され，表Ⅲ-1の争論も内済による決着が多い。もちろん，評定所裁許に至った争論も確認できるが，18世紀以降の争論では，裁許決着の場合でも評定所が裁許状を発給するのではなく，争論の当事者側が裁許請証文を提出する形式が一般的であった[8]。表Ⅲ-1の新規市立争論では，裁許状の発給に至った事例が確認できないが，これらの争論の大半が18世紀以降に発生したことがその要因である。

　定期市新設に対する幕府の姿勢が読み取れる事例として，1785年（天明5）の本宿・市野萱の市場争論を取り上げたい。これは，既存市町である本宿が市野萱新市の差止を求めた争論で，幕領の同一代官所内で発生したため，当初は幕府代官が審理した。被告側の市野萱は，新市開設の事実を否定し，信州商人からの請売（受託売）であると主張した。審理過程で，市野萱の商業活動は定期市でないことが明らかになった。そして市野萱は，請売に関する過去の帳簿を証拠として，その正当性を訴えた。

　しかし，本宿は請売も容認できないと主張し，追訴状を準備した。そのなかで「殿様直々仰せ聞けられ候は，新市の儀は勿論請売の儀も本宿市へ差障り候ては決して相成らざる旨仰せ聞けられ有難き仕合存知奉り候」[9]という一節は注目される。幕府代官は審理のなかで，新市はもちろん，請売であっても既存市町に支障があれば許可できないと述べたのである。これは本宿に有利な内容といえるが，彼らは代官が市野萱の提出した帳簿を証拠として受け取ったことに不満を有していた。もし，その証拠が採用された場合，市野萱に有利な裁定が下される可能性を危惧したのである。そして，本宿では幕

Ⅲ．近世関東における定期市の新設・再興とその実現過程

府評定所への追訴を決定した。評定所での審理は1785年9月から始まり，翌月に裁許が下された。次の史料は，その際の請証文である。

【史料Ⅲ-2】[10]

　　　差上申一札之事
　本宿村之儀先年壱ヶ月九日宛一四八之日定市有之，信州より附出候穀物買請売買仕候処，当二月より市野萱・三ツ瀬両村ニ而三七十壱ヶ月九日宛新市建当村江附送り候穀物を中途ニ而買請売買いたし本宿村市へ差障り候旨御支配御役所へ御訴申上候処，御糺之上御差出ニ相成再応被遂御吟味候処，市野萱・三ツ瀬両村ニ而前々より信州より附出候穀物少々買請小売いたし候得共，新市相立候儀無之旨売買之帳面御吟味之処，日延区々ニ而定日茂無之新市相立候ニ而者無之候得共，小売いたし候ハ、近村市ニ而少々宛買請小売可致儀ニ而，殊ニ市野萱・三ツ瀬両村者本宿村より上之村方ニ而信州より附出候こくもの中途ニ而買請多分之売買いたし候而者新市ニも紛敷本宿村市へ差障り候間，以来近村市等ニ而少々宛買受小売可致儀者格別，信州より附出候こくもの買請候儀者相止メ可申旨被仰渡一同承知奉畏候，若相背候ハ、御科可被仰付候，仍御請証文差上候処如件
　　　　　　　　　　遠藤兵右衛門御代官所
　天明五巳年十月晦日　　上州甘楽郡本宿村
　　　　　　　　　訴訟人　村役人惣代　百姓代　弥左衛門
　御奉行所　　　　　　　（9名略）（下線は筆者による）

　同史料には，「信州より附出候こくもの中途にて買請，多分の売買いたし候ては新市にも紛らわしく，本宿村市へ差障り候間，（中略）信州より附出候こくもの買請候儀は相止め申すべき旨仰せ渡され，一同承知畏り奉り候」という裁定内容が記されている。大量の請売は新市にも紛らわしく，本宿の市に支障のない範囲に商業活動を制限するというのである。この評定所の裁

第1部　市場網の成り立ちと変化

定は，既設定期市の権益保護を第一に考える点で幕府代官の裁定と共通する。既存市町に支障がある限り新市は認めない幕府の方針が，訴訟過程や裁定内容から窺えよう。

（3）「新規市立」の諸類型

　新規市立争論の際，新市とされた側がとる対応として2つの傾向が指摘できる。ひとつは，市野萱のように自らの定期市の開催を否定する場合である。表Ⅲ-1の争論では，1799年（寛政11）の堀下や，1823年（文政6）の中瀬が同様の対応をとっている。これらのケースは，いずれも定期市と紛らわしい商業活動を控えることで決着している。もうひとつは，新設でなく従来からの定期市であると主張する場合である。これは，新市側が勝訴した4例も含めて広く認められる。一方で，市場が新設であることを正面から認めて裁判で争った事例はみられない。それでは，勝ち目がなかったのであろう。そのため，定期市開催に関する何らかの由緒を主張できる市町はそれを主張し，さもなければ定期市以外の商業形態であることを主張するという戦略がとられたと考えられる。

　定期市開催の由緒が主張された新規市立争論のなかには，市の再興が問題となった事例が確認できる。つまり，何らかの理由で休止していた市を再興したところ，近隣市町がそれを市の新設とみなして訴え出たケースである。次の史料は1741年（寛保元）の浦和と蕨の新規市立争論が内済した際の証文である。

【史料Ⅲ-3】（丸山 1975：312-315）

　　（前略）一，相手蕨宿答候者，当宿之市場を浦和宿之者共，新市と申立及出入先達而御吟味之処，当宿市之儀，三拾八年以前迄ハ相立，其以後村方及困窮市致中絶，八年以前より古来之通市取立申上候処，一旦致中絶候得者新市ニ准し候，市ヶ年両度之市ハ村鑑ニも載有之間，七月十二

Ⅲ．近世関東における定期市の新設・再興とその実現過程

月両度之儀ハ只今迄之通市相立，其外ハ相止可申旨御吟味ニ候得共，猶又願上候者，御伝馬宿之儀者在々与違ひ助成無之候てハ宿役勤兼候，
（後略）

この争論は，既存市町である浦和が，蕨新市の差止めを求めた新規市立争論である。しかし，訴えを受けた蕨は自らの定期市が新設であることを否定し，従来からの市場であると主張した。審理の結果，蕨では1703年（元禄16）まで六斎市を開催していたが，それ以降は7月と12月のみの開催になっていたことが明らかになった。つまり，従来の六斎市が休止していたのである。これに対して，審理を担当した幕府道中奉行は，中絶した市の再興について「新市に准じ候」という見解を示した。そして，蕨の定期市再興を認めず，従来どおり7月と12月のみの開催とすることを申し渡した。

この争論において，原告の浦和宿は蕨の定期市再興を新設とみなして差止めを求めた。争論の過程で，結果的に，論点が定期市の再興へとシフトしたが，当初の段階では定期市新設をめぐる争論であった[11]。その意味において，【史料Ⅲ-3】のような定期市再興をめぐる争論も，新規市立争論の一形態と位置づけるのが妥当であろう。ただし，【史料Ⅲ-1】をみると，市の再興は新設の場合と比較して，一定の条件を満たすことで認可される可能性が残されていた。以下の分析では，市の再興が新設に準じるという認識を踏まえつつ，両者の差異をも整理して論じたい。

なお，既存定期市における市日の増設も，定期市新設と同様の行為とみなされたようである。1754年（宝暦4）の大原本町・大間々の新規市立争論は，市日増設をめぐる争論の例である。このとき，大間々は従来の4・8六斎市に2・6の市日を加えて，十二斎市にしようとした。これに対して，隣接市町である大原本町は，新市日の差止めを求めて訴訟を起こした。大原本町は訴状において，「近郷も六斎にござ候て月拾二斎と申すは及ばず承り候処，大間々村に限り候義かたがたもって新市企て候に紛れなく」と述べている（大間々町誌編さん室 1995：661-662）。つまり，大間々の市日増設を，紛れも

ない新市であるとみなしているのである。もちろん，これは原告である大原本町の主張であって，幕府の認識と必ずしも一致しない可能性に留意する必要があるが，このような認識が在地に存在したことは押さえておく必要があろう。

なお，市日増設をめぐる争論は表Ⅲ-1で3件が確認できるが，新市日が認可された例はみられない。定期市の新設と同様に，市日の増設も規制されたことが窺える。以上の検討から，定期市の新設が厳重に規制されたという【史料Ⅲ-1】の内容はやはり一定の妥当性を有し，再興もそれに準じるものとして扱われたことが明らかである。

3．定期市の新設とその実現過程

（1）下仁田・本宿市場争論に窺える新市実現過程

2節で検討したように，新市の規制は，実際の政策運用にあっても確認できる。それでは，なぜこのような状況下で新市が実現できたのであろうか。次に，この問題を検討したい。1785年（天明5）の本宿・市野萱の市場争論では，近隣市町である下仁田が評定所審理の場で証言する場面があった。その際，下仁田は，南西牧（甘楽郡一帯）の35村で市場は下仁田のみと主張した。市野萱のみならず，本宿も新市として訴えたのである。その根拠は次の史料に記される。

【史料Ⅲ-4】[12)]

　（前略）南西牧ニかきらす外村々ニ而も居屋敷者上畑並之御取箇ニ御座候得共，下仁田村市場町屋敷之儀者，外居屋敷亦者上畑より格別御高免ニ而，町屋敷与申名目被下置，其上寛永四年享保六年両度市場之御証文頂戴仕（後略）

Ⅲ．近世関東における定期市の新設・再興とその実現過程

　このように，下仁田は17世紀の検地で設定された「市場町屋敷」と，2点の市場証文の存在を根拠に，自らの主張を展開した。「市場町屋敷」は，杉森（2006）が指摘するように，市日の商人差配の権益を得る代わりに，一般の屋敷より高率の税を負担する屋敷である。そして，既述のように，近世前期の検地における市場町屋敷の設定は，公儀による定期市の公認と評価できる。それを踏まえると，市場町屋敷の存在を根拠に西南牧地域内において，所定の市場は下仁田のみであるとする主張は正当なものに映る。市場町屋敷が設定されていない本宿は，検地ののちに新設された可能性が高いからである[13]。下仁田で市場町屋敷が設定されたのは1678年（延宝6）の検地時であり（群馬県史編さん委員会 1977：308-311），本宿の新市設立はそれ以降と考えられる。また，下仁田が提出した2点の市場証文は公儀から下付されたもので，南西牧35村の市場が下仁田のみであることを示すという。

　これに対して，本宿も自らの定期市開催の由緒を主張した。その際に提出された証拠は，正徳から宝暦期（1711～1763年）にかけての村明細帳5点であった。それらには，本宿における定期市開催が記されていた。このことから，本宿の定期市は1678年の検地のあと，1711年（正徳元）までに新設されたと想定できる[14]。ただし，村明細帳は提出村の申告に基づく書面ゆえ，一般に裁判での証拠能力は低かった（宮原 2002）。また，村明細帳は5時点での定期市開催を示すのみで，下仁田が提出したような定期市自体の正当性を示す根拠とはいい難い。つまり，本宿は下仁田に比べて弱い証拠しか提出できなかった。それにも拘わらず，下仁田村の訴えは退けられた。その理由は，次の史料に記されている。

【史料Ⅲ-5】（下線は筆者による）[15]
　　（前略）下仁田村之もの共申上候ハ，南牧弐拾壱ヶ村西牧拾四ヶ村都合三拾五村之内，下仁田村より外ニ定市場無御座候段，御免之書付下仁田村ニ所持罷在候段可差出旨被仰付本宿村よりも証拠書物有之候ハ，可差出旨被仰付，双方より差上候処<u>下仁田村書付之儀者所切之事ニ而三拾</u>

第 1 部　市場網の成り立ちと変化

<u>五ヶ村ニ下仁田村計市場ニ相かきり候筋之書付ニ而ハ無之，御取用無之段旨被仰聞，本宿村より差出候正徳年中より宝暦年中迄之帳面ニ市壱ヶ月九日宛相立候書上有之候上ハ，定市場ニ紛無御座候旨被仰聞口書印形差上候上者</u>，御裁許何様被仰付候共可申立様無御座候，以上（後略）

　ここでは，下仁田の主張を退ける理由として，「御免之書付」（市証文）に，南西牧地域の市場を下仁田に限ると明記されていなかったことが述べられる。また，市場町屋敷は下仁田の主張を裏づける有力な根拠と思われるにも拘わらず，ここでは言及されていない。一方で，評定所は本宿が提出した村明細帳を，所定の市場である証拠として認定した[16]。こうして，下仁田に比べて弱い証拠しか有さなかったにも拘わらず，本宿の定期市開催は承認されたのである。
　これは，本宿が遅くとも1710年代以降，70年以上に渡って定期市開催の既成事実を積み重ねていたことを重視した裁定と考えられる。その間，近隣市町の下仁田とも共存が果たされていたことは，本宿の定期市が近隣市町に深刻な影響を与えない証左となるからである。長期にわたり継続している定期市に対しては，新設時点での正当性の如何に関わらず，既得権益として認める幕府の方針が，この裁定から窺えよう。このように，定期市開催を継続することで，市町の地位を認可される場合があった。開設時期がはっきりせず，新市願などの関係書類が確認できない定期市は，これと同様に，開催の既成事実を積み重ねるなかで実現した可能性があろう。
　新市をめぐる市場争論の多くは，無届で新設・再興を進めた結果，隣接市町から訴えられたものである。また，次章で検討する境・世良田の市場争論では，隣接市町が提訴するまで公儀は無届の世良田再市を取締らなかった。さらに，訴訟と関係なしに，公儀が定期市の新設を指摘して取り潰した例は，近世の上州・武州において管見の限り確認できない。これらの事実は，近隣市町が訴訟を起こさずに黙認する限り，新市は差し止められなかったことを窺わせる。

（2）周辺市町の承認に基づく新設

【史料Ⅲ-1】の4条目では，近くに市がない場合，吟味の上で新市を許可することが記される。1739年（元文4）に新設された小川新田・鈴木新田は，その例といえる（図Ⅲ-2）。両新田は1734年（享保19）に新市を願い出て，1739年に許可された[17]。

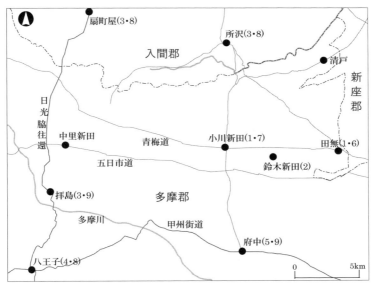

図Ⅲ-2　小川新田・鈴木新田とその近隣市町
●市町（市日）

【史料Ⅲ-6】（下線は筆者による）[18]
　　一市場之儀元文四年巳午六月十四日ニ御代官上坂安左衛門様江我等鈴木
　　新田利左衛門被召出被仰付候者今月十二日大御老中松平左近将監様被
　　　　　　　　　　　　　　　　　　　　　　　　　（乗邑）
　　為達上聞首尾触御窺相済候由尤市場之儀者小川村同新田鈴木新田と被
　　仰上候由<u>定日之儀者幾日共不被仰上私共勝手次第之由，尤先達而鈴木</u>

第1部　市場網の成り立ちと変化

　　　<u>小川ニ而三才宛と願候得共是又三才ニ不限由被仰渡候</u>，為後記如斯
　　　　元文四巳午年六月十四日　　　　　　　　　　　　　小川弥次郎
　　　　六年以前享保十九甲寅年願差上此節相叶

　両新田はともに幕領であるが，新市願は代官所で処理されるのではなく，幕府老中に伺いが立てられた[19]。新市許可の際，幕府は開催日数・市日も自由に設定してよいとした。これは，隣接市町が存在した場合，市日の競合を招きかねない処置である。しかし，両新田には，市日調整を必要とする隣接市町が存在しなかった。図Ⅲ-2をみると，両新田の近隣市町として，所沢・田無・中里新田・府中が挙げられるが，田無以外は両新田から3里程度ある[20]。さらに，府中では18世紀前期に定期市が衰退して7月と12月のみの開催になっており，田無六斎市も1739年時点では開催されていなかったとみられる[21]。また，中里新田は享保期（1716～1736年）に開発された新田集落で，定期市は小川新田・鈴木新田が新市開設を願い出た1734年の時点では，開設されたばかりの状況であった（小平市中央図書館 2006）。このように，武蔵野台地にあって開発の遅れた両新田の周辺には，既設の定期市が存在せず，市場網という意味では孤立した位置にあった。新市が許可された理由も，その点に求められよう。
　一方で，新市設立は，定期市が広範に展開している地域でも確認でき，その場合は近隣市町との市日調整が必要になる。

【史料Ⅲ-7】（下線は筆者による）[22]
　　　　　差上申一札之事
　　　<u>当町江市相立度旨奉願候ニ付再応被為　遂御吟味候処，近郷有来之市場村々差障之儀無之上は，願之通市御免有之候間，毎月二七之日定日ニ極市相立可申段被仰渡候</u>趣難有承知奉畏候，仍而証文差上申所如件
　　　　　　　　　　　　　　　　　　　松下嘉兵衛知行所
　　　天明六午　　　　　　　　　　　　上総国山辺郡土気町

Ⅲ. 近世関東における定期市の新設・再興とその実現過程

図Ⅲ-3　土気町とその近隣市町
●市町

　　四月廿三日　　　　　　　　　　　　願人共惣代　名主　金之助
　　　　　　　　　　　　　　　　　　　　　　　　　後見　忠蔵印

　本史料は上総国の事例であるが，土気町が1786年（天明6）の新市認可の際に提出した請証文である。土気町の新市設立は，吟味の結果，近隣市町に支障がないと認定された。ただし，小川新田・鈴木新田の場合とは異なり，土気町の周辺には本納1・6市や大網3・8市などの既設定期市が存在した（図Ⅲ-3）。そのため，近隣市町と競合しない2・7の市日が設定されたと考えられる。また，ここでの吟味内容は明確でないが，後述する定期市再興の手続きを踏まえると，周辺市町への周知と請証文の回収が行われたことが想定される。

第1部　市場網の成り立ちと変化

4．定期市の再興とその手続き

(1) 定期市再興に対する幕府政策

　ここまで，定期市の再興が新設に準じた扱いがなされたことを指摘した。次に，実際の政策運用との関係から，定期市再興の問題を検討したい。定期市再興に対する幕府政策が詳細に示された例として，1733年（享保18）の境と世良田の市場争論が挙げられる。この争論は評定所裁許で決着したが，次の史料はその際に提出された請証文である。

【史料Ⅲ-8】（下線は筆者による）[23]
　　　　　差上申一札之事
　上州佐位郡堺町(ママ)訴上候者，同国新田郡世良田村之儀，古来より市場ニ而無之所，宝永年中新市相願候故，堺町(ママ)・伊勢崎町より差押候，然処当正月我侭ニ新市取立，堺町之市の障ニ成候間相止度旨申上候，相手世良田村答上候者，<u>世良田村往古ハ一ヶ月拾弐度宛市立候得共，近来衰微一ヶ月六度宛市立来候段</u>，年々村差出帳ニも書出，殊ニ元禄年中市場之儀ニ付，其節之地頭阿部豊後守様より之書付有之，古市場ニ無紛候，境町之申立宝永年中新市願之儀者，世良田之内御神領之儀ニて，本村市之儀ニハ無御座候，其節御神領より本村へ取置候証文有之，明白之旨答申上候右出入再応御吟味之処，宝永年中新市願之節，堺(ママ)・伊勢崎より地頭酒井信濃守へ差出候書付と世良田御神領新市立候趣記之，殊ニ世良田本村へ取置候御神領名主組頭証文ニも，本村市場へ相障間敷旨存之，世良田之申処無相違，猶又阿部豊後守様御役人中へも御尋被為候処，<u>世良田村古来市場之由書付被差出</u>，旁々以境町之申処相違候，然共公儀村鑑帳ニ世良田村市場之儀記無之ニ付，御代官池田新兵衛様へ御尋被成候者，十二

年以前村鑑出来之節、御代官へ書出候村差出ニ世良田村中絶之市場之儀
御書載不被成候、則享保七寅年世良田村差出帳被差上、市中絶之段無紛
候処、去子年御代官替り之節、当御代官へ差出候村差出帳面ニ、今以一
月六度宛市立候由相違之上書上、殊ニ一旦中絶之市ヲ御代官へ不申立、
私ニ取立候段不埒之旨御糺明之上、世良田村申披無之候、依之被仰渡候
ハ、世良田村古市場ニ相決候得共近来致中絶、殊ニ境町申出候上者、
旁々以向後世良田村市相止旨、被仰渡奉畏候、重而及出入候ハ、御科可
被仰付候、為後日証連判一札差上申候、以上

　　　　　　　　　　　酒井信濃守知行所上州佐位郡境町
　享保十八年丑十二月四日　　　　　　訴訟人　名主　七兵衛
　　　　　　　　　　　　　　　　　　　　　　　（6名略）

　本争論は、世良田再市について、それを新市とみなす隣接市町の境が差止
を求めたものである。これに対し、世良田は従前からの市で新市ではないと
主張した。世良田はその証拠も有し、裁判でも市町としての由緒は認められ
た。しかし、世良田は1722年（享保7）の村明細帳に、定期市が休止中であ
ると記載したため、公儀村鑑帳でも市場とされていなかった。この村鑑帳が
参照された結果、世良田市の中絶の事実が明らかになった。そして、評定所
は幕府代官に無届のまま再興したことを不埒とし、世良田に定期市の廃止を
命じた。
　この裁定は、無届の定期市再興が問題視された点、および公儀村鑑帳が証
拠として参照された点において、【史料Ⅲ-1】の内容と一致する。評定所審
理の市場争論では、勘定奉行が窓口になった。勘定所が保管する村鑑帳が証
拠として参照されたのは、そのためであろう。なお、村鑑帳の参照は、既述
の1741年（寛保元）の浦和・蕨の市場争論でも確認できる。ただし、村鑑帳
は幕領村々に関する記録であるため、後述する鉢形のように、私領の市町に
対しては別の証拠が採用された。ところで、世良田は本争論の前年（1732
年）に提出した村明細帳に定期市の開催を記載したことが【史料Ⅲ-6】か

第 1 部　市場網の成り立ちと変化

ら分かるが，公儀はその際に1722年の中絶の申告と異なることを追及した様子はない。つまり，境が訴訟を起こすまで，公儀は無届の世良田再市に介入しなかったとみられるのである。近隣市町が差止要求をせずに黙認した場合，世良田の定期市再興が取り締まられなかった可能性がここに窺える。

なお，既述の1741年の浦和と蕨の市場争論でも，本争論と近似的な裁定がなされた。蕨は1703年（元禄16）から中絶していた定期市を再興したが，隣接市町の浦和はその差止を求めた。本争論を審理した幕府道中奉行は，中絶した市の再興を「新市に准じ候」とし，再市を不許可とした（丸山 1975：312-315）。これも，市の再興が新設に準じるものとする幕府機関の認識を示す例である。

（2）鉢形町における定期市再興の実現過程

世良田再市が取り潰された理由は，無届のまま再興するという不手際が発覚したためである。それでは，再興手続きが行われた場合，市場争論ではどのような裁きを受けるのであろうか。ここでは，18世紀後期の鉢形町を取り上げ，市場争論から再市実現までの過程を詳しく検討したい。鉢形町は戦国期に後北条氏の支城が置かれ，その城下として発展した。江戸時代には行政上6村に分かれたが，そのひとつである白岩村の1727年（享保12）の明細帳では3・8の市日が記録されている（寄居町教育委員会町史編さん室 1983：231-234）。その後，鉢形六斎市は衰退したが，1778年（安永7）に再開された。これに対し，隣接市町である寄居は，幕府評定所へ鉢形再市の差止を訴えた。次の史料は，翌1779年の裁許にあたり提出された請証文である。

【史料Ⅲ-9】（下線は筆者による）[24]
　　　　差上申一札之事
　私共出入被□□御吟味候処，<u>鉢形町之義ハ往古市場有之様，無相違相聞候得共，宝暦年中今市再市願之節，近郷市場有之村々御糺之砌，鉢形町</u>

ハ御糺無之御請証文ニ茂洩候上ハ，致中絶居候義と相聞候間，願之上再
市可相立ハ格別，此度ハ被御沙汰及旨被仰渡，一同承知奉畏候，若相背
候ハ、御科可被仰付候，仍御請証文差上申所如件
　　安永八年亥九月四日　　　　　　　　　　　　　　　　（2名略）

　ここでも，定期市開催の由緒と，近年の中絶が最初に問題になった。審理の結果，鉢形町は古市場と認められたが，同時に宝暦年間（1751～1764年）における市の中断も明らかになった。その結果，鉢形町も1733年の世良田と同様に，古市場と認定されながら敗訴した。ただし，「今回は沙汰に及ぶが，願い出た上で再興するなら別」という扱いは，世良田の時よりも柔軟な対応といえる。そして，鉢形町はこの裁定を踏まえ，定期市の再興を出願した。なお，【史料Ⅲ-7】からは，宝暦期（1751～1764年）における今市の再市願の際に，近隣市町への周知と請証文の回収が行われたことが間接的に知られる。今市は18世紀後期の絹市書上等で定期市開催が確認でき，再興は認められたと考えられる[25]。ただし，鉢形町の再市願に際しては，周辺市町はこれを簡単に容認しなかった。隣接市町の小川が，鉢形再市の差止を幕府評定所に訴えたのである[26]。こうして鉢形町は，2度にわたり隣接市町と評定所で対決することを余儀なくされた。

　この争論の決着内容を示す史料は現段階で確認できていないが，上記の絹市書上や『新編武蔵国風土記稿』には鉢形3・8市が記載されており，市の再興は果たされたとみられる。鉢形のように，古市場としての由緒が認められた市町が再興を申請した場合，たとえ隣接市町からの差止要求があっても評定所は再興を認める方針であったことが窺える。本件を踏まえると，先に検討した世良田（1733年）や蕨（1741年）も，手続きさえ踏まえれば再興が認可された可能性があったと思われる。ただしこれらの争論では，その後の再興も容認されておらず，18世紀後期には定期市再興に対する幕府の方針が，幾分柔軟になった可能性も考えられる。なお，1805年（文化2）に定期市再興を申請した高麗町は，隣接市町までの距離を示す書上げと絵図を提出

している[27]。近隣市町への影響や定期市再興の必要性を判断する指標として，隣接定期市との距離が考慮されたのである。高麗は隣接市町の飯能に1里程度と近接していたが，再興の場合は距離の基準もやや緩く適用されたことが窺える。

5．小　括

Ⅲでは，定期市の新設・再興をめぐる市場争論と，幕府による裁定内容に注目し，次のような知見が得られた。すなわち，江戸時代における新市規制は，幕府評定所による市場争論の裁定内容にも明確に窺える。その主たる理由は，既存市町の権益保護の観点からであった。また，定期市の再興や，既設市町における市日増設に関しても，新設に準じる行為と認識されていた。そのなかで，新市実現への道は2通りあったと思われる。ひとつは，公儀に新市設立を出願し，近隣市町に影響しないと承認された場合である。もうひとつは，定期市開催の既成事実を経年的に積み重ねることである。無届の新市は，ひとたび近隣市町から訴えられれば差止めとなるが，差止要求がなければ，公儀が積極的に介入することもなかった。開設年代不詳の定期市のいくつかは，こうした過程で実現したことが想定される。

また，定期市の再興は新設に準じる行為であったが，一定の条件を満たすことで実現した例も確認できる。再興手続きでは，市町としての由緒が最初に確認され，その後，近隣市町に再興願が周知され，支障がないか確認された。そして，近隣市町は再興を了承する旨の請証文を提出したが，承認できない場合は争論となった。

なお，Sugiura（1990）は，『新編武蔵国風土記稿』に表れる1830年頃の定期市が，幾何学的にも合理的な分布であることを指摘した。このような合理的な市場網は，近世初頭の計画的な定期市の配置ののち，淘汰・再編が進行した結果として形成された。それは，個々の市町が市場争論を展開しつつ，

Ⅲ. 近世関東における定期市の新設・再興とその実現過程

自律的に市場網を形成する過程でもあった。杉本（1999：124-150）は，村々が境界争論を繰り返しつつ，山野河海に対する権益を自律的に形成したことを指摘した。近世中期以降の市場網も，これと近似的な仕組で維持されたと考えられる。

注
1）たとえば，伊藤（1967）が検討した武州新町では，近世前期，土豪的存在である吉野家が定期市の商人差配や見世賃の徴収に関して強い権限を有した。しかし，近世中期にはそれらの決定が惣百姓の寄合いで行われるようになった。この段階で，市の管理主体が一部の有力町人から町場住人全体へと移行したといえよう。
2）なお，和泉（1998）や岡村（1994），杉森（2006）が新設規制の議論に触れない理由は，彼らが近世前期に分析の主眼を置いたためと思われる。18世紀末期の『地方凡例録』は，近世前期のあり方を直接的に反映するとは限らないからである。
3）たとえば，林（2003：83-87）は天保期（1830～1843年）の白木屋の田舎役が半月ほどかけて対象地域の定期市をめぐり，絹織物を集荷したことを示す。このような江戸大店の集荷システムも，近世中期の定期市再編が進行する過程で徐々に形成されたと考えられる。
4）『地方凡例録』は，18世紀末に高崎藩郡奉行・大石久敬が編纂した代官の職務手引書であり，本史料は巻十の所載である。
5）村鑑帳は幕領村々の村柄をまとめた帳簿で，将軍に献上された。また，勘定所にも一部が保管された（大野 1992）。
6）矢嶋（1956，1958）は4条目を引用しながらも，当該箇所への言及がみられない。
7）「新規市立争論」の呼称は（群馬県史編さん委員会 1991：524-534）を参考にした。なお，市場争論全般における新規市立争論の位置づけについては，Ⅴで後述する。
8）杉本（2001）はこれを「公事人差出形式」として整理している。
9）群馬県立文書館 神戸金貴家文書1565。1785年「本宿村市野萱村市場出入吟味中日記書留覚」。なお，井上（2004：149-188）に翻刻がある。
10）前掲9）。
11）後述する世良田や鉢形の事例についても，実際には再興であったにも拘わらず，隣接市町はそれらを新市とみなす立場から差止めを求めた。
12）群馬県立文書館 神戸金貴家文書1676，1785年「乍恐以書付奉願上候」。なお，

第 1 部　市場網の成り立ちと変化

　　　近世の下仁田九斎市を取り上げた研究として，市の性格や取引品目を検討した矢嶋（1954）が挙げられる。
13）　下仁田と本宿は，幕領の同一代官所管轄内にあり，1678年の検地も同一の基準で行われたと考えられる。
14）　1722年の本宿村明細帳には，「当村市場にてござなく候へども，下仁田市日前日信州より米附け出し少々売買ござ候」という一節がみられる。この時点で，後年に継承される信州米取引は始まっていたが，定期市の形態ではないことが明記されているのである。群馬県立文書館所蔵 神戸金貴家文書86, 1722年「上野国甘楽郡本宿村明細書上帳」。
15）　前掲 9）。
16）　【史料Ⅲ-5】では単に帳面と記されるのみであるが，同史料の別の箇所から，この帳面が村明細帳であることが分かる。
17）　小平市中央図書館所蔵　小川家文書P 1 - 1。1734年「（市場相立願）」。（小平市中央図書館 2006：277-279）
18）　小平市中央図書館所蔵　小川家文書P 1 - 5。1734年「（市場開設許可＝付覚）」。（小平市中央図書館 2006：283）
19）　私領における新市設立は領内で処理された。ただし，後述するように，その場合でも他領の市町への影響は考慮されたとみられる。
20）　1850年の鈴木新田明細帳では，「最寄市場入間郡所沢村へ道法三里程」という記事がみられる。（小平市教育委員会 1993：131-136）
21）　廃絶の理由を直接に示す史料は見出せないが，伊藤（1967）を踏まえると，関東の定期市が特産品の集荷市へと機能転換する過程で衰滅した可能性が考えられる。
22）　小川知昭家文書Ⅰ-13, 1786年「差上申一札之事」（千葉市史編纂委員会 1988：114）
23）　中島利夫家文書，1733年「差上申一札之事」。（境町史編さん委員会 1996：355-356）
24）　白川義一家文書，1779年「差上申一札之事」。（寄居町教育委員会町史編さん室 1983：472-473）
25）　上武の絹市とその取引量を列挙した史料で，先行研究でも盛んに参照されている。秩父市立図書館蔵，1780年頃「武州上州市場御領主様并郡附」。（群馬県史編さん委員会 1977：521-525）
26）　小川・鉢形の市場争論に関する直接の史料は現時点で確認できないが，同じく近隣市町であった安戸には，この争論において勘定奉行桑原盛員から証言を求められた際の記録が残る。東秩父村所蔵 安戸村文書 1 -311, 1781年「安戸市御尋ニ付届」。
27）　埼玉県立文書館所蔵 堀口洋一郎家文書1579, 1805年「武州高麗郡高麗本郷町

Ⅲ．近世関東における定期市の新設・再興とその実現過程

市再興諸書物控并ニ訳」（埼玉県 1990：749-752）。

Ⅳ. 日記史料に現れる近世後期農村住人の定期市利用
——武州多摩郡中藤村の指田藤詮を中心に——

1. はじめに

　近世日本の定期市の多くは，短冊型地割が連続する市町で開催された（藤田 1994，桜井 1996：133-163，伊藤 1993，1996）。関東地方の市町では，町家住人が共同で定期市の管理にあたり（伊藤 1967：62-63，杉森 2006），個々の町家住人は，市日の商人差配や見世賃徴収を通じて，日常的に定期市に関与した（岡村 1999，鯨井 2003，杉森 2006）。また，市日に輻輳する市場商人や購買者も，定期市存立の重要な要素であった。市場商人には，近江商人や香具師商人，長吏など組織された商人のほか（伊藤 1967：45-95，岡田 2002），農間余業として余剰作物や特産品を市に出す零細な出店者も存在した（伊藤 1967）。

　このように，近世の定期市には，商人や購買者，市の管理者など，様々な人々が関与していたが，近年では，市町住人や市場商人に関する研究が進展している（岡村 1999，杉森 2006）。一方で，購買者や零細規模の販売者に関しては，相対的に分析が手薄であった[1]。その要因として，近世定期市研究で主に用いられてきた，市場争論や市の新設・再興に関する史料が，彼らの活動の詳細をほとんど記録していないことが挙げられる。近世の定期市における購買者や零細販売者の活動を捉えるには，彼らの個人的な記録を用いるなど，新たな分析が必要であろう。

　また，市町住人や市場商人に視点を向けた近年の研究にあっては，市日とそれ以外の日とを合わせた彼らの活動実態に関する分析は，あまり進んでいない。近世中期以降の関東地方では，多くの市町で常設店舗が増加し，市町

Ⅳ. 日記史料に現れる近世後期農村住人の定期市利用

は市日以外にも商業機能を果たしていた。つまり，この段階の市町では，市日以外にも商取引が行われていたことを想定する必要がある。市町での商業活動と市日との関係を考察するには，具体的な活動日程を記録した史料を用いることが一定の有効性を有すると考える。このような観点から，Ⅳでは，定期市で活動した個々人の記録であり，かつ活動日程を記す史料として，日記に注目したい。日記には商業活動の日程が明記されるため，市町における市日と市日以外の商業機能の差異を検討する材料となり得よう[2]。

このような，市場商人以外の人物による日記は，近世定期市研究では用いられてこなかったが，中世や近現代を対象とした研究ではこれまでも利用されてきた。たとえば，藤田（1989，1990）は『多聞院日記』をもとに，16世紀の奈良町住人による市での購買活動を検討した。また，民俗学の山本（2019）は，千葉県大多喜六斎市の農家出店者の日記（1960～1980年代）から，市取引の実態と，生計維持活動としての市取引の位置づけを検討した。近世の商人以外の人々が作成した日記についても，これらと同様の分析を行うことで，彼らと定期市との関わりについて新たな知見を得られる可能性があると考える。

ただし，日記は作成者の個人的な記録であり，その分析から得られた内容が，どの程度一般化できるかは慎重に考える必要がある。本章では，日記以外の史料に現れる定期市・市町の動向を踏まえるとともに，同時期における複数の人物の日記を比較することで[3]，個人的記録の相対的な位置づけを考えたい[4]。

Ⅳでは19世紀中期に武州多摩郡中藤村（図Ⅳ-1）の指田藤詮が記した『指田日記』を主な題材として（武蔵村山市立歴史民俗資料館 2005，2006），近世後期の農村住人がどのように定期市を利用していたのか検討する。近世の多摩地方一帯には，多くの定期市が存在し，指田もこれを利用した人物の一人であった。そして，『指田日記』には，市日における彼の活動に関する記述が際立って多くみられる[5]。また，中藤村周辺では『指田日記』と同時期に記された複数の日記が伝存し（国文学研究資料館史料館 2001），そこでも定

第1部　市場網の成り立ちと変化

期市利用に関する記述を確認できる。さらに，『指田日記』の著者が最も頻繁に利用した所沢六斎市については，史料が比較的豊富に残り，歴史地理学や近世史，経済史等の幅広い分野で研究が蓄積されてきた（中島 1964：118-119，伊藤 1967：92，田村 1994，谷本 1998：73-119）。そのため，日記に現れる定期市利用の位置づけを，市町側の史料から考察することも可能である。

　以上を踏まえ，本章では次のように論を進めたい。まず2節では，指田が主に利用した所沢六斎市の概要とその周辺地域との関係について述べる。3節では『指田日記』の記事を分析し，指田藤詮の定期市利用のあり方を検討する。そして4節では，『指田日記』と他の日記とを比較することで，各日記著者の定期市への関わり方の特色を考察する。一連の検討を通して，近世所沢六斎市周辺の住人たちが定期市とどのように関わっていたのかを検討したい。

2．所沢六斎市の概要と周辺地域との関係

(1) 所沢六斎市の成立と市日の変化

　所沢は狭山丘陵の北東麓に位置し，田無方面，府中方面，川越方面への道，および柳瀬川上流から狭山丘陵を越えて青梅方面に抜ける道[6]が分岐する交通の要衝であった[7]（図Ⅳ-1）。17世紀には，所沢の町場は東川の河谷に沿って東西に形成され[8]，上町・上仲町・下仲町・下町の個別町が展開していた（図Ⅳ-2）。定期市はこの四町で開催され，市神は上町および仲町に祀られていた（所沢市史編纂委員会 1957：255-258，内野 1985：75-78）[9]。また，明治前期には短冊型地割が下町の外側にもみられ，東川の対岸には裏町が形成された[10]。

　所沢一帯は，武蔵野台地にあっても特に地下水位が低く，通常は20m以上も掘らねば水が出ない。しかし，東川沿いに宙水が存在したため，所沢町の

Ⅳ. 日記史料に現れる近世後期農村住人の定期市利用

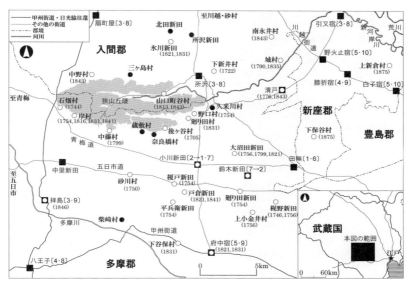

図Ⅳ-1　江戸時代の所沢六斎市と周辺地域
■定期市〔市日〕　○ 所沢を最寄定期市として挙げる村（史料年代）　● その他本文で取り上げた村
図中の「→」は近世後期の市日変化を表す。史料年代は表Ⅳ-1による。原図は1909年測図1：5万地形図「東京南西部」「東京北西部」「八王子」「青梅」。

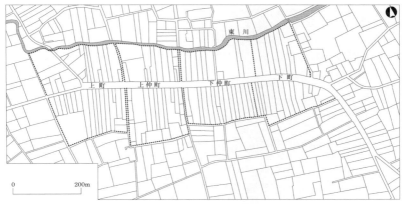

図Ⅳ-2　明治前期における所沢町の地割形態と個別町
点線は個別町の境界を示す。
所沢市役所（資産税課）所蔵の地籍図（明治前期）より作成

第1部　市場網の成り立ちと変化

住人は2m程度の井戸から良質の水が得られたという（吉村 1941b）[11]。町内の共同井戸は，街道の中央に3ヵ所あり，通りの中央を貫く溝に余水が流された（髙橋 1972：105-106）[12]。所沢の町場は，街道の交差する交通の結節点であったこと，および宙水の存在という複合的な条件により発達したと考えられる。所沢は，17世紀には幕領・旗本相給であったが，その後，旗本知行地が川越藩領に編入され，18世紀には所沢村全体が幕領となった[13]。

所沢には1639年（寛永16）の市祭文が残り，この時期までに定期市が成立していたことが分かる（埼玉県 1990：729-730）[14]。また，菊地（1977：360）は1630年（寛永7）の所沢村検地帳に記載された所沢村の反当収穫量が周辺農村より高いことを指摘し，市開催の利潤に対する「かぶせ盛」であると考察した。そして杉森（2006：140-141）は，17世紀の関東地方で検地を通して，市開催と引き換えに高率の税を負担する町場が確定されたこと，およびそれを画期として個々の町場住人を主体とする近世的な定期市が成立したことを指摘した。所沢でも，1630年の検地で在来の定期市が公認され，それを契機に個々の町場住人による商人差配と見世賃徴収の仕組みが形成されたことが想定できよう。

所沢の市は，近世前期には三斎市であったといわれる（所沢市史編さん委員会 1991：542，内野 1985：75-78）。しかし，1679年（延宝7）の伊奈・五日市間の市場争論史料は，所沢の市日を3・8と記録し[15]，遅くとも1670年代までには六斎市の体裁は整えられていた。その後も，1702年（元禄15）「河越御領分明細記」（埼玉県 1991：92）や，1705年（宝永2）後ヶ谷村明細帳も所沢の市日を3・8と記し[16]，六斎市日はそのまま定着したとみられる。

（2）所沢六斎市の市場景観と店舗形態

次に，所沢六斎市の売場構成と取引商品について，1770年（明和7）の「所沢村御請証文之事」をもとに検討したい。本史料は，町内での市日巡回や売場構成のあり方が窺える史料として，先行研究でも参照されてきた（内

Ⅳ．日記史料に現れる近世後期農村住人の定期市利用

野 1985：75-77，所沢市史編さん委員会 1991：542)。

【史料Ⅳ-1】（所沢市史編さん委員会 1983：472）
　　（前略）且又村内毎月六斎之市三・八之日ニ而所を六所江替市相立，鰯・小鰹・鯖・鰊等之塩物・干物之類，木綿・古着・古布団并古着古椀其外古道具江戸ニ而一切売捌不申者山方田舎へ売候，品々川越御城下町江仕入ニ罷越右在郷者共へ商仕候，在郷所々より雑穀等持出し相互ニ交易売買，殊之外群集仕賑候得共以所々助成に罷成候程之義ハ無御座候，且表通り罷有候者ハ自分家之表を商人貸シ遣候得者，少々宛世話料之銭差置其外在郷宿休息又者中食之節湯茶等ヲ給候ニ付弐文三文つゝ茂心持次第差置，例年共是等之助成計りニ而御座候（後略）

　本史料は，所沢村が，飢饉の折に夫食拝借を管轄代官所に出願した証文の一節である。引用箇所の冒頭部分には，「村内毎月六斎の市三八の日にて所を六所へ替え市相立」という記述がみられる。つまり，近世所沢では上町・上仲町・下仲町・下町の4ヵ町を6街区に分け，輪番で市を立てていた。近世の関東の市町内における市日巡回は，3地区に月2回ずつの市日を割り振る場合が多いが[17]，所沢のような6地区での市日巡回も，武州草加宿[18]や上州桐生（杉森 2006：209-252）などの類例が挙げられる[19]。このうち，桐生の市は，近世後期に絹取引の一大拠点として，関東地方で最大級の規模を呈した（群馬県史編さん委員会 1977：521-525）。桐生と類似した6街区での市日巡回は，所沢六斎市が1770年までに大きく発展していたことを窺わせる。

　【史料Ⅳ-1】では，所沢六斎市の出店形態に関する記述も確認できる。たとえば，「且つ表通り罷り有り候者は自分家の表を商人貸し遣わし候」という記述から，市が開催される表通りの住人が「自分家の表」を商人に貸していたことが分かる[20]。また，1815年（文化12）の織物取引をめぐる証文には，「中見世にては嶋買い請け致さず候」（編）という記述があり（所沢市史編さん委員会 1983：608-609），当時の所沢六斎市に中見世が存在したことを示す。中見

第 1 部　市場網の成り立ちと変化

世は，通りの中央に設置された市見世であった（岡村 1994a）。つまり，近世後期の所沢六斎市では，個々の屋敷主が管理する屋敷前の見世と，通りの中央の中見世とが並立していたと考えられる[21]。

　これに関して，高橋（1972）には，「中央の井戸と井戸の余水を流す溝（是は道路の中央を縦に貫いて居った）とを境にして市は道路の両側に立つた。つまり道の左側に相向つて二列，右側に相向つて二列合せて四列の店が並んだ」とある[22]。つまり，近代の所沢六斎市は，通りの中央を流れる用水路の両脇に中見世を1列ずつ，通り沿いの屋敷前に南北1列ずつ，計4列の売場から構成されていた。高橋（1972）に現れる近代所沢の市場景観は，少なくとも19世紀前期まで遡ることができよう。

　【史料Ⅳ-1】は，所沢六斎市の取引品目も記録しており，川越城下で仕入れた塩魚や干物，古着，古布団，古道具，あるいは「在郷所々」から持ち込まれた雑穀等を挙げている。「在郷所々」は，所沢六斎市の交易圏を形成する所沢周辺の農村を示すものと思われる。このように，1770年頃の所沢六斎市は，川越城下町経由で流通する商品や周辺村々の作物などを交易する場であった。

　所沢六斎市の取引商品に関する記録は，【史料Ⅳ-1】のほかにも散見される。たとえば，1759年（宝暦9）10月8日，13日の所沢における米・大麦の市相場を，代官に報告した史料が存在し（所沢市史編さん委員会 1983：124），当該期の所沢六斎市における米・大麦の取引が確認できる。また，城村の「万歳日記帳」（1835〜1836年）は，所沢六斎市で取引された商品の品目を記している。「万歳日記帳」には，1835年（天保6）の正月初市から1836年の正月初市までの間の米・小麦・大豆・稗などの市相場や，蚕相場（1835年8月27日条）の記録がある（所沢市史編さん委員会 1983：14-17）[23]。また，紙類や油，砂糖などの相場が高騰した際にはその旨を記している。

　さらに，幕末から近代の所沢六斎市で盛んに行われた綿織物取引は，1815年（文化12）時点でも，一定の展開をみせていた[24]。そして，先述のように，18世紀後期の所沢六斎市では古着・古布団・古道具等も取引されてい

た[25]）。それ以外にも，1869年（明治2）に新政府の官員が東京周辺での金札流通の状況を査察した際の報告書では，所沢六斎市で米穀や縞類，生糸，繭などが取引されていることを報告している（東京都品川区 1970：90-92）。同史料は，所沢六斎市に米穀を附出している村々として，入間郡の新河岸川沿いの6村（久下戸村，今泉村，勝瀬村，福岡村，水子村，宗岡村）を挙げている。

このような結びつきは，幕末期の所沢六斎市においても成立していたことが想定できよう。以上のように，近世後期の所沢六斎市では，綿織物に加えて，食品や日用品，あるいは蚕や紙などの特産品の取引も盛んであった。

（3）所沢六斎市とその周辺地域との関係

近世所沢六斎市の後背地は，村明細帳や先行研究から把握できる[26]。表Ⅳ-1では，村明細帳で所沢を最寄定期市と記した村とその史料年代を示した。所沢は交通の結節点であり，周辺地域から多くの人々が訪れた。所沢を最寄定期市とした村は27村が確認でき，その分布は武蔵野台地や狭山丘陵外縁部に目立つ。さらに，19世紀には甲州街道沿いの府中宿や下谷保村，日光脇往還沿いの拝島村など遠方の宿村に及んだ（図Ⅳ-1）。それらの宿村は，所沢から直線距離で4里半から5里（約18〜20km）あり，徒歩交通を時速4kmと想定した場合，往復には9〜10時間を要したと考えられる。このような遠方の定期市利用は後述する『指田日記』にも現れ，近世後期にはしばしば行われたとみられる。

また，伊藤（1967：92）が検討した1845年（弘化2）の嘆願書は，所沢村組合・府中宿組合・拝島村組合が幕府代官所に対して，市日の所沢町で横行していた博奕を取締るよう求めたものである[27]。所沢村組合は所沢を中心とする48村，拝島村組合と府中宿組合は両宿村を中心とする各25村から成り，その分布は村明細帳の分析から導かれた交易圏の広がりとも重なる（図Ⅳ-3）[28]。これらの村々が所沢町の風紀の乱れに影響を受けたことは，所沢六斎市を日常的に利用していたことを物語るといえる。

第1部　市場網の成り立ちと変化

表Ⅳ-1　所沢を最寄定期市として記録した村（1700～1850年）

提出村（五十音順）	年代	資料名	所蔵ないしは出典
石畑村	1744.4.	差出シ明細帳下書	個人蔵文書
後ヶ谷村	1705.4.	武蔵国多麻郡山口領後ヶ谷村諸色覚書上帳	国文学研究資料館史料館所蔵杉本家文書73
榎戸・平兵衛新田	1754.11.	村柄様子書上帳控	国分寺市史編さん委員会（1981：92-95）
大沼田新田	1756.10.	〔村明細帳〕	小平市中央図書館編（1993：93-97）
大沼田新田	1799.12.	村中様子品々書上帳	小平市中央図書館編（1993：99-102）
大沼田新田	1821.6.	村差出明細帳	小平市中央図書館編（1993：104-108）
小川新田（のち本村）	1700.9.	武蔵国多摩郡小川新田村指出帳	小平市中央図書館編（1993：4-11）
小川村	1754.11.	村柄様子明細書	小平市中央図書館編（1993：35-39）
小川村	1821.5.	村差出明細書上帳	小平市中央図書館編（1993：58-63）
梶野新田	1746.1.	村指出帳	小金井市誌編さん委員会（1967：165-169）
梶野新田	1756.3.	武州多摩郡梶野新田・上小金井村・上小金井新田村鑑様子大概書上帳	小金井市誌編さん委員会（1967：176-181）
上清戸村	1778.2.	村差出シ明細書上帳	村野勝司家文書44（K）
上清戸村	1843.2.	村差出シ明細書上帳	村野勝司家文書354（K）
上小金井村	1756.3.	武州多摩郡梶野新田・上小金井村・上小金井新田村鑑様子大概書上帳	小金井市誌編さん委員会（1967：170-175）
岸村	1754.12.	〔村明細帳〕	荒田孚家文書439-2（M）
岸村	1816.6.	村柄様子明細帳	荒田孚家文書465（M）
岸村	1831.7.	村方明細書上帳	荒田孚家文書467-1（M）
岸村	1841.2.	〔村明細帳〕	荒田孚家文書469（M）
下新井村	1722.8.	武州入間郡下新井村差出シ帳	所沢市史編さん委員会（1983：425-428）
下谷保村	1831.1.	村差出銘細書上帳	国立市史編さん委員会（1989：796-798）
城村	1790.3.	明細村差出帳	所沢市史編さん委員会（1983：69-70）
城村	1835.6.	明細書上帳	所沢市史編さん委員会（1983：69-70）

Ⅳ．日記史料に現れる近世後期農村住人の定期市利用

鈴木新田	1850.8.	村差出明細書上帳	小平市中央図書館編 (1993：131-136)
砂川村	1750.9.	村差出明細帳	立川市史編纂委員会 (1969：220)
戸倉新田	1821.11.	村差出明細書上帳	国分寺市史編さん委員会 (1981：65-67)
	1841.2.	村方様子明細書上帳	国分寺市史編さん委員会 (1981：67-68)
中藤村	1799.7.	品々御尋書上ヶ帳下書	武蔵村山市史編さん委員会編 (2000：73-81)
中野村	1843.7.	村差出明細帳	川口美代子家文書768（I）
野口村	1754.11.	村柄様子銘細書上帳	東村山市史編さん委員会編 (1999：179-183)
拝島村	1846.3.	村差出明細書上帳	普明寺文書(昭島市教育委員会 マイクロフィルム)
氷川新田	1821.4.	村差出明細帳	所沢市史編さん委員会 (1983：611)
	1831.1.	村明細帳	岩岡又四郎家文書2994（T）
府中新宿	1821.8.	村差出明細帳	府中市立郷土館（1982：1-7）
	1831.1.	村差出明細帳	府中市立郷土館（1982：7-15）
南永井村	1843.	村明細書上帳	所沢市史編さん委員会 (1983：235-236)
廻り田新田	1754.10.	村柄様子委細帳	東村山市史編さん委員会編 (1999：176-179)
廻り田村	1831.7.	村明細書上帳下書	東村山市史編さん委員会編 (1999：194-196)
山口町谷村	1813.3.	村明細書上帳	岩岡又四郎家文書558（T）
	1843.7.	村明細帳	岩岡又四郎家文書 （埼玉県立文書館CH85-3）

※ （I）：入間市博物館マイクロフィルム，（K）：清瀬市郷土博物館マイクロフィルム，（M）：武蔵村山市立歴史民俗資料館マイクロフィルム，（T）：所沢市生涯学習推進センターマイクロフィルム．

第1部　市場網の成り立ちと変化

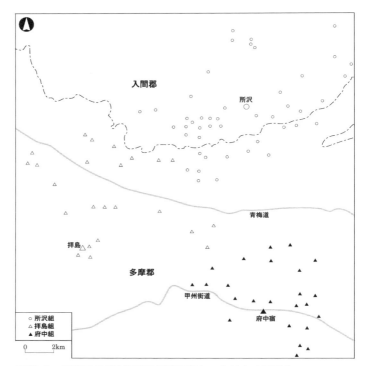

図Ⅳ-3　所沢での博奕取締り嘆願に加わった村々（1845年）

3．『指田日記』に現れる定期市利用

　『指田日記』は，多摩郡中藤村の陰陽師である指田藤詮が1834～1871年に記した日記で，近世の陰陽師研究でも盛んに用いられてきた（林 2005：269-302）[29]。『指田日記』の市町に関する記事は，ほとんどが「所沢に行く」，「八王子に行く」などと，極めて簡略に記されるのみである。ただし，市日に合わせた移動が大半であり，定期市の利用が主目的であったと想定できる[30]。定期市に出掛けた記事は，日記の開始年である1834年（天保5）から，自身が没する1871年（明治4）まで毎年確認でき，図Ⅳ-4ではその日数を年別

Ⅳ. 日記史料に現れる近世後期農村住人の定期市利用

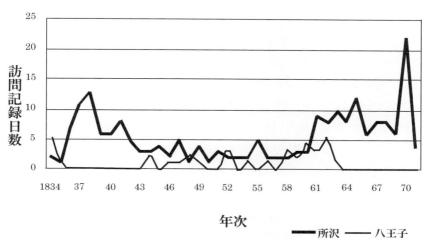

図Ⅳ-4 『指田日記』にみる市日の市町訪問日数（1834～1871年）
出典：武蔵村山市立歴史民俗資料館（2005, 2006）

に示した[31]。日記に現れる定期市利用は，1870年の22回（いずれも所沢）が最多であるが，1850年代には所沢および八王子の六斎市の利用に関する記録が年5回程度の年が続いている。1850年代に定期市利用に関する記述が少ない理由には，2つの可能性が考えられる。一つは，指田が1850年代後半にほとんど定期市を利用しなかったことを示す可能性である。もう一つは，当該期の指田にとって定期市利用があまりにも日常的なことであったため，日記に特記しなかった可能性である。

『指田日記』に現れる定期市は，所沢と八王子にほぼ限られる。1799年（寛政11）の中藤村「品々御尋書上ヶ帳下書」によると，指田が居住した中藤村の最寄定期市は所沢で，距離は2里程（約8km）であった（表Ⅳ-1）。また，中藤村から西方約2kmにある岸村の明細帳をみると，岸村と八王子との距離は3里半（約14km）となっている（表Ⅳ-1）。つまり，中藤村と八王子との距離は4里（約16km）程度であった。指田は，陰陽師という特殊な職業柄，遠方に出掛ける機会が比較的多かった可能性はあるが，所沢や八王子への移動はほぼ両町の市日に限られ，定期市に関係した移動とみなせよ

第1部　市場網の成り立ちと変化

う。

　八王子六斎市は，市日を4・8とし，17世紀後期には穀物・太物・肴・塩などの取引を中心とする市として，既に一定の発展を遂げていた。そして，八王子六斎市は18世紀以降，織物取引が飛躍的に拡大し，関東地方を代表する絹市となった（伊藤1967：122-123）。八王子六斎市の交易圏は広範囲におよび，たとえば入間郡山口町谷村（図Ⅳ-1）や，相模国の村々も八王子を最寄定期市として挙げている（青山・青山2001：720-722）[32]。八王子六斎市の利用をめぐっては，『指田日記』の1834年（天保5）5月14日条に「妻を八王子に買物に行かしむ」とあり，また，指田自身も60歳代半ばを迎えた1862年（文久2）に，八王子六斎市の利用を年間5回も記録している。このことから，女性や高齢者も往復8里（約32km）という距離を移動して定期市を利用していたと考えられる。

　ただし，指田自身が八王子六斎市に赴いた記録は1863年10月14日条が最後で，それ以降は所沢六斎市の利用記録のみ確認できる。これは，指田が70歳近くという高齢になり，往復30km以上の移動が体力的に難しくなったためと推測される。それでも指田は，77歳で没する直前まで片道2里（約8km）程度の所沢六斎市を頻繁に利用していた。なお，『指田日記』では，中藤村から所沢への経路について，「予，東隣哲蔵と所沢に行き問万と酒店に行く，帰路山口金乗院に立ち寄り酒後冷麺の馳走あり」（1839年6月3日条），あるいは「所沢に行く，（中略）帰路山口迄の内奇談言語に述べ難し」（1842年11月18日条）といった記事が確認できる。いずれも，山口（図Ⅳ-1の山口町谷村）を経由していることから，指田が狭山丘陵を越え，現在の狭山湖の湖底を通って所沢に出掛けていたことが知られる。

　それでは，指田やその近親者は，所沢や八王子でどのような取引を行ったのであろうか。表Ⅳ-2は，『指田日記』から指田の定期市での取引内容に言及がみられる記事を抽出し，整理したものである。表Ⅳ-2に現れる品目は，概ね余剰作物・商品作物，武具，書物に大別できる。食品や日用品の購入記録は確認できず，日常的な買物は日記に特記されなかった可能性が考え

Ⅳ．日記史料に現れる近世後期農村住人の定期市利用

表Ⅳ-2　『指田日記』にみる市町での商品取引（1838～1870年）

年月日	定期市	記事内容
1838.3.13.	所沢	所沢に行き近代真疑録十五巻を求む
1839.5.12.	所沢	奈良橋に桑を取る，所沢の市，桑一駄の代二貫四百文位
1840.3.8.	所沢	所沢に行き桑苗七十五本を求め来る
1840.10.18.	所沢	所沢に行き石碑を注文す
1845.10.13.	所沢	所沢にて宗寿の小柄を求む
1845.12.28.	所沢	所沢に行き正月の買い物を調う
1857.9.23.	所沢	所沢に行き障子六本を求む
1858.9.18.	所沢	所沢に行き，藤林の作の脇差を求む
1858.12.24.	八王子	八王子に行き粟一駄を一両に九斗五升に売る，上粟八斗六升
1859.11.4.	八王子	八王子に行き孫祝儀の買物し帰路雨
1860.11.4.	八王子	八王子に行く，鎗并短刀を求む
1862.2.13.	所沢	所沢にて十文字の鎗を作らしむ
1862.10.14.	八王子	八王子に行き半弓を求む
1863.12.28.	所沢	所沢に行く，正月の事調う
1866.12.28.	所沢	所沢に行き「国史略」「南華真経」を求む
1867.6.3.	所沢	所沢に行く，繭九枚にて十八両に売る，三両受け取る
1868.7.28.	所沢	所沢に行き島田儀助の鎗，三寸穂を求む
1868.9.18.	所沢	所沢の市に行き，河内守国助の十文字鎗を求む，東馬と同道す
1869.4.18.	所沢	所沢の市中に「源流茶話」を求む
1870.2.28.	所沢	所沢に行き「古史成文」を金三分にて求む
1870.8.13.	所沢	所沢に行く，短刀二腰を求む
1870.9.13.	所沢	所沢に行き「甲陽軍艦」写本三冊を求む
1870.閏10.13.	所沢	所沢に行く，北山先生の「作文率」四巻を求む
1870.11.8.	所沢	所沢に行き懐中鉄砲を求む

出典：武蔵村山市立歴史民俗資料館（2005，2006）。

られる。

　これらのうち，武具と書物は指田の個性を反映した取引品目と思われる。すなわち，短刀や槍などの武具は祈祷に用いる呪具である可能性が想起でき，史書を中心とした古書蒐集には指田の知識人としての側面が窺える[33]。また，『指田日記』には，1840年（天保11）に所沢六斎市での桑苗の買付を，1867年（慶応3）には繭の売却が記されている。桑を育てて養蚕を行い，生

産した繭を市に出荷して収入の一部にしていたことが考えられる。さらに，1858年（安政5）の日記では，八王子六斎市における粟売却の記録も確認できる（表Ⅳ-2）。このとき，指田が遠方の八王子六斎市を利用した理由は記されていないが，4節で検討する鈴木氏の事例を念頭に置くと，指田が所沢と八王子の粟相場を勘案し，より高値での売却が期待できる八王子を選択した可能性が考えられる。これは，複数の定期市が近接して存在する場合に，周辺地域の住民がどのように定期市を利用していたか窺える事例としても興味深い。

4．同時期の日記史料にみる人々と定期市との関わり

国文学研究資料館史料館（2001）は，近世武蔵国の庶民日記39点を一覧にしている。本章では，それらのうち，柴崎村・鈴木平九郎（豪農）の『公私日記』（水野・伊藤 1972-1983），および引又宿・星野半右衛門（市町住人・宿役人）の『星野半右衛門日記』（志木市 1982）に注目したい。鈴木や星野が，指田の住んでいた中藤村の比較的近くに居住し，日記の記載時期も『指田日記』と重なるためである[34]。

（1）『公私日記』にみる鈴木平九郎と定期市との関わり

『公私日記』は多摩郡柴崎村の豪農・鈴木平九郎が，1837～1857年に記した日記である。鈴木家は近世後期に発展した豪農で，平九郎は幕末期に村役人を務めるとともに，商業活動も幅広く手掛けた人物である。同日記に現れる鈴木の商業活動や定期市との関わりは，伊藤（1976）に詳しい。伊藤（1976）によると，鈴木は八王子や所沢などの町場で農産物を販売し，同時に様々な物品を購入していたという。鈴木の主な取引の場は八王子であったが，所沢へも度々，使いを出して売買に当たらせた。また伊藤（1976）は，

Ⅳ. 日記史料に現れる近世後期農村住人の定期市利用

鈴木が『公私日記』の毎月初めの部分に、八王子・所沢・田無等の町場における諸物価を記録していることを指摘し、鈴木が近隣の商業中心地の物価動向に深い関心を有したことを論じた。このような傾向は、『公私日記』全体を通して確認できる。

『公私日記』には、近隣の市町・定期市に関する記事が膨大にみられる。紙幅の関係ですべての記事を提示できないため、表Ⅳ-3では、鈴木の定期市との関わりについて、比較的多彩な事例がみられる1838年（天保9）の記事を抜き出した。表Ⅳ-3からも把握できるように、鈴木の市町への関与の特徴として、自ら最寄市町に出掛けるのではなく、そこに下男や日雇を遣わしたこと、および市町への移動や物資輸送に馬を利用したことなどが挙げられる（たとえば1月18日条）。また、鈴木が市日のみならず、それ以外の日にも下男・日雇を市町に派遣し、商取引を頻繁に行ったことにも留意したい。このように、鈴木の市町への関与形態は、指田とは大きく異なるものであった。

鈴木が市日に規制されずに商取引を行い得た要因として、市町における常設店舗の発展が考えられる。杉森（2006）や多和田（2007）は、17世紀後期以降の上州や信州で、市町に常設穀屋が成立し、19世紀にかけて発達したことを示した。さらに多和田（2007：141-145）は、市場商業と店舗商業とが並立した近世中後期の市町では、定期市での取引を中心とする商品と、常設店舗での取引を中心とする商品とが存在したことを指摘した[35]。そして、穀物は常設店舗が大きな役割を果たした品目であり、特に大量の物資を取引する場合には常設穀屋との関係が重要になったという[36]。鈴木家の取引品目は穀類が中心であり、馬を用いた大口取引が行われた。『公私日記』に市日以外の取引が多く現れる要因として、鈴木が常設穀屋との取引を中心にしていた可能性を指摘できよう[37]。

なお、前述の指田は市日に穀物取引を行っており、鈴木の市町との関わり方と異なっている。同じ穀物取引であっても、豪農や穀商人らの大口取引と、それ以外とでは、市町内での取引の場が異なった可能性も考えられよう。

第 1 部　市場網の成り立ちと変化

表Ⅳ-3　『公私日記』における鈴木家の市町との関わり（1838年）

月	日	市町	記事内容	備考
1	1	八王子	当時米相場両ニ五斗替，八王子相場也，銭六貫六百文，ところ餅の沙汰なし，江戸新相場北廻り米五斗六升より六斗壱升，大麦八斗替，小麦五斗替，粟八斗位，余者是ニ准ル，木綿綿百文ニ拾七八寸有	相場
1	18	八王子	伝五郎馬弐疋ニ而八王子江米四俵払，四斗七升五合替	市日
1	19	八王子	伝五郎馬米弐俵八王子江払	市日外
2	1	八王子	当時八王子米相場，上米四斗八升より下米五斗替，大麦・粟八斗替，小麦	相場
2	18	八王子	わたや無尽買もの八王子行，滝之上又衛門孫初春詫る	市日
3	23	所沢	下男横町為次郎同道ニ而所沢市江罷越，鍬一丁相調，同所棒屋江棒あつらへ置帰ル，昼九ツ時同所上之方□出火，十二三軒類焼のよし	市日
4	21	八王子	わたや主人相ује中嶋・井上之馬弐匹相添，八王子江家根板買出シニ遣ス	市日外
6	1	所沢	此節雨□続ニ而諸穀少シ引上ケ，所沢辺米平均四斗五升替，大麦壱石，小麦早蕎麦七斗五升位	相場
6	25	八王子	雨天続ニ而，一旦下落ニ相候諸穀直段引戻シ，御府内米四斗八升替，八王子五升より壱弐升，其余是ニ准シ，木綿，塩別而追々引上ケ候やうす也	相場 市日
7	18	八王子	八王子市場江弥次郎馬便頼遣ス	市日
8	18	八王子	米四俵也弥次郎馬弐駄追而八王子江売払四斗五升替	市日
9	1	八王子	当時八王子其外最寄穀相場米四斗弐三升替粟七斗五升位，大麦九斗五升位小麦六斗五升位	相場
10	10	八王子	新米弐俵弥次郎馬ニ而八王子江払大和田河原出売江売払四斗二升替帰り	市日外
10	12	八王子	蘭蔵馬ニ而八王子江米八斗払四升三升替戻り馬松板弐束杉皮六束買取六分板拾六間替杉皮六拾束替	市日外
10	14	八王子	弥次郎馬ニ而八王子より杉六分七寸九寸板壱駄引取	市日
10	15	所沢	あら屋敷〔　　　〕馬ニ而所沢江縄買出しニ遣ス	市日外
11	1	八王子	孫次郎馬ニ而八王子江米払，当時米四弐五替今日少し弱気帰松六分板壱駄長木屋より買上□来ル十五間替	市日外
11	2	八王子	弥次郎馬ニ而砂川酒屋江米弐俵払四之替に付昼後八王子江同断遣候処四三五替帰馬松六分板四束附込	市日外
12	24	八王子	中嶋母八王子年の市江行正月飾もの其外買もの頼遣ス	市日

出典：水野・伊藤（1972-1983）。

Ⅳ. 日記史料に現れる近世後期農村住人の定期市利用

また，鈴木は所沢町よりも八王子町での取引を頻繁に記録している（表Ⅳ-3）。これは，柴崎村が所沢よりも八王子町により近かったためと考えられる（図Ⅳ-1）[38]。そのため，鈴木家の所沢六斎市への関わりは相対的に希薄なものであったが，そのなかで『公私日記』には，柴崎村の他の住人が所沢六斎市を利用したことを示す記述も確認できる。たとえば，1849年（嘉永2）9月23日条には「小源太所沢市より帰り次第市郎右衛門掛合い詰め候約束の由」とあり，小源太という人物が所沢六斎市に出掛けていたことが分かる。図Ⅳ-1で示したように，柴崎村は所沢六斎市の交易圏の縁辺部に位置するが，鈴木家や小源太のように，所沢六斎市を利用した人々が存在したことも明らかである。

（2）『星野半右衛門日記』にみる星野半右衛門と定期市との関わり

『星野半右衛門日記』は，引又宿（図Ⅳ-1）の星野半右衛門が1852～1857（嘉永5～安政4），および1875～1880年（明治8～13）に著した日記である。近世引又宿は六斎市を開催し，市日は所沢と同じ3・8であった。星野は，宿役人を務めるとともに，後述するように市日には自らの居宅の前庭を売場として供した。

同日記には，市日における他所商人の来訪の記事がしばしばみられる。たとえば1853年（嘉永6）1月18日条には「川越商人大雪に来り，常盤屋，正木屋，中屋」とあり，引又宿の市日に川越から複数の商人が来訪したことが分かる。このうち，正木屋は「川越商人正木屋喜兵衛殿へ切地代金弐両相渡し残らず済，但し我等庭に市六斎，定見せの商人也」（1853年1月23日条）という記事から，市日に星野家の庭先で取引を行う市場商人であったことが分かる[39]。星野家の庭で市商いをしたのは，川越商人ばかりではない。1853年12月29日条では，砂村の佐平次について，「八拾年已前より当所六斎市出張り煙草商ひ仕来り候処，手廻り兼候間，今市限りにて出張候義相止め候趣断りにござ候，一躰四・五拾年已前より我等庭へ出張り候」と述べている[40]。

第1部　市場網の成り立ちと変化

佐平次家は，80年前（1773年）から引又六斎市で煙草を取引し，40〜50年前（19世紀初頭）から星野家の庭で出店していたが，1853年限りで中止したようである。

また，日記には引又六斎市の景況に関する記事もしばしば現れる[41]。星野は，市日の商人差配により見世賃収入を得ていたことに加え，宿役人の立場からも，六斎市の運営状況を気に掛けていたとみられる。一方で，同日記には，自らが引又宿の周辺市町に出掛けたことを示す記事はほとんどない。また，所沢に関する記述も，1858年（安政5）4月23日条，および同年5月12日条のみである。このうち，5月12日は所沢の市日ではない。この内容は「所沢村三上半三郎方へ掛合に行き，久米村佐藤平八殿方へも右同断，夕刻帰宅」というものであり，星野は所沢村の三上半三郎らに何らかの用事があって出掛けたと理解できる。また，4月23日は所沢町の市日であったが，「扇町谷へ嶋屋出立にて所沢へ廻り，それより八つ半頃帰宅いたし」という日記の記事から，この日，星野が扇町屋からの帰路に所沢を経由したに過ぎなかったことが分かる。

このように，星野の所沢六斎市との関わりは希薄であった。その要因として，所沢六斎市と引又六斎市との市日重複を指摘できる。所沢の市日には，星野は引又宿で町家住人として商人差配を行い，さらには宿役人という立場上，六斎市の管理も担っていた。星野が所沢六斎市に出掛けた記録をほとんど残していないのは，以上述べた彼の属性に起因するところが小さくないと考えられる。

ただし，このような星野の所沢六斎市との関係が，引又宿の住人全般に当てはまるかは慎重に考える必要があろう。たとえば，幕末期から近代にかけて，所沢周辺農村で発展した綿織物生産では，引又河岸を経由して所沢に移入された木綿が原材料として用いられた（田村 1994，谷本 1998：92-93）。引又宿には，木綿移出を通して所沢町と日常的に取引を行っていた住人も存在した可能性も十分に考えられよう。

5. 小 括

　Ⅳでは、『指田日記』の分析を中心として、近世の武州入間郡・多摩郡における定期市と、それらをめぐる周辺地域住人の活動を検討した。日記は作成者の個人的属性を色濃く反映するため、その位置づけが問題になる。そのため、本書では、同時期に同一市町の周辺に居住した複数の人物の日記を比較し、定期市・市町に関する他史料と併せて検討することで、各日記著者の定期市への関与にいかなる特性がみられるか考察を試みた。

　『指田日記』は、武州多摩郡中藤村の指田藤詮が19世紀中期に著した日記で、市日の活動について長期的に記録している。指田は、77歳で没する直前まで片道2里程度の所沢六斎市に頻繁に出掛けた。また、『指田日記』からは、指田が余剰作物・商品作物・武具・書物などを市日に取引していたことが明らかになった。指田が行ったような市での余剰作物・商品作物の売却は、指田を含む中藤村住人が共通して行っていたものと考えられる。

　指田が主に利用した所沢六斎市は、南方の武蔵野台地や狭山丘陵の外縁部に広い交易圏を有した。所沢周辺では、『指田日記』と同時期に作成された複数の日記史料が現存している。そのひとつである『公私日記』を著した柴崎村の鈴木平九郎は、豪農という属性から、最寄市町との間で大量の物資輸送を頻繁に行った。鈴木は自ら最寄市町に出掛けるのではなく、下男や日雇を派遣し、その移動や物資輸送には馬を利用した。鈴木の商業活動は市日以外にも行われ、その取引は常設店舗を中心としていたことが想定できる。柴崎村は所沢六斎市の交易圏の外縁部に位置していたために、鈴木の所沢町との関わりは相対的に小さかった。ただし、柴崎村には鈴木家以外にも、所沢六斎市を利用した人々が存在したことが、『公私日記』の記事からも確認できる。

　『星野半右衛門日記』の著者は、引又六斎市の市日に自らの居宅前庭で商

人差配を行った町家住人であるとともに，引又宿の宿役人を務めた人物でもあった。引又宿は，経済的にも所沢町との関係が深かったが，同日記には星野が所沢六斎市に出掛けたという記録はほとんどみられない。星野は，引又六斎市の商人差配を行い，宿の世話役を務める必要があったため，引又六斎市と市日が重なる所沢六斎市に出掛ける機会に乏しかったと考えられる。

　このように，『指田日記』・『公私日記』・『星野半右衛門日記』の各著者は，いずれも所沢六斎市の交易圏内に居住したが，彼らの所沢六斎市への関与形態は，それぞれの属性を反映していた。同時期に同一市町の周辺に居住した複数の人物の日記を比較する作業は，各日記が示す日記著者の定期市利用のあり方を捉える上で，一定の有効性があったと考えられる。

　また，本章では当該期の定期市の市日と売場の構造，および日記記事の照合を行うことにより，日記著者たちの市町との関わり方についていくつかの知見を得た。たとえば，『公私日記』の著者である鈴木は，市日以外にも近隣市町で多くの穀物取引を行っていた。これにより，鈴木の取引が市町の常設店舗を中心としていたことが窺える。その一方で，『指田日記』の著者は市日に穀物取引を行っていた。所沢六斎市で穀物取引が盛んに行われたとする他史料の記述を踏まえると，指田は主に市において穀物取引を行ったことが推定できる。さらに，これらの事実は，同じ穀物取引であっても，大口取引とそれ以外とで取引の場が分化していた可能性を窺わせる。指田が主に利用した所沢六斎市では，18世紀後期の史料で主要取引品目として雑穀が現れ，19世紀中期にもそれが一定の継続をみていた可能性があろう。

　なお，指田や鈴木が，定期市（市町）において，購買活動と販売活動を両方行っていた点にも注意する必要があろう。藤田（1989，1990）は，中世奈良町の都市住人の日記から，市での購買活動を検討したが，そこでは販売者としての行動は見出されなかった。これを念頭に置くと，指田や鈴木のような，購買者かつ販売者という形で定期市と関与する人々は，近世以降の定期市を特徴づける要素である可能性も考えられよう[42]。また，本章では3点の日記をもとに，近世後期の所沢六斎市周辺住人の活動形態を検討したが，近

Ⅳ. 日記史料に現れる近世後期農村住人の定期市利用

世定期市研究において日記の分析を取り入れたものは未だ少ない。そのため，本章で得られた知見がどの程度一般化できるのかは，事例分析を蓄積しつつさらに検証を進める必要があろう。これらの問題は，筆者の今後の課題としたい。

注
1） 近代以降を対象とした定期市研究では，零細規模の販売者や購買者に関する議論も盛んに行われている（石原 1987：344-362，岡村 1992，番場 1994，山本 2019）。また，中世を対象とした研究成果であるが，藤田（1989，1990）は都市住人の市での購買活動を検討している。しかし，近世を対象とした定期市研究では，こうした分析は進んでいない。
2） 本章で分析した日記では，市日と関連した商取引が，市見世と常設店舗のどちらで行われたのかまでは明記されておらず，その点に史料的限界がある。しかし，18世紀以降の市町では市見世と常設店舗との機能分化が進み，両者間に共存関係が形成されていた（岡村 1986，杉森 2002，多和田 2007：141-145）。そのため，市町での商取引をめぐっては，たとえ常設店舗での取引であっても，それが市日と関係するか否かは検討に値する問題であると考える。
3） 属性の異なる複数の人物の日記を比較する手法自体は，歴史地理学において従来から用いられてきた。近世を対象とした研究に限っても，有薗（1986：249-274）や川口（2001），渡辺（2006）などが挙げられる。本章では，これらの先行研究と同様の分析手法が，近世定期市研究においても有効であることを示したい。
4） 岡村（1999）は武州秩父大宮郷の町役人による御用日記から，大宮郷六斎市に関する検討を行った。同史料は，市町による定期市の運営管理を考察できる点で極めて貴重な史料である。ただし，同史料は町運営に関する公的記録であるため，記録者の個人的な日記とは性格が異なる。本章では，こうした公的記録の史料的価値を認識しつつも，これと個人的記録としての日記とを区別して考察を進める。
5） 『指田日記』が所沢六斎市の利用を頻繁に記録していることは，武蔵村山市史編さん委員会（2002：1015）が既に指摘している。ただし，『指田日記』における定期市関連記事の詳細な検討や定期市の利用頻度の考察などは行っていない。
6） 山口貯水池の竣工（1934年）に伴って谷奥は湖底となり，同街道も分断された。
7） 大久保（1934）は，これらの道が所沢を中心として放射状に形成されていることに注目し，計画的に開拓された武蔵野台地の特色と指摘している。

第 1 部　市場網の成り立ちと変化

8）　東川は狭山丘陵を水源とし，所沢町の東で柳瀬川に合流する。ただし，1941年時点では，流水は降雨後にしかみられず，河川沿いに水田が開かれることもなかったという（吉村 1941a，吉村 1941b）。

9）　ただし，現時点では市神が祀られていた場所を地図上で特定できておらず，今後の課題としたい。なお，定期市における市神の問題は中島（2004）が詳細に整理している。

10）　『埼玉県営業便覧』（1902年）をみると，東川左岸に東西に走る裏町通りが描かれており，そこに織物問屋や醤油醸造，染物業などの業者が居住していたことが分かる（田口 1977：32-40）。

11）　吉村（1941b）は，宙水域を外れると，街道沿いでも急に人家がなくなることを報告している。

12）　中島（1964：112）はこのような通りの中央の水路が，東日本の市町で多くみられることを指摘している。

13）　近世日本では，町として支配されたのは三都をはじめとする城下町で，それ以外の多くの町場は，たとえ都市的な場でも村として支配された。所沢も公的な呼称は所沢村であった。このような町場は，在方町と総称される（渡辺 1999）。

14）　市祭文の作成された寛永年間（1624～1644年）を市の創始とする先行研究も複数確認できる（中島 1964：118，内野 1985）。

15）　石川家文書 8-14，1679年「市目録之次第，乍恐指上ヶ申伊奈市口上書御事」。本章では五日市郷土館のマイクロフィルムを使用した。本史料は所沢を含む西武一帯の定期市とその市日を列挙するもので，日の出町史編さん委員会（2002：174-176）が概要を紹介している。

16）　国文学研究資料館史料館所蔵杉本家文書73，1705年「武蔵国多麻郡山口領後ヶ谷村諸色覚書上帳」。

17）　岡村（1994a）は「関東地方の市町は大概，町並みを上中下に三区分しており，そして六斎市はその三つの町内の間で市立ての場所をローテーションしていた」と述べる。

18）　近世草加宿は，行政上 9 村に分割されていたが，そのうちの 1 村である谷古宇村の明細帳（1725年）には「当町の義九ヶ村入会町にて町並六町にござ候，壱丁に壱度づつ壱ヶ月に六度づつ市日ござ候」という記事がみられる（草加市史編さん委員会 1985：64-71）。同史料から，草加宿では 6 街区で月に 1 回ずつ市を開いたことが分かる。

19）　所沢の隣接市町である小川新田では，1769～1827年まで 7 街区で売場を巡回させて六斎市を開催していた（小平市中央図書館 2006：284-292）。6 街区による輪番開催に近似した形態として興味深い。

20）　「表」は戸外の意と捉えられ，個々の屋敷前の空間を売場として供したものと考えられる。町場住人による屋敷前空間の売場供与（前見世）やそこでの見世賃

Ⅳ. 日記史料に現れる近世後期農村住人の定期市利用

　　徴収については，岡村（1994a）や杉森（2006：81-126）が詳細に検討している。
21)　近世所沢六斎市における中見世の商人差配を明示する史料は現時点で得られておらず，その検証は今後の課題としたい。なお，関東地方の他の定期市では，中見世をめぐって，市頭による差配や，屋敷主の共同差配などの事例が報告されており，所沢六斎市の中見世について考える際にも示唆的である（岡村 1994a，吉田 2000，渡邉 2009b）。
22)　『武蔵野歴史地理』は第一冊から第四冊が1928～1932年にかけて刊行され，それ以降は長く未刊のままであったが，1971～1973年に刊行に至った。そのため，所沢一帯について記した第七冊（高橋 1972）は，1972年の刊行ながら，執筆時期は大正末期から昭和初期である。
23)　『万歳日記帳』も日記史料の範疇に含めることは可能であるが，分量は少なく短期間の記録に留まる。
24)　1815年に，北田新田・三ヶ島村（図Ⅳ-1）を惣代とする37村が，所沢六斎市での織物取引をめぐって所沢村名主代・縞買惣代との間で証文を交わしている（谷本 1998：74）。また，18世紀前半の村明細帳からも，所沢周辺の住人たちが農間稼として綿織物生産を行っていたことが分かる。たとえば，1722年の下新井村明細帳は，「女の稼には木綿など織り申し候」と記録している（所沢市史編さん委員会 1983：425-428）。所沢周辺の村々は，このような在来の綿織物生産を基盤としつつ，近世後期に綿織物産地として発展したと考えられる。
25)　高橋（1972：105-106）は，「市に出る品物は，（中略）古鉄道具類・古綿・古足袋・古衣類・古陶器・鍬・鎌・笊・籠等，農村の日用生活必需品であつた。所沢のぼろ市といふて昔から有名であつた」と記述している。古着・古布団・古道具等の取引は，19世紀以降も継続され，所沢六斎市を特徴づける要素となっていた。
26)　筆者は，村明細帳に現れる村々と定期市との関係について，既に論じたことがある（渡邉 2010a）。村明細帳は，村々の概況を示す史料であり，日記史料に表れる作成者の個人的特性を考える際に対照する材料として，一定の有効性を持つと考えられる。
27)　当時，所沢の市日毎に「所々悪もの共」が集まって博奕を行う状況が生じていたという。
28)　これらは，1827年以降に設置された改革組合村である。
29)　指田は中藤村にあって，陰陽師という特異な存在であった。指田の定期市との関わり方を分析するにあたっては，このような指田の職業的特性にも注意を払いたい。
30)　市日以外に両町に出掛けた記録もみられるが，その数は極めて少ない。そのため，本章ではこれらのケースを分析の対象外とし，図Ⅳ-4でも計上しなかった。

31）『指田日記』には，指田自身の定期市利用に限らず，夫人や弟子などが市に赴いた旨もしばしば記される。また，数人で連れ立って出掛けたケースもあるが，図Ⅳ-4では，利用者・人数に関わらず，市日に市町に出掛けた日1日につき1回として計上した。

32）岩岡又四郎家文書558，1813年「村明細書上帳」。本章では所沢市生涯学習推進センターの原本コピーを使用した。

33）『指田日記』には，所沢町内でのこれらの物品の購入先は記録されておらず，指田が常設店舗で書物等を購入した可能性は十分に考えられる。実際，指田の書物購入について分析を行った中西（2009）は，指田の所沢での書物購入先を書店であると想定している。ただし，『指田日記』に現れる武具や書物の購入はほぼ市日に限られ，市日に関連した取引とみなされる。また，書物は雨に弱く，定期市の取引品目として一般的ではないが，京都や大阪では現代でも寺社境内等で古書（和本）の露店市がみられる。幕末期の所沢六斎市でも，これと近似的な書物の露店が存在した可能性は考慮する余地があろう。

34）蔵敷村の『里正日誌』も中藤村近辺で近世後期に記された日記のひとつである。ただし，同史料は村役人が重要書類を書き留めたもので，公的性格が強く，人々の日常を記録した日記史料とは性格が異なるため，本章の分析対象から外した。

35）このような定期市と常設店舗との機能分化は，歴史地理学において1980年代までに指摘されており（岡村 1986），近世史分野で近年再発見されたという位置づけも可能であろう。ただし，市町における定期市と常設店舗との機能分化に関しては，史料的制約もあって，歴史地理学でも現在に至るまで目立った研究の進展はみられない。

36）多和田（2007：65-109）は，幕末期の信州小布施村の豪農である小山氏が，大口の穀物取引に際して事前に商談を済ませたのちに，輸送手段等の手配を進めたことを明らかにした。これは，大口取引の場合，商品の納入以前に取引交渉を行う必要性が高まるためであるという。

37）近世中期以降の市町における穀屋の増加は，筆者が先に検討した平沼村のように，武蔵国でも確認できる（渡邉 2010b）。所沢でも，『埼玉県営業便覧』（1902年）で7軒の穀屋が確認できる（田口他 1977）。

38）柴崎村の明細帳（1759年）には，八王子市場に荷物を附送り駄賃を取る旨の記述がある一方で，所沢に関する同様の記述は認められない（立川市教育委員会編 1965：2-7）。後述するように柴崎村の住人が所沢六斎市を利用することはあったが，彼らにとっての最寄定期市は，主に八王子であったと考えられる。

39）「定見世」は先行研究において常設店舗と位置づけられてきた（岡村 1999）。しかし，正木屋喜兵衛の定見世は，市日に星野の前庭に設置される市見世であった。定見世を常設店舗とする先行研究の理解については，再検討の余地があるよ

Ⅳ. 日記史料に現れる近世後期農村住人の定期市利用

うに思われる。
40) 砂村は，川越町の近郊に位置する。
41) たとえば，「雛市，よく群集いたし商人数多出候」(1853年2月29日条)，「今市は下市場にござ候，例年より誠不気景人出入少なく市行事柏屋弥右衛門・棒屋丈太郎右両人」(1853年12月23日条) など。
42) 購買者かつ販売者という形での定期市への関与者は，近代以降を対象とした定期市研究では広く観察されている。たとえば，山本 (2019) が検討した大多喜六斎市の農家出店者は，商品を販売するとともに日用品等を購入していた。近所の人から買物を頼まれることもあったという。

第 2 部　市町における定期市の出店形態

第2部　市町における定期市の出店形態

V．近世関東における市場争論と絵図作成

1．はじめに

　Vでは，市場争論絵図を通して，訴訟内容と表現内容との関係に注目した争論絵図分析の方法と意義について考察する。その際の視点として，市場争論をめぐって作成された複数の絵図の比較検討を行いたい。それにより，市場争論絵図を位置づける際の視点が整理されるとともに，関連史料を伴わない市場争論絵図に関しても，その作成契機や用途の推定が可能になろう。矢守（1980）は，城下絵図の描法を分析する意義として，作成目的や年代の不明な絵図について，描法から絵図の性格を推定できることを述べた。本書で市場争論絵図を検討する際にも，このような矢守（1980）の意識を継承したい。

　近世の争論絵図は，法制史の小早川（1957：459-508）によって早くからその特性が注目されてきた。小早川は，絵図作成を境界争論・水論に固有な制度的特徴として重視したのである。そして，その後の争論絵図研究は，小早川の見通しをうけ，訴訟制度との関係を主要な論点として展開した。そこでは，審理前に原告・被告が共同で作成する立会絵図，決着後に当事者に発給される裁許絵図の2つが，近世日本の訴訟制度の特徴を示す史料として注目された。たとえば，大国（1995）は立会絵図，杉本（1999：124-150）は裁許絵図について，作成・利用の方法を分析し，宮原（2003）は立会絵図がそのまま裁許絵図に利用される例に注目して両者の関係を論じた[1]。また，大国（1995）や鳴海（2007）は，訴訟制度との関係から争論絵図の分類を行った[2]。

　これらの研究は，争論絵図を通して近世日本の訴訟制度の特質を考える視

V. 近世関東における市場争論と絵図作成

点において共通するが,個別の争論絵図における表現内容の差異への関心は相対的に小さかったように思われる[3]。その背景には,争論絵図研究が訴訟制度との関係を主要な論点として展開してきたことに加え,分析に利用された争論絵図が主に境界争論絵図であったことが指摘できる[4]。境界争論絵図は,境界線の墨引という表現内容において絵図相互間の共通性が高い。それゆえ,境界争論絵図を中心に議論する場合に,表現内容の差異を位置づける必要性は乏しかったと予想される。

これに対し,境界線の墨引を伴わない裁許絵図の存在に着目した宮原(2003)の視点は興味深い。宮原(2003)は墨引の有無という表現内容の差異を,作成契機となった争論の性格との関係において考察した。そして,争論絵図が争論の内容を反映してそれぞれに特徴的な表現内容を呈すること,および争論の内容によって絵図の必要性が異なることを指摘した。①争論絵図の表現内容と争点,②絵図を伴う争論と伴わない争論との違い,という争論絵図研究における新たな論点を示したものと評価できよう。このような宮原(2003)の成果をうけ,本章では従来の訴訟制度に加え,争論内容との関係から争論絵図の考察を行いたい。争論内容と絵図の表現内容との関係が位置づけられれば,絵図の分析を通じて作成契機となった争論の内容を議論することも可能になろう。

さて,近年の争論絵図研究で盛んに用いられた境界争論絵図は,絵図相互間の表現上の共通点が大きいという特色があった。また,宮原(2003)が分析した境界線の墨引を伴わない裁許絵図も,近世的な訴訟制度が確立する享保期(1716〜1735年)以前に特徴的にみられ,それ以降は姿を消すという。

絵図の表現内容と争点という本章の課題に対しては,より多様な表現形態をとる争論絵図が題材として適当である。そのなかで,まず注目されるのは水論絵図であろう。近世日本の争論絵図作成は,境界争論と水論の特殊的手続きとされるからである(小早川 1957:459,508)。水論の主な争点は,用水利用や井堰,悪水処理の方法などである。そのため,水論絵図は水路網を骨格に描かれ,境界線墨引を表現上の特徴とする境界争論絵図と異なる様相を

第2部　市町における定期市の出店形態

図V-1　対象地域
※図中の番号は表V-4と対応

呈する[5]。しかし，争論絵図に関する先行研究が境界争論を中心に展開してきたことを考えると，本章の考察対象として，境界墨引とそれ以外の内容がともにみられる題材がより適当であると考える。そこで，本章では市場争論における争論絵図に注目したい。

　内容的に多彩な市場争論を整理する作業は，早くから行われてきた。そして，市場争論絵図も境界の描写が重視されるものを含めて内容的に多様である。本章ではこのような市場争論絵図の特性に注目し，争論内容と争論絵図との関係を位置づける方法とその有効性を模索したい。争論絵図の表現内容と争点との関係が位置づけられれば，市場争論絵図の分析を通して，作成契機となった市場争論の内容を議論することも可能になろう。

　なお，宮原（2003）は，訴訟史料全体の中で争論絵図を位置づける視角においても注目される[6]。本章でも，絵図を伴う争論と伴わない争論の違いに留意したい。それゆえ，本章では絵図作成の有無に関係なく，市場争論全般を分析対象とする。さらに，個々の絵図の分析に際しては，争論内容ととも

V. 近世関東における市場争論と絵図作成

に，訴訟制度との関係にも注意を払いたい。争論絵図は，訴訟のどの段階で作成されたかによって作成主体や役割が異なるためである[7]。なお，鳴海(2007)は訴訟過程とともに審理担当者と絵図作成との関連も併せて検討するが，これも争論絵図を位置づける際に必要な作業であろう。争論絵図の必要性は，審理担当者が現地の状況を把握していない場合に高まると想定できるからである[8]。こうした立場から，本章では争論内容との関係を中心的な論点としつつ，訴訟制度との関係も同時に行いたい。

以下では市場争論絵図の具体的な分析に移るが，まず2節では先行研究を踏まえつつ市場争論を内容別に整理し，絵図作成を伴う市場争論の特徴を考える。続く3節では市場争論絵図の表現内容と市場争論の争点との関係を分析する。そして，4節では争論絵図の作成されることの多い市場内争論に注目し，訴訟制度との関係も合わせて考察したい。一連の検討を通して，市場争論絵図の表現内容と争点との関係を整理したい。対象地域には，関東地方のうち上州・武州を取り上げる（図V-1）。上州・武州には，近世の定期市関係史料が豊富に残され，市場争論絵図を利用した先行研究の蓄積もあるため，本章における対象地域としても適当であると考えた。

2．絵図を伴う争論と伴わない争論

(1) 市場争論の諸類型と絵図作成

市場争論の先行研究は少なくないが，その多くは特定の市場争論を取り上げたものである（たとえば，奥田 2000，井上 2004：149-188）。そのなかで，農業経済学の桑原(1943)と近世史の伊藤(1967)は複数の市場争論を整理した点で注目される（表V-1）。

桑原(1943：71-98)は越後国における8件の市場争論を「市場新設に対する既設市場の反対抗争」と「既設市場と隣接村落との抗争」の2つに分けて

第2部　市町における定期市の出店形態

表V-1　先行研究における市場争論の類型

桑原（1943：71-98）	伊藤（1967：63-80）	群馬県史編さん委員会 （1991：524-534）	本書での分類名
──	市日争論	中之条と原町の市紛争	市日争論
市場新設に対する 既設市場の反対抗争	──	新規市立て紛争	新規市立争論
既設市場と隣接村落 との抗争	町場争論	市町内部の紛争	市場外争論
──			市場内争論

考察した。前者は既存市町以外での新市設立[9]，後者は市場の範囲外（町外の村方など）での売買が問題とされた争論で[10]，以下それぞれ「新規市立争論」，「市場外争論」と呼ぶ。また，伊藤（1967）は市場争論を「市日争論」と「町場争論」とに整理した。市日争論は既存定期市の市日をめぐる争いが中心であるが，新市と既設市場の市日が重なった場合の一部の新規市立争論も含まれる。町場争論に関しては，市場外での取引が問題となった1735年（享保20）の野州栃木町と，市町内で起こった1718年（享保3）の武州新町の2事例が挙げられる。前者は市場外争論であるが，後者は市町内部での争いであり，同じ町場争論でも性格が異なる。本書では市町内での争いを市場内争論とし，市場外争論と区別する。

複数の市場争論を分類して論じた研究は伊藤（1967）以降みられなくなったが，近年では群馬県史編さん委員会（1991：524-534）が，①「中之条と原町の市紛争」，②「新規市立て紛争」，③「市町内部の紛争」の3項目に市場争論を整理している。①は隣接市町間の市日をめぐる争いで市日争論に相当する。②はその名の通り新規市立争論に該当する。そして，③は市場内争論と市場外争論の両者を含み，伊藤（1967）の「町場争論」に相当する。

以上を整理すると，先行研究が取り上げてきた市場争論は，市日争論，新規市立争論，市場外争論，市場内争論の4つに分けられる（表V-1）。このなかで，市日争論と新規市立争論はある市町と他の市町との争い（市場間争論）という点で共通性を有する。また，市場外争論は，市町の隣接村落での

V. 近世関東における市場争論と絵図作成

表V-2　市場争論の類別と絵図作成

争論類型		件数 (※1)	絵図 (※2)	審理者（確認できるもののみ）※3
市場間争論	市日争論	7	0	評定所2，幕府代官所1，道中奉行1
	新規市立争論	28	0 (+1)	評定所10，幕府代官所4，道中奉行1
市場外争論		12	0	評定所6
市場内争論	市立街区争論	15	1 (+1)	幕府代官所3，藩5，旗本2
	売場争論	9	3 (+1)	藩5，旗本2

※1：市場争論の件数は表V-3を参照。
※2：絵図が所在不明の場合は（+1）と表記。
※3：審理担当者が確認できないのは，訴状等に宛先が記されない場合が主である。

　商取引をめぐる争論で，市町外部との争いという点は市場間争論と同様である。ただし，隣接村に拡張した町並での商業行為が問題化した事例が多く，市場内争論に類似した側面もみられる[11]。そして，市場内争論は市町内で完結する争論である。

　市町内で完結する争論であるか否かは，審理を行う機関と密接に関係する。関東地方は所領錯綜地域で，隣接する市町や市場外の村方は，それぞれ領主を異にする場合が多かった。市場間争論や市場外争論は個別領主の領内で完結しないことが多く，その場合は幕府評定所が審理を担当した[12]。一方で，市場内争論は，相給の場合もあるが，多くの場合単独支配であり，その場合，個別領主が審理を担った[13]（表V-2・3）。

　近世の上州・武州で作成された市場争論絵図について，現時点で確認できた9点を表V-4に整理した。絵図本体が現存しないが，訴訟史料中に絵図作成が記録された事例（4件）もこれに含めた。この9点のうち，8点は市場内争論で作成され，それ以外には1785年（天明5）の本宿・市野萱の新規市立争論で1点が確認できるのみである（表V-2）。このことは，市場争論のなかで，特に市場内争論において絵図作成が盛んに行われたことを示唆する。

第 2 部　市町における定期市の出店形態

表V-3　江戸時代の上州・武州における市場争論

年代	係争地（支配）	出典
◆市日争論		
1673	青梅・新町（幕領）	伊藤（1967）
1677	今市・玉川（幕領）	越生町教育委員会（1999：391-393）
1683	中之条・原町（幕領）	群馬県史編さん委員会（1980：507）
1827	中之条（清水家）・原町（沼津藩）	中之条町誌編纂委員会（1983：658）
1830	青梅・新町（田安家）	伊藤（1967）
1835	青梅・新町（田安家）	伊藤（1967）
1841	中之条（清水家）・原町（幕&旗）	中之条町誌編纂委員会（1977：1002-1015）
◆新規市立争論		
1609	大間々・上桐原（伊勢崎藩）	大間々町誌編さん室（1995：656）
1644	大間々・上桐原（伊勢崎藩）	大間々町誌編さん室（1995：656-657）
1653	伊奈・五日市（幕領）	五日市町史編さん委員会（1976：356-357）
1666	藤岡（前橋藩）・吉井（吉井藩）	吉井町誌編さん委員会（1974：567-568）
1678	伊奈・五日市（幕領）	五日市町史編さん委員会（1976：360-361）
1710	鬼石・渡瀬（幕領）	神川町（1992：177-178）
1725	伊奈・五日市（幕領）	五日市町史編さん委員会（1976：362-363）
1727	小川（旗本領）・安戸（幕&旗）	小川町（2001：106-109）
1728	境（伊勢）・太田・世良田（幕領）	境町史編さん委員会（1996：345-347）
1733	木崎（旗本領）・世良田（幕領）	境町史編さん委員会（1996：352）
〃	境（伊勢崎藩）・世良田（幕領）	境町史編さん委員会（1996：353-355）
〃	太田（幕領）・小泉〔館林藩）	大泉町誌編集委員会（1983：524-525）
1741	浦和・蕨（幕領）	浦和市総務部市史編さん室（1981：347-349）
1754	川井（前橋藩）・玉村（幕&旗）	群馬県史編さん委員会（1986：519-520）
〃	大原本町（幕領）・大間々（前橋）	大間々町誌編さん室（1995：661-663）
1760	下室田（旗4給）・神山（上里見藩）	群馬県史編さん委員会（1978：674-678）
1778	寄居（旗本6給）・鉢形（幕&旗）	寄居町教育委員会町史編さん室（1983：470-473）
1781	小川（旗本領）・鉢形（幕&旗）	東秩父村（2005：114-115）
1785	本宿・市野萱（幕領）	群馬県史編さん委員会（1977：624-626）
〃	下仁田・本宿（幕領）	群馬県立文書館神戸金貴家文書1676
1797	本宿・市野萱（幕領）	群馬県史編さん委員会（1977：631-632）
1799	境（伊勢崎藩）・堀下（旗本領）	群馬県史編さん委員会（1986：520-527）
1808	大宮郷（忍藩）・下吉田（幕領）	吉田町教育委員会（1982：248-252）
1823	松山（久留里藩）・久保田（佐倉藩）	東松山市教育委員会事務局市史編さん課（1983：242-243）
〃	深谷（幕領）・中瀬（幕&旗）	奥田（2000）
1824	藤岡（旗本領）・吉井（吉井藩）	吉井町誌編さん委員会（1974：589-591）
〃	桐生（松山藩）・新宿（旗本領）	群馬県史編さん委員会（1988：638-639）
1825	本野上（請西藩）・皆野（忍藩）	柿原（1995：221-222）

Ⅴ．近世関東における市場争論と絵図作成

◆市場外争論

年	場所	出典
1653	小川（幕領）・大塚（幕領）	小川町（2001：96）
1715	渋川（幕&旗&寺）	渋川市誌編さん委員会（1989：659-663）
1741	渋川（幕&旗&寺）	渋川市誌編さん委員会（1989：663-664）
1745	原町（幕領）	群馬県史編さん委員会（1980：512-513）
1746	渋川（幕&旗&寺）	渋川市誌編さん委員会（1989：664）
1751	児玉（旗本4給）・八幡山（旗本）	児玉町教育委員会（1990：490-493）
1766	渋川（幕&旗&寺）	渋川市誌編さん委員会（1989：665-667）
1788	小川（旗本領）・大塚（旗本領）	小川町（2001：96-103）
1803	五日市（幕領）	五日市町史編さん委員会（1976：418-425）
1832	熊谷（忍藩領）	埼玉県（1990：579-586）
1847	渋川（幕&旗&寺）	渋川市誌編さん委員会（1989：667-668）
1851	児玉（旗本4給）・八幡山（旗本領）	児玉町教育委員会（1990：490-493）

◆市立街区争論

年	場所	出典
1652	八王子（幕領）	八王子市史編さん委員会（1967：569-570）
1681	中之条（沼田藩）	群馬県史編さん委員会（1980：506-507）
1686	与野（幕&旗）	与野市企画部市史編さん室（1982：867-869）
〃	中之条（幕領）	群馬県史編さん委員会（1980：507-509）
1694	八王子（幕領）	八王子市史編さん委員会（1967：570）
1706	中之条（幕領）	群馬県史編さん委員会（1980：509）
1709	熊谷（忍藩）	野口（1974）
1735	小川（旗本領）	小川町（2001：113-122）
1767	白井（幕領）	群馬県史編さん委員会（1985：511）
1770	総社（前橋藩）	前橋市史編さん委員会（1985：813-815）
〃	飯能（久留里藩）	飯能市史編集委員会（1985：65）
1780	飯能（久留里藩）	飯能市史編集委員会（1985：65-68）
1788	藤岡（旗本領）	藤岡市史編さん委員会（1990：692-696）
1818	富岡（旗&寺）	富岡史編纂委員会（1973：497-503）
1846	松山（久留里藩）	東松山市教育委員会事務局市史編さん課（1983：238-241）

◆売場争論

年	場所	出典
1643	小鹿野（幕領）	埼玉県（1990：730-731）
1654	渋川（安中藩）	渋川市誌編さん委員会（1989：659-660）
1670	下室田（旗本領）	群馬県史編さん委員会（1978：441-442）
1794	飯能（久留里藩領）	飯能市郷土館（2003）
1813	小川（旗本領）	小川町（2001：113-122）
1816	今市（久留里藩）	越生町教育委員会（1999：394-397）
1818	伊奈（田安家）	五日市町史編さん委員会（1976：413）
1832	熊谷（忍藩領）	埼玉県（1990：579-586）
1834	今市（久留里藩）	越生町教育委員会（1999：398）

城下町・陣屋町の市は市場間争論に限り取り上げた。1832年の熊谷は市場外争論と売場争論の両方に計上。ゴシックは絵図を伴う争論。

第2部　市町における定期市の出店形態

(2) 絵図を伴わない市場争論とその要因

　市場争論絵図の具体的検討に移る前に，市場内争論以外の市場争論で，絵図があまり確認できない要因を検討したい。まず，市場間争論は近世の上州・武州で37件確認できたが，絵図作成は，1785年の本宿・市野萱の新規市立争論で1件確認できたに留まる（表V-4のNo.5）[14]。同争論は，市野萱新市の差止をめぐる争いで，訴訟過程において双方に最寄絵図の提出が求められたことが記録される。ただし，絵図自体の現存は確認できていない。江戸時代には新市設立が規制されたが，既存市町への影響が小さく，かつ周辺地域における必要性が高い場合は認可されることもあった（渡邉 2009a）。つまり，この絵図は市野萱新市の妥当性の審理にあたり，周辺市町との距離や位置関係を把握するため，提出を指示したとみられる。市町とその近隣地域を描いた絵図は，定期市の新設や再興を領主に出願する際にも提出例が確認できる[15]。

　なお，このような絵図は，同じ市場間争論であっても，市日争論では不必要であったと思われる。市日争論は，市開催自体の妥当性が争われた訳ではなく，両市の存続を前提に裁判が進んだからである。このように，市場間争論が絵図作成を伴うことは稀であるが，一部の新規市立争論で，当事者となった市町の近隣地域の絵図が提出された例もみられた。

　次に，市場外争論は6町で12件が確認できたが，絵図は見出せなかった。市場外争論の原因は市場外での商行為であり，それ自体が規制されるべき内容であった。そのため，市場を詳細に描いた絵図は必要とされなかったと考えられる。ただし，後述する市場内争論の事例を考えると，市場内外の境界が問題化した場合は，絵図が作成された可能性も残される。

　以上のように，市場間争論や市場外争論では，絵図で表現すべき争点が生じ難かったと考えられる。市場間争論は新市や市日の問題，市場外争論は市場外での商取引の問題であり，いずれも市の立てられる場としての狭義の

V．近世関東における市場争論と絵図作成

表V-4　江戸時代の上州・武州における市場争論絵図

No	年代	絵図名と寸法（cm）	係争地（支配）	争論類型	絵図類別	市立街区記載	商品別売場	所蔵or出典
1	1670（推定）	室田宿絵図 45×290	下室田（旗本領）	売場争論	不詳（決着内容を表現か）	無	路上	注V-24）
2	1697	浦和市高見世場絵図 30×(89+45)	浦和（幕領）	市立街区争論＋売場争論？	立会絵図	有	路上	注V-37）
3	1709	宝永年中市場一件書類并見世割図面写（所在不明）	熊谷（忍藩領）	市立街区争論	不詳（決着内容を表現か）	有	屋敷内	注V-17）
4	1735	小川村市出入絵図 91×277	小川（旗本領）	市立街区争論	自分絵図	有	屋敷内	注V-18）
5	1785	本宿・市野萱市出入絵図（仮称）（未発見）	本宿・市野萱（幕領）	新規市立争論	自分絵図	不明	不明	注V-14）
6	1795	飯能市出入立会絵図（仮称）（未発見）	飯能・久下分（久留里藩領）	売場争論	立会絵図	不明	不明	飯能市郷土館（2003）
7	1805	飯能市出入見分絵図（仮称）（未発見）	飯能・久下分（久留里藩領）	売場争論	論所見分絵図	不明	不明	飯能市郷土館（2003）
8	1813	小川村市出入内済立会絵図 73×223	小川（旗本領）	売場争論	立会絵図	無	路上	注V-26）
9	1817（推定）	今市町上町絵図面 33×141	今市（久留里藩領）	売場争論	不詳	無	無	注V-30）

※No.2の寸法は中欠のため。また、No.5・6・7は文書中に絵図作成が記録されるのみ。

「市場」が問題となった訳ではない．それゆえ，市場の様子を描いた争論絵図も，必要性が乏しかったのであろう．したがって，以下では，争論絵図の作成を特徴とする市場内争論に論点を絞って検討を進めたい．

3．市場争論絵図の表現内容と争点

　市場内争論で作成された絵図は，表現内容の特徴から2つのグループに分けられる．第1グループは，市場内での市日巡回をめぐる街区の範囲・境界の表現を特徴とする．近世関東では，多くの市町が街区を区分して市日を巡

第2部　市町における定期市の出店形態

回させたが，以下ではそのような市日巡回の単位となる街区を「市立街区」と呼ぶ[16]。また，第2グループの市場争論絵図は，市場内での個々の売場を詳細に表現したものである。表V-4では，No.3・4は第1グループ，No.1・8・9は第2グループに該当する。

(1) 市立街区を重視する市場争論絵図

a. 1709年（宝永6）頃「宝永年中市場一件書類幷見世割図面写」

　　熊谷宿は1633年（寛永10）から忍藩領で，中山道の宿場町であるとともに，定期市も開催された。本図は1709年の市場争論に関する書留に，一連の文書とともに記されたものである。ただし，原本は所在不明であり，本章では次善策として野口（1974）によるモノクロの模式図を用いた[17]。そのため，絵図の寸法や彩色は不明であり，また，作成者や宛先は記されない。

　　さて，野口（1974）の模式図は，宿の両端にある木戸の内側が描写範囲で，横方向に長い図である。主軸街路の両側に132軒の屋敷が立ち並ぶ様子が描かれ，個々の屋敷には屋敷主に加え，絹・古着・茶などの商品名が記される。ただし，これらが常設店舗としての営業種目か，市日の取扱商品かは判然としない。本図の作成契機となった市場争論は，市場の場末における出店減少の改善が当初において訴えられたが，宿内での調査過程において，町並の中心に位置する高札場付近の居住者7名が上町・下町のいずれに属するか不明確であるという問題が浮上した。7名の屋敷は高札場より下町側にあり，高札場を上下の境と認識する彼らは，下市の市日に商人を差配していた。しかし，宿役人側はこれと異なり，7名は上町に帰属すると認識していた。

　　本図では，ここで問題となった上下の市の境界が重点的に描かれる。すなわち，上町では「是より上町弐町四拾四間家数六拾軒」，下町では「是より下町弐町五拾三間家数六拾八軒」と往還上に町並の長さと屋敷数とが記される。また，7名のなかで最も下木戸側に居住する小兵衛と孫兵衛の屋敷角に

V．近世関東における市場争論と絵図作成

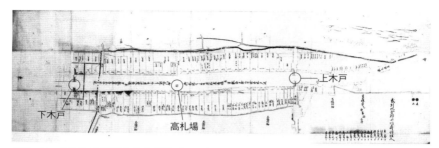

図V-2　1735年小川村市出入絵図（No.4）
注：上木戸・下木戸・高札場の位置は筆者加筆
埼玉県立文書館蔵・荒井精一氏収集文書．写真は小川町教育委員会提供

は「是より下町」という記載がみられる．上市・下市双方の町並総延長，および上下の境界の表現は，いずれも境界に関する争点と関連したものといえる．

b．1735年（享保20）「小川村市出入絵図」

　本図は1735年の市場争論の際に作成され，東西に走る主軸街路の両側に屋敷が立ち並ぶ様子が示される（図V-2)[18]．南を上に描かれ，彩色は道が赤色，水が青色である．個々の屋敷には住人名と間口が記され，借家人の場合はその旨も明記される[19]．本図には宛先が記されないが，小川上町訴訟人の連名があり，訴訟人（原告）側が作成したことが知られる．この争論の直接的な関係史料は本図以外に見出せないが，同じ小川町で1813年（文化10）に起こった市場争論の関連史料から，間接的に1735年の市場争論の内容が窺える[20]．

【史料V-1】

　　既ニ享保年中，上・下市場出入有之候節訴答より市場仕来書・絵図面等差上ケ，御吟味之上仕来定式通御裁許被仰付，尚又其後及出入候儀も有之候得共，先規仕来通可相守筈にて内済仕（下線筆者）

145

表V-5　小川における間口合計値と街区全体値（1735年）

		間数	メートル換算
間口合計	北側	226.5間	446.1m
	南側	216.5間	426.4m
全体値		244間	480.6m
実測値		──	473.7m

※実測値は2005年3月29日に現地で測定
　1間＝6尺5寸で計算した

　すなわち，享保期の市場争論は，小川町内の上市・下市間の争いで，その取調べの際に市場仕来書と絵図が提出された。また，絵図中の「小川上町訴訟人」という記載から，上町側が訴訟人（原告）で下町側が相手（被告）であったことが推定できる。本図では上市・下市の範囲と境界が詳細に表現され，その境界を挟んで上市側は「御札辻より上壱月弐度市場并間数百三拾三間余上木戸迄」，下市側は「御札辻より下壱月四度市場并間数百拾壱間余下木戸迄」と，市立街区の総延長が街路上に記載されている[21]。この表現は記述の熊谷の市場争論絵図と共通し，本争論の争点が市立街区の範囲や境界にあったことを窺わせる。

　さらに，本図には屋敷一筆ごとの間口も記載されるが，個々の間口の合計値は上市・下市の全体の長さとして記された値と一致しない（表V-5）。そのため，筆者が現地で測定したデータと比較すると，個々の屋敷間口の合計値よりも，街路上に表現された全体値のほうが現実に近い。このことは，本図において市立街区の範囲の提示が特に重要であったことを窺わせる。本図において，個々の間口は半間単位でしか記されないので，それを足し合わせて街区全体の長さを求めようとしても誤差が生じる。しかし，本図では特に市立街区の正確な総延長が必要であったため，改めて全体の長さを計測したと推定される[22]。なお，個々の屋敷間口は，市場運上の徴収と関係して記載された可能性が指摘できる[23]。また，後述する第2グループと比較して，市立街区の範囲・境界の表現を重視する第1グループでは市場全体が描かれることも注意しておきたい。

Ⅴ．近世関東における市場争論と絵図作成

（2）個々の売場を重視する市場争論絵図

a．17世紀後期「室田宿絵図」

　本図は主軸街路を中心にその両側に立ち並ぶ屋敷を描き，方位は南が上である[24]。他の市場争論絵図と異なり，それぞれの屋敷は絵画的に表現される。作成者や宛先は記されない。作成年月も記載されないが，杉森（2006）が指摘するように表現内容は1670年（寛文10）の市場争論の内容を反映している[25]。

　さて，1670年の市場争論の争点は，下室田内部の下町における石座（穀売場）の設置方法で，穀物という特定の売場をめぐる争いといえる。争点は下町の四兵衛という人物が穀商人差配権を有するか否かであったが，結局，地頭所（旗本役所）からの目安により，四兵衛を含めた5名を石座とすることで決着した。本図は，四兵衛を含む5名を石座として描くので，少なくとも，四兵衛の穀商人差配権を否定する訴訟人（原告）の主張を反映した絵図ではない。つまり本図は，四兵衛側（被告）の主張，あるいは決着段階での決定事項のいずれかを表現すると考えられるが，1694〜1696年（元禄7〜9）の領主区分に関する加筆があることから（杉森 2006），後者の可能性が高いと考えられる。また，本図は，市立街区の総延長の記載を伴わないなど，市立街区の表現は相対的に重視されない一方，街路上に商品ごとの出店場所が細かく描写される。

b．1813年（文化10）「小川村市出入内済立会絵図」

　本図は1813年の市場争論で作成され，主軸街路を中心に町並が描かれる（図Ⅴ-3）[26]。街路上には，争点となった高見世が帯状に表現される[27]。また，訴答（原告・被告）双方と扱人（仲裁者）の連印がなされ，宛先は記されない。屋敷は町屋敷（赤）・屋敷（薄青）・畑請屋敷（無色）の3色に描き分けられる。このうち，畑請屋敷は，1668年（寛文8）の検地で畑であった

第2部　市町における定期市の出店形態

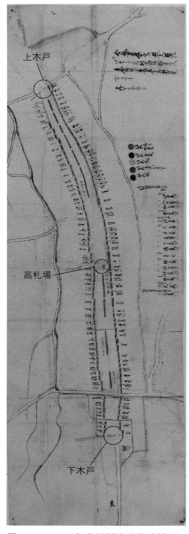

図V-3　1813年小川村市出入内済立会絵図（No.8）
注：上木戸・下木戸・高札場の位置は筆者加筆
小川町・笠間家文書。小川町教育委員会写真提供

土地がのちに屋敷化したものである（小川町 2003：402-403）。また，町屋敷と屋敷は，1668年の検地帳では区別がみられない。町屋敷については，杉森（2006：81-126）が検討した上州下室田の市屋敷と近似的な性格が想定される。

下室田では，市屋敷の保有が市日の商人差配権と連動し，それゆえに他の屋敷より高率の税が賦課された。小川でも，本絵図の作成と年代が近い1808年（文化5）の年貢割付状において，町屋敷の税率が相対的に高く設定され，また，町屋敷という呼称も下室田の市屋敷と近似的である[28]。小川の町屋敷も，市日における商人差配権と関係していたことが想定できよう。ただし，高見世の開設場所は，このような屋敷の類別と関係なく，畑請屋敷の前にも置かれている。これは，高見世が必ずしも個々の屋敷に差配権の帰属しない特殊な売場であったためと考えられる（渡邉 2008b）。

さて，本図の作成契機となった市場争論は，市場内の高見世という特定の売場の差配権が争われた。訴訟人（原告）4名は，自らの由緒をもって市場全体の高見世の独占的差配権を主張し

V．近世関東における市場争論と絵図作成

たが，相手方の組頭親・弥兵衛はその由緒を虚偽であるとした。弥兵衛によれば，高見世とは縁台を用いた売場で，元来は4名の居宅前庭だけに出されたが，近年，高見世を借りる商人の増加によって，空いている場所などにも高見世が設置されるようになったという。そして，それが進行して，他者の居宅前庭や中通まで拡大するに至ったため，争論に発展したという。その後，地頭所（旗本役所）での吟味ののち，訴訟人（原告）側の証拠が不十分として，高見世の独占的差配権を否定する裁決が下された。その裁決を踏まえつつ，扱人（調停者）立入で内済した際に作成されたのが本図である[29]。絵図表題から，本図は内済時の決定事項を表現したものと理解でき，領主に提出されるとともに当事者間でも保管されたと思われる。そのうちの1点が町内の旧家に残り，もう1点が埼玉県立文書館に収蔵されている。

　本図は争点となった高見世の描写に特徴があり，市立街区の長さの記載はみられない。市立街区の範囲は争点とならなかったため，市立街区の総延長を記載する必要に乏しかったことが想定できよう。本図や先に検討した「室田宿絵図」の表現上の特徴は，問題となった特定の売場の描写に見出せる。この知見を踏まえつつ，次に第2グループの市場争論絵図のなかでも異なる特徴を示す「今市町上町絵図面」を検討する。

c．1817年（文化14）頃「今市町上町絵図面」

　本図は今市町のうち上町を中心に描かれ，主要街路の両側に屋敷が絵画的に表現される（図V-4）[30]。北を上に描かれ，作成者や宛先は記されない。彩色については，道が赤茶色，悪水が青色で描かれるほか，中町・上町・新宿の個別町がそれぞれ茶色・無色・焦茶色に塗り分けられる。「今市町上町絵図面」という表題は，一見して市場を主題とした絵図とはみえないが，その表現内容は1816年における今市町内の市場争論を反映している。争論の発端は，同年の盆市において，又左衛門と勘兵衛の地先に，通りの向かい側に居住する与右衛門と彦右衛門が商人を差配したことであった。つまり，本争論は又左衛門と勘兵衛の屋敷地先への商人差配権をめぐる争いであり，下室

第2部　市町における定期市の出店形態

図V-4　1817年頃今市町
　　　上町絵図面（No.9）
注：aは又左衛門、bは勘兵衛、cは与右衛門の屋敷をそれぞれ示す。
越生町・田島哲司氏所蔵。写真は越生町教育委員会提供

田や小川（1813年）の市場争論との類似性が指摘できる。ただし、本図は「室田宿絵図」や「小川村市出入内済立会絵図」と異なり、市場全体ではなく係争地を中心とした一部の街区のみが描かれる。このことは、市場内の特定の売場が争われる場合、必ずしも市場全体が絵図に描かれる必要がなかったことを示唆する。

　それでは、先にみた下室田や小川では、なぜ市場全体が絵図に表現されたのであろうか。まず、下室田の市場争論で問題となったのは下町の石座（穀売場）であり、一見して係争地を示すには下町の石座周辺のみの描写で十分とみえる。しかし、関係史料をみると、係争地となった石座以外についても、この争論を契機に従来の出店場所を遵守することが確認されており、「室田宿絵図」ではこのことと関係して市場全体の商品ごとの出店場所が表現されたと考えられる。また、小川では、争点となった高見世の設置場所は市場全体に広がり、今市のように狭い範囲に限定された争いではなかった。「小川村市出入内済立会絵図」で市場全体が描かれたのは、そのためであろう。このように、下室田や小川の市場争論では、問題が市場全体に及んでおり、それゆえに絵図にも市場全体が描かれたと考えられる。

　他方、今市の市場争論では、係争地が非常に狭いだけでなく、それ以外の場所に問題が及んだ形跡がみられない。「今市町上町絵図面」が係争地周辺のみを描いた理由はこの点に求められよう。

V. 近世関東における市場争論と絵図作成

また，以上のような争論の内容以外に，絵図の作成目的が描写範囲と関係する可能性もあろう。すなわち，町内での利用が目的であれば狭い範囲の係争地のみ描写すれば十分であるが，領主提出用の絵図では市場全体を描く必要があった可能性である。町内の様子を詳しく知る者でなければ「今市町上町絵図面」から係争地を把握するのは困難と思われるからである。

4．市場内争論の展開と絵図作成

（1）市立街区争論と売場争論

3節の検討から，①市立街区をめぐる争いで作成された争論絵図は市立街区の範囲・境界の描写を重視する，②市立街区とは関係なく特定の売場が争われた場合，争論絵図は争点となった売場を詳細に描き，市立街区に関する描写が重視されない，ことが分かった。表V-2では①のような争論を「市立街区争論」，②のような争論を「売場争論」と整理した。市立街区争論の典型的なケースは，隣接街区の市日の侵害がもとで争論に発展したもので，伊藤（1967：66-68）が検討した1718年（享保3）の新町の市場争論はこの例である。この争論は，町内の下宿の市日に中宿で出店したことで生じた。一方で，売場争論では市町内の市日巡回とは関係なく商品ごとの売場が争われた。3節で取り上げた1670年（寛文10）の下室田や，1813年（文化10）の小川の市場争論は，典型的な売場争論といえる。

また，絵図自体は未発見であるが，1794年（寛政6）の武州飯能の売場争論では，審理中に2度にわたり争論絵図が作成されたことが文献史料に記録される（飯能市郷土館 2003）[31]。この争論は，飯能六斎市のうち，下市の中見世の設置形態が主な争点であった。そして，往還の中央に設置される中見世の問題は，飯能村と久下分村との境界争いという側面も有した。飯能は両側町であったが，往還が村境となって北側が飯能村，南側が久下分村に帰属す

る特異な形態を呈したためである。立会絵図の作成は，原告・被告双方が訴状と返答書を提出した直後に指示され，翌1795年に提出された。本図は，表Ⅴ-4で「飯能市出入立会絵図」（仮称）として整理した。その内容は，以下のように記録される。

【史料Ⅴ-2】
　一卯（筆者注：1795年）ノ三月廿三日，飯能久下分下宿町内両村之役人百姓代立会漸ク墨引絵図出来申候，右者飯能村立家表柱より久下分村境迄間数ヲ打，久下分村茂立家之表柱より飯能村迄ノ間数ヲ打，村境之石より石迄之間数記シ，真能寺村境七五三木之間ニ境石相見へ不申候ニ付此所不分明，尤飯能村清兵衛より久下分村常右衛門迄町幅拾弐間程，中宿上宿之儀者間数ニ不抱唯墨引絵図町形り斗ニ而，凡之事ニ御座候而出来候処（飯能市郷土館 2003：21）

本史料から，本図が両村の村役人と百姓代の立会の下で作成され，村境には墨引が施されたことが知られる。また，両村の町家から村境までの間数が細かく記された。描写範囲には町全体が含まれたが，直接の係争地から外れる中宿や上宿では，境界線を墨引で表現するのみで細かい間数は記入されなかった。

　その後，「飯能市出入立会絵図」を用いつつ，久留里藩役所での審理が進められたが，なかなか決着をみないまま争論は長期化した。そして，1805年（文化2）の暮れには，先年の麁絵図では分かりにくいとして，久留里藩役人による分間絵図（測量図）の作成が行われた（飯能市郷土館 2003：132-134）。表Ⅴ-4では，これを「飯能市出入見分絵図」（仮称）として整理した。こうして，1794年の飯能における売場争論では，訴訟の過程で複数の絵図が作成された。このような，訴訟過程と絵図との関係については後述したい[32]。

（2）市場内争論における絵図作成

　市場内争論は対象地域で24件確認でき，それと対応する争論絵図も 5 点みられる。 5 点の内訳は，市立街区争論が 2 点，売場争論が 3 点である。

　市立街区争論に関しては，絵図を伴う争論と伴わない争論との相違点も窺える。すなわち，絵図を伴う1709年（宝永 6 ）の熊谷の市場争論では，市立街区の境界が問題となった。一方で，絵図を伴わない大部分の市立街区争論は隣接街区の市日違反の問題で，市立街区の境界は問題になっていない。つまり，市立街区争論の場合，街区間の境界が問題となった場合に絵図の必要性が高まったと考えられる。また，売場争論に関する争論絵図では，争点となった売場の表現が重視された。売場争論において，個々の売場を記録することが必要とされたためであろう。1654年（承応 3 ）の渋川の売場争論で作成された「渋川村市日商売物立様之覚」はそのような売場争論の性格を窺わせる事例である[33]。

【史料Ｖ-3】

　　上之町　二日　十七日
　　南かわ
　一　小万物／あい物　座　太郎兵衛
　一　茶／あい物　座　新之丞
　一　紙／あい物　座　市左衛門
　　　　　　　（後略）

　本史料は，1654年の売場争論に際して作成され，渋川六斎市の売場が，上

之町・中之町・下之町という街区ごとに記載されている（杉森 2006：127-154）。図的な表現を伴わない点で絵図とは区別されるが，商品ごとの売場を逐一記録する点は売場争論における絵図と共通する。また，本史料は，安中代官という宛先および同日付の返答書の存在から，争論の途中段階で相手（被告）側の主張に基づいて作成され，証拠書類として領主に提出されたと考えられる。売場争論で作成され，かつ売場争論に伴う絵図に表現内容が類似することから，「渋川村市日商売物立様之覚」の用途は市場争論絵図を代替するものといえよう。

このように，売場争論では絵図を伴わない場合でも，別の様式で個別の売場が詳細に記録されることがあった[34]。ただし，渋川は，研究対象地域で市場争論絵図の作成が確認できる以前に発生した争論で，以後の売場争論で個々の売場を示したい場合，いずれも絵図という表現形式がとられている。

なお，市立街区争論では，リスト形式で係争地が表現される例は確認できない。これは，市立街区争論に伴う絵図が，街区の総延長や境界の表現を重視することと関係するように思われる。街区の厳密な範囲や境界は，リスト形式よりも絵図に表現した方が理解しやすいからである。

（3）市場争論絵図と訴訟制度

さて，争論絵図研究において，訴訟制度に照らした検討が重要であることを先に述べた。ここでは，以上で検討した市場争論絵図について，訴訟制度における位置づけを整理しておきたい。

まず，表V-4の市場争論絵図が，いずれも個別領主が審理した市場争論で作成されたことに注目したい。大国（1995）や鳴海（2007）が分析した境界争論絵図の多くは，領主の異なる村落間の争論で作成され，それらを裁定したのは京都町奉行や大坂町奉行など幕府評定所に代わる存在であった[35]。それと比較して，市場争論絵図が個別領主審理の過程で作成されることは，大きな特徴といえる。その要因として，絵図作成を必要とする争点が，複数

V. 近世関東における市場争論と絵図作成

支配にかかる市場争論ではあまり生じなかったことが考えられる。

市場争論絵図と支配関係との関係をみると，藩領が4点，旗本領が3点，幕領が2点である。また，藩領で作成された4点のうち，3点は上総久留里藩の飛地領である。飛地領では，城付領と比べて現地の状況把握が難しかったと考えられる。同様のことは，旗本領にも当てはまる。彼らは江戸に居住し，支配地の変転も多かった。絵図の点数が少なく，慎重に考える必要はあるが，領主が遠方に居を構え，係争地の状況把握が困難な場合に，争論絵図の必要性が高まった可能性が考えられよう。実際，1794年（寛政6）の飯能の売場争論において，久留里での審理で立会絵図が繰り返し参照されたことは，そのような状況を窺わせる。

訴訟過程と争論絵図との関係については，大国（1995）や鳴海（2007）による詳細な検討がある。これらの研究では，争論絵図が訴訟過程に応じて，①自分絵図（訴状や返答書に付随），②立会絵図（紛争当事者が立会で作成），③論所見分絵図（立会絵図で決着せず地改役人が派遣され作成），④裁許絵図（判決内容を記して公儀から下付），の4つに整理された。ただし，論所見分絵図は，その性格上，在地に残ることは稀とされ（鳴海 2007），これに該当するとみられる「飯能市出入見分絵図」も，絵図本体の現存は確認できない。また，裁許絵図に該当するものも現時点で確認できていない（表V-2）。

個々の絵図をみると，まず「小川村市出入絵図」と「本宿・市野萱市出入絵図」は，自分絵図と考えられる。前者は絵図以外の関係史料が確認できないが，連印者が訴訟人（原告）に限られることから自分絵図と判断できる[36]。また，後者は，江戸の代官役宅での審理中に村最寄絵図の提出が指示され，原告・被告がそれぞれ作成したものである。訴訟人と相手が別々に作成した，自分絵図と位置づけられよう。

「飯能市出入立会絵図」，および「小川村市出入内済立会絵図」は，当事者が共同で作成した立会絵図である。小川では，立会絵図が内済（示談）内容を記録した史料として，当事者双方で保管された。また，飯能では，立会絵図が久留里藩役所での審理の際に使用された。本争論はその後，久留里藩の

裁許で決着したが，裁許絵図の下付は確認できない。18世紀以降の争論では，裁許決着の場合でも評定所が裁許状を発給するのではなく，当事者側が裁許請証文を提出する形式が一般的になる（杉本 2001）。これは，市場争論で裁許絵図の発給例が確認できない理由の1つといえよう。

以上は絵図本体への記載事項や，その関係史料から訴訟過程における位置づけが明らかな例であるが，「室田宿絵図」や「宝永年中市場一件書類并見世割図面写」は，訴訟制度における位置づけを画定するのが困難である。両絵図とも署名・捺印がみられず，作成主体が不明確であるためである。そして，表現内容をみても，前者は，被告の主張と決着内容のいずれを表現するのか判然としない。また，後者も，その表現内容は宿役人の主張，あるいは決着内容のいずれとも捉えられる。同図では，上下の市の境界は高札場より下木戸側に位置し，境界付近の7名の屋敷は上市に帰属するように描かれるが，これは，宿役人側の主張や，および訴訟史料に表れるその後の決着内容の両方と一致するためである。また，「今市町上町絵図面」も，絵図本体に署名がみられず，表現内容をみても訴訟のどの段階で作成されたのか判然としない。

（4）「浦和市高見世場絵図」の描写にみる争点

ここまで，市場争論の内容と争論絵図の表現との関係を検討した。矢守（1980）を念頭に置いたとき，この作業は，関連史料を伴わない市場争論絵図について，作成契機となった争論の性格を推定するのに役立つことが期待される。関連史料を伴わない絵図として，1697年（元禄10）の「浦和市高見世場絵図」が挙げられる[37]。本図は巻物に仕立てられ，横に長い絵図である。南北走する中山道の両側に展開する町屋の1筆ごとに住人名と間口，伝馬役が記される。街道は朱色で着色され，東を上に描かれる（図V-5）。本図が争論絵図と捉えられる理由として，絵図の末尾における「双方立合間数相改書付差上候」という記述があげられる。「双方立会」という記述は，争

V. 近世関東における市場争論と絵図作成

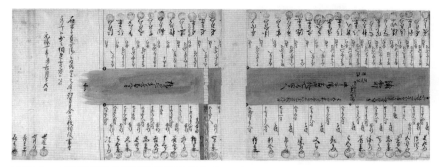

図V-5　1697年浦和市高見世場絵図 部分（No.2）
注：埼玉県立文書館所蔵・浦和宿本陣文書9。埼玉県立文書館提供

論において訴訟人（原告）と相手（被告）が共同で作成した立会絵図であることを示すと考えられる。また，この表現から，本図は訴訟制度との関係において，立会絵図に該当すると考えられる。

さて，本図は，市立街区争論と売場争論における争論絵図の性格がともに確認できる。すなわち，本図には「下市場百七拾間四尺」など，市立街区の総延長が街路上に記載され，市立街区争論における争論絵図の特徴を示す[38]。一方で，街路上には「従是南打下り高見世場」などの売場の表現もなされる。これは，先にみた「小川村市出入内済立会絵図」とも類似する表現である。このように，本図は市立街区争論のみならず，売場争論における絵図の特徴をも有するのである。市場内争論にあっては，市立街区をめぐる問題と特定の売場をめぐる争いが同時に発生することが稀にみられる[39]。1697年の浦和宿における市場内争論も，そのような例に該当する可能性が指摘できよう。

なお，本図では個々の屋敷ごとに馬役・人足などの伝馬役に関わる記載がみられる。これは，中山道の宿場町としての特性を反映した内容と評価できる。対象地域では中山道の宿場町が市町の機能を兼ね備える例が多く，そこでは伝馬役の見返りに市開催権が認められていた（丸山 1975：316-319）。本図で市場に関する事項と伝馬役負担とが併記されることは，このような伝馬

役と市開催との表裏的な関係を反映する。また，伝馬役の問題が本図の作成契機となった争論において重要な争点であった可能性も考えられよう[40]。

5．小　括

Vでは，近世の市場争論絵図について，争論内容との関係に注意しつつ検討した。本書で確認できたような市場争論と争論絵図との関係は，隣接地域でもみられる。たとえば，伊藤（2005）や多和田（2007：40）が取り上げた1754年の信州小布施における市場争論絵図は，街道の両側に展開する町並と個々の屋敷主が描かれ，商品ごとの売場が街路上と屋敷内の両方に示されている。そして，上町・中町・下町の3街区で開催される小布施六斎市のうち，絵図には上町と中町のみが描かれ，下町は描かれない。これは，売場争論における争論絵図の特徴といえるが，実際，この争論は薪売場をめぐる売場争論であった。

また，上総長南宿では，市場外の土手町での売買を発端とする市場外争論において，絵図作成が確認できる（千葉県史料研究財団 2002：351-353）。同争論では，結果的に土手町における市場開催権が認められ，土手町を含む形で市場が再編された。絵図は再編後の市場の区画を表現し，主要街路を中心に，その両側に形成された町並と個々の屋敷主を描写している。そして，新たに開催単位街区となった土手町の部分にのみ，市日と開催範囲が記載され，争点と関係した強調的な表現と理解できる。市場外争論のほとんどは，市場外での取引禁止をもって決着し，市場の拡大が認可された長南は稀なケースであるが，絵図を伴う市場外争論の事例として興味深い。

なお，市場争論絵図は，定期市の取扱商品や売場の設置方法を窺わせる史料として，先行研究でも活用されてきた。したがって，市場争論絵図の性格を検討し，史料的な位置づけを行った本章の分析は，定期市研究においても一定の意義を有すると考える。今後は，市場争論絵図の性格を踏まえつつ，

V. 近世関東における市場争論と絵図作成

定期市の空間構造について理解を深めたい。また，従来の訴訟制度における位置づけに加えて，争論絵図の表現内容や，絵図を伴わない争論にも着目する本章の視点は，水論絵図など他の争論絵図を検討する際にも一定の指針になり得ると考える。その具体的な検証を行うことも筆者の今後の課題としたい。

注
1) なお，上原（2007）は裁許絵図に関する近年の研究動向について，研究分野別に詳細な整理を行っている。
2) 立会絵図・裁許絵図もその分類のなかに含まれる。
3) たとえば，訴訟制度との関係から争論絵図を分類した大国（1995）や鳴海（2007）も，争論絵図の表現内容の差異には積極的に言及していない。
4) 大国（1995）は境界争論絵図を中心に分析することを明記し，鳴海が検討した山論絵図も境界の描写がひとつの特徴であることは確かである。
5) ただし，境界線墨引で裁定されるような水論が皆無とは限らず，今後，検討される必要があろう。
6) 近年では，宮原（2003）以外にも同様の視角から検討した成果がみられる（たとえば杉本 2001）。
7) たとえば，取調べの段階で証拠として提出された絵図では当事者の一方の主張が反映され，決着段階で作成された絵図なら決定事項が表現される。
8) たとえば，幕府評定所が担当した1686年の武州平野尾の野論では，絵図の提出が遅れたため審理が中断されたが，これは，評定所の役人が，絵図がないと現地の様子を理解できなかったためである（落合 2000）。
9) 江戸時代には新市設立が規制されており，新規市立争論のほとんどは新市差止で決着している。また，定期市の再興や既存市町の市日増設も新市に準じる行為として扱われた（渡邉 2009a）。
10) たとえば，上州渋川で18世紀初期から幕末まで続いた市場争論は，市場外の川原宿における取引が問題となったものである（渋川市市誌編さん委員会 1989：659-668）。
11) たとえば，19世紀初頭の加茂・上条新町の市場外争論でも，両町は景観的に一体化していた（渡邉 2003）。
12) もちろん，市場間争論でも，争論の当事者となった市町が同一領内であれば，個別領主が審理を担う。また，井上（2004）や渡邉（2009a）が検討した1785年の上州本宿・市野萱の市場争論のような，幕領の同一代官所管轄域における争論については，代官役所が審理を担った。それ以外に，丸山（1975：310-320）が検討した1741年の浦和・蕨間の市場争論は道中奉行が審理を担ったが，

第 2 部　市町における定期市の出店形態

これは中山道宿場町である浦和宿が係争地となったためである。

13) ただし，個別領主の審理で決着しない場合は，幕府評定所に持ち込まれることもある。なお，市場外争論で評定所審理が目立つ理由は，市場外争論が問題となった場所が他領にかかったり，係争地となった市町が相給であったりしたためである。

14) 群馬県立文書館所蔵 神戸金貴家文書1565，1785年「本宿村市野萱村市場出入御吟味中日記書留覚」。なお，本史料は井上（2004）による紹介がある。

15) たとえば，小平市中央図書館所蔵 小川家文書P1-2，1734年「（市場相立願）」，日高市史編集委員会（1996：455），埼玉県（1990：749）などが挙げられる。ただし，これらは争論絵図ではないので表V-4には挙げていない。

16) 岡村（1994a：47）は「関東地方の市町は大概，町並みを上中下に三区分しており，そして六斎市はその三つの町内の間で市立ての場所をローテーションしていた」と述べる。しかし，2つの市立街区から構成される武州松山や，下町というひとつの個別町が中市・下市という2つの市立街区を包含する武州小川のような例もみられる。本章ではそれゆえ，個別町と市立街区とを区別するが，個別町と市立街区とが一致する場合も多い。

17) 熊谷市立図書館蔵石川家旧蔵文書（野口1974に所載）。

18) 埼玉県立文書館荒井（精）家文書（小川町1998：41に所載）。

19) 三木（1998）は，本図の作成と同時期（1736年）に，小川から南西約10kmにある大野村の出身者が小川で店借していた事例を示す。本図にみられる借家人の出身地が窺える例として興味深い。

20) 東京大学法学部法制史資料室所蔵続武州比企郡大塚村書類訴訟下 甲2-1200，1813年「高鄽一件留」（小川町2001：114）。

21) この表現にみられるように，高札場より上では月2回，高札場より下では月4回市が開催され，小川町全体として月6回の六斎市となる。上町に比べて，下町は2倍の開催頻度となっていた点から，小川では市場に関して下町側が相対的に大きい権益を握っていたことが窺える。

22) なお，絵図自体は一定の縮尺に基づいて描かれておらず，間口6間半の屋敷と9間の屋敷が同じ規模で描かれたりする。

23) 伊藤（1967：62）は，18世紀中期の甲州上野原を例に，市場冥加金が間口単位で徴収されたことを指摘した。

24) 中島照二家文書1。本章では，榛名町立歴史民俗資料館の提供によるカラーコピーを利用した。

25) なお，本図の描写内容は杉森（2006）による詳細な検討があるため，本章では詳細を略する。

26) 笠間家文書624（小川町1998：138-139）。

27) 岡村（2000）や鯨井（2003）は，高見世という特徴的な出店形態を読み取る

V.・近世関東における市場争論と絵図作成

ことを主な目的として本図を利用した。
28) 1808年の年貢割付状における反当りの課税は，町屋敷が275文，屋敷が165文である。町屋敷の税率の方が67%も高い。福島家文書（梅沢肇氏蔵）82，1808年「辰御年貢可納割付之事」。本章では，小川町教育委員会のマイクロフィルムを使用した。なお，屋敷の呼称は下室田の「市屋敷」に対して小川は「町屋敷」と異なるが，「市」と「町」とは元来，同義語であった（群馬県史編さん委員会 1991：514）。呼称に関しても両者の共通性は高い。
29) 評定所審理の争論では，裁許に至った場合は請証文の提出で決着するのが19世紀において一般的である（杉本 2001）。これに対し，旗本が扱った本件では内済の形がとられ興味深い。
30) 田島哲司氏所蔵（越生町教育委員会 1999：口絵）。
31) なお，尾崎（2008）は本史料を用いて飯能六斎市の構造を検討しているが，争論絵図への言及はみられない。
32) 飯能の事例や，2節で検討した「本宿・市野萱市出入絵図」は，事前交渉や審理機関への旅程に至る訴訟過程の詳細が記録されるなかで，絵図の作成が記されたものである。表V-3に整理した市場争論の大半は，訴状や済口証文など，限られた訴訟史料しか残っておらず，実際には，さらに多くの争論で絵図が作成された可能性は，十分に考えられる。
33) 岸すみ江家文書，1654年「渋川村市日商売物立様之覚」（群馬県史編さん委員会 1985：500-503）。
34) 岡村（1994b）が検討した1631年の寄居における見世割帳にも，商品名と屋敷主がリスト形式で記される。これは，町内での売場規定であり，市場争論の関連史料ではないが，17世紀前中期に，複数の市町でこのようなリスト形式の史料が作成されたことには，注意する必要があろう。これ以外に，1685年の八王子における「市場座割并起請文連印」は，商品ごとの売場が図的に表現され，売場争論に伴う絵図を想起させる（八王子市史編さん委員会 1967：566-567）。ただし，寄居の見世割帳と同様に，町内での売場規定を示したもので，争論に伴う絵図とは区別される。
35) 加賀藩の事例であるが，野積（2004）が検討した石動山をめぐる一連の山論絵図は，加賀藩内で完結する山論で作成されたものである。
36) なお，鳴海（2007）はこの類型の絵図を「証拠絵図」と呼ぶ。
37) 埼玉県立文書館蔵浦和宿本陣文書9（埼玉県 1984：163-167）。また，本図の解説が青木（1982）にある。
38) なお，間口や市立街区の総延長の数値は一定の縮尺として絵図の表現に反映されていない。
39) 対象地域からは外れるが，1695年の下総佐原で両方の問題が同時に発生したことが確認できる。

第2部　市町における定期市の出店形態

　40）こうした伝馬役記載の理解のためには宿場をめぐる争論における絵図を検討する必要があろう。今後の課題としたい。

Ⅵ. 近世在方町における絵図作成の特色
——武州小川を事例として——

1. はじめに

　Ⅵでは，市町で作成された絵図の史料論的考察を行う。江戸時代は，作成される地図がそれ以前と比較して格段に増加し，内容的にも多彩化した時代といわれる。前近代の地図を体系的に整理した金田（1995）は，江戸時代の地図類のうち，最も多く残るのが村絵図・町絵図と総称される手描き図とする[1]。また，金田は都市図に関して，三都を中心とした刊行図の発達や，各地の城下町における多様な城下絵図の作成を江戸時代の特色と指摘する。ただし，江戸時代の地図に関する従来の研究をみると，村絵図・町絵図・都市図の定義や相互関係は，必ずしも明確でなかったように思われる。この問題は，近年の地図史研究の進展に伴って顕在化しつつあり，それぞれの範疇を画定する必要性が指摘されている[2]。これは，絵図の分類体系が古文書と比較して未確立であるという小野寺（1997）の指摘とも関連する問題であり，今後の近世絵図研究における重要な課題の一つと考える。

　Ⅵではこの課題の一環として，都市図と村絵図との接点に位置する在方町の絵図に注目したい[3]。都市図や村絵図に関しては，早くから包括的な議論が行われてきたが，在方町で作成された絵図は，その両方で扱われてきた。たとえば，都市図研究の代表的な成果である矢守（1974）は，港町図の例として新潟図を取り上げるが，新潟は長岡藩領の在方町（公称は新潟浜村，幕末期に上知）であった。また，村絵図を体系的に整理した木村（1979）でも，武州飯能など在方町の絵図がいくつか取り上げられている。こうした状況の背景として，都市としての実態を有しながら村方として支配される，在

方町の特異な性格が指摘できる。その特性ゆえに，在方町の手描き図は，後述するように都市図と村絵図の両方にかかる性格を呈した。都市図研究，村絵図研究の双方で取り上げられてきた理由も，その点に求められる。

ただし，これらの研究では，在方町の絵図は周辺的な事象という扱いであった点に留意が必要である。たとえば，矢守（1974）で取り上げられる都市は三都や各地の城下町，あるいは長崎・堺などの直轄都市が中心で，在方町は一部で取り上げられるに過ぎない。また，木村（1979）は検地村絵図や水利絵図など，多様な村絵図を取り上げるが，在方町の絵図はその事例として数点が言及されるのみである。その要因として，両者の性格を併せ持つ在方町絵図が，典型的な都市図・村絵図でないことが指摘できる。しかし，都市図と村絵図の境界域にある在方町の絵図を素材とすることで，両者の特質がより鮮明になることも期待できるのではないか。Ⅵで，在方町における絵図作成の特色を検討するのも，そのような視点からである。

さて，在方町の絵図に関して，都市図や村絵図のような包括的な研究は長くみられなかった。そのなかで，個別在方町を取り上げた絵図分析は，摂州池田に関する海野（1955）や，摂州生瀬宿に関する小永井（2003）などいくつかみられる。ただし，これらの研究は絵図を通して在方町の空間構造を検討することを主目的とし，絵図自体の史料論的な位置づけに主眼がある訳ではない。また，代表的な絵図を1〜2点取り上げ，それ以外の絵図を捨象する傾向も指摘できる。特定の在方町に関して，複数の絵図を取り上げた成果は，むしろ自治体史や博物館の展示図録に多い[4]。しかし，そこでも，城下町や村方と異なる，在方町の絵図作成の特色に注目する視点は看取できない。

また，近年では，特定の主題に基づく絵図を複数の在方町から横断的に収集して論じた研究もみられる。木曽11宿の宿割図を分析した松尾（2004）や，上州・武州の市場争論絵図を取り上げた渡邉（2008a）は，こうした研究の例である。しかし，このような比較分析も，現時点では限定的にみられるに留まり，さらなる研究の蓄積が求められると考える。

VI. 近世在方町における絵図作成の特色

　さて，このような研究状況にあって，加賀藩の町絵図に関する深井（2004）は，包括的な視角を示した点で注目される。特に，描写範囲・作成契機の2点を指標とした町絵図の分類は，在方町絵図の位置づけを考える上でも示唆的であると考える。ただし，深井（2004）が取り上げた町のうち，高岡・氷見などは町奉行支配あるいはそれに準じる町方である。これらの町は，支配形態において城下町との共通性が高く，郡奉行支配による在方町とは厳密には区別される。この点で，深井（2004）は，純粋に在方町の絵図を検討した成果とはいい難い。しかし，江戸時代の絵図作成の主要な契機の一つに，公儀への提出があったことを考えると，支配形態との関係は町絵図研究の重要な論点であろう。すなわち，深井（2004）の町絵図研究は，支配形態の違いを捨象している点に課題を残すように思われるのである[5]。この点を鑑み，VIでは，村方として支配されたことが在方町の絵図作成の特色にどのように反映されるのかに注意を払いたい。

　分析対象として，関東地方の在方町である武州小川を取り上げる。近世関東地方では在方町が広範に発達し（武藤 1965），都市図や村絵図に関する研究の蓄積もみられるからである[6]。そして，小川には多彩な契機において作成された近世絵図が8点も現存し，関東地方における一本街村規模の在方町のなかでは，際立って多くの絵図が残る例といえる。また，村方としての支配形態を反映する村絵図や，都市的な問題に対して作成された市場争論絵図など，絵図作成の契機も多彩である。こうした条件から，在方町における絵図作成の特色を考える際に適当であると考えた[7]。

　なお，本章では在方町を描いた図であっても，板行図は検討の対象としない。矢守（1974）が指摘するように，板行図は民間における膨大な商業的需要が前提となって初めて成り立つものである。そのため，板行図の作成は三都が中心であり，幕末期の災害図など，都市以外を描いた板行図であっても，江戸・大坂など大都市での販売が前提となった（北原 2003）。つまり，板行図は描写内容の如何に関わらず，その作成契機はすぐれて都市的であったといえる。その点において，在方町で作成されたものであっても，手描き

第2部　市町における定期市の出店形態

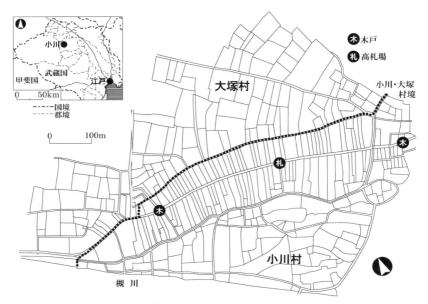

図Ⅵ-1　在方町小川の地割形態と大塚村境
小川町役場（税務課）所蔵の地籍図（明治中期）より作成

図とは異なる性格が指摘できよう。ゆえに，Ⅴでは手描き図に絞って考察を行う。

2．対象地域の概観

　武州小川は秩父山地東麓に位置し，槻川（荒川水系）の左岸に形成された谷口集落である（図Ⅵ-1）。小川はこの地域の交通の要衝であり，物資の集散地として発展した。1・6六斎市は，17世紀中期までに成立し，背後の山村地域で生産される和紙の取引で賑わった。町並は，東西に走る川越秩父往還の両側に形成され，町の両端に木戸が設けられていた。六斎市は，この木戸の内側で開催された。そして，町並の中央付近には高札場があり，それよ

Ⅵ. 近世在方町における絵図作成の特色

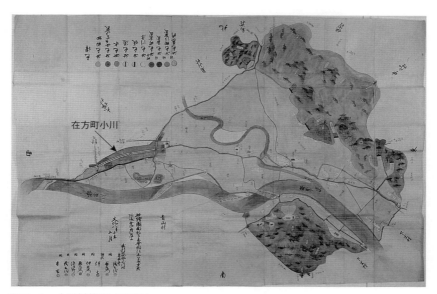

図Ⅵ-2 小川村絵図（絵図5）
笠間家文書621，小川町教育委員会提供，一部筆者加筆

り西が上町，東が下町に区分される。また，小川の町並は隣村の大塚村と接する地点に位置し，特に町並の西側は短冊形地割が大塚村にまで連続する。そこでの商業活動をめぐる争いは17世紀中期以来，何度も発生した。さらに，通り北側の町並はすぐ裏手が大塚村境になっており，この境界をめぐる争論も享保期から幕末まで繰り返された。Ⅵで取り上げる絵図の多くは，これらの争論に際して作成された。

　小川は18世紀以降，一貫して旗本大島氏が知行する在方町で，行政上は村として把握された。そして，小川村は町場だけで構成されるのではなく，在方町の東南に広がる農村地区もこれに含まれた。1811年（文化8）の小川村絵図（図Ⅵ-2）は，小川村を全体として描いたものである。同図の詳細は後述するが，在方町小川は街道に沿って赤色・茶色で描かれる。そして，黄色で表現される田畑，緑色で表現される山林が，在方町の東に広がっている。このように，近世小川村は在方町と農村部を包摂した空間範囲を有し，

167

第2部　市町における定期市の出店形態

表Ⅵ-1　在方町小川における江戸時代の絵図

No	年代	絵図名と寸法（cm）	絵図類別	所蔵or典拠	備考
1	1721（推定）	小川村家並絵図 63×162	境界争論絵図	福島家旧蔵文書196	図Ⅵ-3
2	1721（推定）	小川村家並絵図 63×175	境界争論絵図	瀬川家文書2	
3	1735	小川村市出入絵図 91×277	市場争論絵図（自分絵図）	埼玉県立文書館荒井精一氏収集文書	図Ⅴ-2
4	1735	小川村市出入二付下町絵図（仮称＝未発見）	市場争論絵図（自分絵図）	東京大学法制史資料室所蔵　続武州比企郡大塚村書類訴訟　下甲2-1200	
5	1811	小川村絵図 151×222	村絵図	笠間家文書621	図Ⅵ-2
6	1813	小川村市出入内済立会絵図 73×223	市場争論絵図（立会絵図）	笠間家文書622	図Ⅴ-3
7	1813	小川村市出入内済立会絵図 73×212	市場争論絵図（立会絵図）	埼玉県立文書館荒井精一氏収集文書	
8	1833	議定之事※1	境界争論絵図（立会絵図）	笠間家文書19	図Ⅵ-4
9	1833	論所宿絵図之事 28×81	境界争論絵図（自分絵図）	大塚家文書28	図Ⅵ-5
10	1834	小川・大塚境出入内済絵図（仮称＝未発見）	境界争論絵図（立会絵図）	大塚家文書29	

※1　No.8は長文の議定の後に絵図が掲載される形式ゆえ，寸法は付さない．

　在方町は村の北西隅に位置した．1830年（天保元）頃の小川村の民家は320戸，村域は東西19町余（約2.1km），南北12町余（約1.3km）に及んだ（『新編武蔵国風土記稿』）．
　本章では，小川村全体を描いた絵図であっても，町並が描かれる限りにおいて在方町で作成された絵図と評価し，考察の対象に含めた．その結果，在方町小川における近世絵図は，8点の現存が確認でき，それ以外にも文献史料中に作成が記録されながら，現物が未発見の絵図もみられる．表Ⅵ-1では，それらを加えた10点の絵図について，年代順に整理した[8]．小川では，17世紀の絵図は確認できず，1721年（享保6）頃の絵図が現時点で最も古い．また，2mを超える大形の絵図が4点と多く，絵図類別については争論

絵図が非常に目立つ。小川では，これらの争論が絵図の作成契機として重要であったといえよう。

表Ⅵ-1では絵図類別の欄に括弧書きで「自分絵図」，「立会絵図」などの分類名を付記したが，これは訴訟制度に応じた争論絵図の類別である[9]。自分絵図は訴状や返答書に付随し，原告・被告いずれかの主張を反映する。また，立会絵図は審理の過程で原告・被告が双方立会で作成し，和談が成立した場合には決着内容を示す絵図として機能した。なお，判決内容を示して公儀が下付する裁許絵図という種別も存在するが，それに該当する絵図は確認できていない。

以下では，表Ⅵ-1の絵図について，争論絵図のうち境界争論絵図を3節で，市場争論絵図を4節で検討する。そして，5節では争論以外の契機に作成された絵図を取り上げる。この一連の分析を通して，在方町小川における絵図作成の特色を明らかにしたい。

3．小川・大塚境界争論の展開と絵図作成

境界争論関係の絵図は，表Ⅵ-1において5点が確認でき，うち4点が現存する。3節では，これらの絵図について，争論の展開過程に照らしつつ検討したい。両村の境界をめぐって，主に問題になったのは北側町並の背面である（図Ⅵ-1）。境界争論は，1721年（享保6）と1833年（天保4）の二度にわたり発生したが，両争論は同じ場所をめぐる争いで関連性が非常に高い。そのため，本章では二つの争論を一連のものとして捉え，年代順に整理したい。

(1) 1721年（享保6）の境界争論と絵図作成

1721年の境界争論に関しては，直接の関係史料が現時点で発見されておら

第 2 部　市町における定期市の出店形態

ず，後年の史料からその様子が窺えるのみである。境界争論は1833年に再燃し，その際に1721年の争論における取決めが問題になった。ここではまず，1833年の史料を通して，1721年の境界争論の概要を把握したい。次の史料は，1833年の境界争論における小川村の返答書の抜粋である。

【史料Ⅵ-1】（下線は筆者による）[10]
　一訴訟人重太郎より申立候は，a)大塚村と小川村地境之儀ハ往古榎植付御座候処，年暦相立朽木出来木数減少致し，享保之度双方村役人立会境江通り江平石六拾掘込置，相手小川村之儀其頃は家数少々其後追々家作相殖，当時ハ村境際通り家続ニ相成，然ニb)大塚村之義は近年致困窮，村高三百五拾石余之内凡三拾石程相手村方江追々質流地ニ相渡，村境際通一円小川村ニ而進退仕候故，村境之無差別家作押出し境目不分明ニ致，往古より在来候古木六拾本之内，相手七兵衛・権左衛門・次右衛門義無沙汰ニ三本伐取，纔三本ニ相成連々境目難分り相成候ニ付，相手小川村役人江及懸合候処，伐株ノ致大切ニ置□加之榎植付置候様厳敷申渡候旨挨拶有之候故其儘差置候処，当三月中尚又相手三郎右衛門義古木理不尽ニ伐取候間，早速及懸合候処不取留儀而巳申ニ付，相手小川村役人江申出，古木伐取候始末并村境改呉候様及懸合候処，享保之度境目相改家壱軒之者ニ平石弐ツ宛都合六拾掘込置，全古木ハ伐取候而も不苦抔申之不取敢不申旨其外品々申立候得共此段甚夕相違之義ニ御座候，
　（中略）然ル処先年c)享保六丑年中大塚村より当村ニ而裏道久根結出し作場往来通行之障リニ相成，不成夫而巳道敷之分大塚村進退之由申聞候間，既ニ私共方より出訴ニも可及之処扱人立入夫々懸合之上，以来地境定論無之様右道敷を境と極メ，其節有形之道巾左右江境石掘込候対談ニ而，当村裏道際江は銘々屋敷裏久根ニ添而石弐ツ宛都合六拾掘込，且又道際大塚村畑境之方江も石五拾四立置，然ル上は当村地内裏道際ニ有之候榎其外雑木之義は，私共方ニ而伐木致し候而も大塚村ニ而

170

Ⅵ. 近世在方町における絵図作成の特色

申分無之趣議定ニ認メ込双方無申分相済, 其後是迄数十年来之間無難ニ治り来り候
（中略）小川村大塚村地境之義ハ, [d)]享保之度為取替置候議之通当村裏往来道左右江如元之境石相居, 相互ニ道敷境之相守候様御利解被仰聞被下置度奉願上候（後略）

　まず,【史料Ⅵ-1】のうち, 1721年の境界争論に言及した部分に注目したい。小川・大塚両村の境界には元来, 榎木が植えられていたが, 朽木の増加により境界が不分明となり, 1721年には小川村の家々が垣根を張出したことで争論となった。この争論は公儀への出訴には至らず, 扱人の仲裁で決着した。その際に, 両村の村役人立会のもとで60個の境石が掘り込まれ, 議定が取り交わされた（下線a・c）。その議定書は現在, 所在が確認できないが, 1833年に境界争論が再燃した際には重要な証拠書類として参照された（下線d）。
　表Ⅵ-1では「小川村家並絵図」について, 1721年の境界争論に関係して作成された図と推定した。「小川村家並絵図」は, 同じ体裁の絵図が2点現存しており（表Ⅵ-1のNo.1・2）, 図Ⅵ-3は, 福島家旧蔵の絵図を撮影したものである。
　瀬川家文書の「小川村家並絵図」は, 横幅が10cm程度長いが, これは両端に余白が取られているためである。本図は, 街道とその両側に形成された町並を中心に描かれ, 彩色は道が赤色, 水路が青色である。また, 一筆ごとの屋敷割が示され, それぞれの住人名が記載される。町並の中央に描かれる構造物は高札場であり, 東西の入口には木戸も描写される。町並の後背地は, 道や土地利用（田・畑など）が簡略的に表現される。
　本図は作成年や作成者, 宛先などの記載や凡例を欠くが, 享保期（1716～1736年）の絵図と伝えられてきた。その検証のため, 本図に記載される住人名を, 1666年（寛文6）小川村検地帳, 1735年（享保20）「小川村市出入絵図」, 1813年（文化10）「小川村市出入内済立会絵図」, 1833年（天保4）「議

第2部　市町における定期市の出店形態

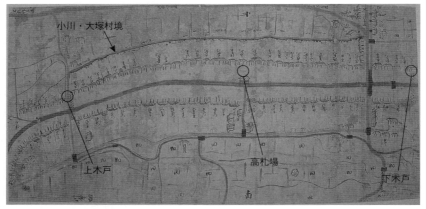

図Ⅵ-3　小川村家並絵図（絵図1）
福島家旧蔵文書196　小川町（2003）より転載，一部筆者加筆

定之事」と比較したところ，17世紀や19世紀の住人名とはほとんど一致しなかった。このことは，在方町小川における，住人の出入の激しさを窺わせる。一方で，1735年の「小川村市出入絵図」の住人は，本図と比較的よく一致する。「小川村家並絵図」の作成年代は，享保期（1716～1736年）と考えて大過はなかろう。

また，本図はこれまで，家並絵図と位置づけられてきた。確かに，町並の詳細な描写や住人名の記載は本図の特徴であり，家並絵図という位置づけは一定の妥当性があるようにみえる。しかし，本図において，町並の描写以上に特徴的なのは，村境の描写である。本図では，小川・大塚両村の境界が墨引され，それに沿って数多の黒丸がみられる（図Ⅵ-3）。この黒丸が何を指すのか，凡例はみられないが，村境に沿って描かれることから1721年に設置された境石と考えられる[11]。

また，本図には町並周辺の田畑も描かれるが，境界線に隣接する部分のみ，田畑の保有者が詳しく記載される。本図において，村境付近の詳細な描写は特徴的であり，本図が，1721年の境界争論と関連して作成されたことは十分に想定できよう。訴訟のどの段階で作成されたかは判然としないが，本

Ⅵ. 近世在方町における絵図作成の特色

図に描かれる境石は和談の末に後証として設置されたものである【史料Ⅵ-1】。そのため，境石が描かれる本図は，決着後の状況を示すと考えられる。

しかし，1833年に再び境界争論が発生した際，享保期（1716～1736年）の議定が有力な証拠として参照される一方で，絵図が参照された形跡はみられない。本図は直接的に議定と対応する絵図というより，当事者のどちらかが自主的に記録を残した可能性も考えられよう。ただし，その場合でも，決着内容を示す点で自分絵図とは区別される。

(2) 1833～1835年(天保4～6)の境界争論と絵図作成

こうして1721年（享保6）に小川・大塚村境が画定されたが，在方町の拡大発展とともに再び境界が不分明になり，1833年に新たな争論が発生した。この争論は大きく二つの段階に分けられる。第一段階は，1833年7月の大塚村の出訴から，1834年8月の内済までである。そして，第二段階は1834年10月の大塚村の再出訴から，1835年3月の内済までの過程である。争論絵図の作成は，第一段階で1点，第二段階で2点が確認できる。以下，各段階での訴訟の展開と絵図作成との関係について詳しくみていきたい。

第一段階の訴訟については，小川村の返答書（【史料Ⅵ-1】）と，内済時の議定が残る。【史料Ⅵ-1】では，争論に至った経緯が次のように説明される（下線部b）。天保期までに，大塚村の村境付近の田畑が小川村の者に次々と質流れし，境界を考慮せずに家作が押出される状況が生じた。それにより，従来の境界が不分明になってきたところ，さらに小川村の者が境界に植えられていた榎木を次々に伐採した。既述のように，榎木は1721年の境界争論で境石が掘り込まれる以前から植え込まれていたものである（下線部a）。大塚村はこの件を小川村の村役人に相談したが，埒があかないため出訴に至ったという。このとき，小川村は旗本大嶋氏，大塚村は旗本金田氏の知行で，支配違であった。そのため，本争論の審理は幕府評定所が担当した。評定所での対決は8月7日と決まったが，審理中に扱人の仲裁によって内済し，次の

第2部　市町における定期市の出店形態

議定が取り交わされた。

【史料Ⅵ-2】（下線は筆者による）[12]
　　　　　　議定之事
　一享保度小川村家壱軒之裏ニ平石弐ツ宛下ニ炭・糠埋掘込候石相改候
　　処、年来相立自然不分明ニ相成候場所有之候ニ付、両村示談之上継
　　絵図面之通不分明之場所江前同様炭・糠埋石三拾五枚堀込都合六拾
　　ニ顕し申候
　一享保度大塚村畑之端ニ平石五拾四置候処、年来相立自然埋不分明ニ
　　相成候ニ付、両村示談之上畑之端古来有来之道北縁江<u>継絵面之通右
　　石五拾四相建申候</u>
　一小川村木戸外境之義は、同村百姓与兵衛西脇石より表江見通し悪水
　　流南縁江境石壱本相建、右間四本相建、都合六本相建申候
　一小川村与兵衛屋敷際両村境目西ニ壱本、北ニ壱本、正徳之度建置候
　　通相改申候
　一享保度相証文ニ書載有之候ニ付、小川村分古木伐株跡江、石江古木
　　跡と切付相建申候
　　　　　　絵図面
　　<u>前ヶ条享保度相証文之通絵図面ニ致境石相改申候</u>上は、両村永久堅
　　相守可申候、依之為後証議定絵図面為取替申候処、仍而如件
　　　　　　　　　　　　　　　　　　　　　　　　大塚村
　　　　　　　　　　　　　　　　　　　　　　　　小前惣代百姓代
　　天保四巳年八月廿八日　　　　　　　　　　　　　　重太郎
　　　　　　　　　　　　　　　　　　　　　　　　（15名略）

　【史料Ⅵ-2】は内済に伴って両村で取り交わされた議定である。このと
き、設置場所が不分明になっていた35個の境石について、新たに設置し直す
ことで合意に至った。1721年に設置された境石は60個であり、この時点で半

Ⅵ. 近世在方町における絵図作成の特色

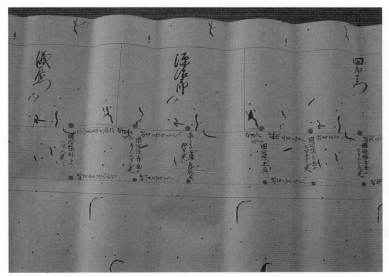

図Ⅵ-4 「議定之事」部分（絵図8）
笠間家文書19, 2004年9月28日に筆者撮影

数以上が失われていたことになる。そして，具体的な境石の設置場所は継絵図に示された。当該絵図は表Ⅵ-1の「議定之事」に該当し，【史料Ⅵ-2】の末尾に描かれる[13]。

図Ⅵ-4は本図の一部で，42軒が描かれるうちの3軒程度の範囲を示す。本図は，状形式の紙面に描かれるため，極端に横長になっている。描写範囲は北側町並の屋敷割，及び村境をなす道が中心で，個々の屋敷主も記載される[14]。ただし，本図は在方町小川の町並全体を描いておらず，大塚村と接する北側町並のみを描写している。上町側は，上木戸の2軒先から描き始められる。在方町小川の北側町並は，上木戸の2軒先までが小川村に帰属し，その先は大塚村となっている（図Ⅵ-1）。つまり，本図には大塚村に連続する町並は描かれない。また，方位は南が上である。凡例は，朱色が「可建石印」，黒色が「有来石印」とされる。すなわち，残存する享保期の境石は黒丸，新たに設置する境石は赤丸で示されるのである。個々の境石の位置関係

175

第2部　市町における定期市の出店形態

は寸単位で詳細に記入され，実測に基づく数値と考えられる。境石の間隔は，2～5間（3.5～9m程度）とばらつきがある。また，実際には緩いカーブを伴う町並が直線的に描かれるなど，測量結果を厳密に絵図の縮尺として投影しようとする志向性は看取できない。

　訴訟制度との関係では，「議定之事」は立会絵図に相当する。そこに描かれるのは両村で合意された内容であり，重要な証拠書類として両村で保管されるべく作成されたといえよう。しかし，大塚村が1833年10月に再訴したことで，結果的に本図が証拠図として機能することはなかったと考えられる。

　以上が第一段階の争論であるが，大塚村の再訴により，天保期境界争論は第二段階へと移行した。しかし，大塚村はなぜ，和談が成立してから日数も経過しないこの時期に，再び出訴しなければならなかったのか。大塚村の組頭・兵左衛門が9月13日付で支配役人に提出した願書には，次のように記される。

【史料Ⅵ-3】[15]

　　（前略）殊ニ同人（筆者注：重太郎）義は江戸宿所々下代奉公もいたし，私抔と違ひ書面向其外事柄能相弁居候趣を以平日高満ヶ間敷義申之，猶又出訴以前右一件扱人立入候節も重太郎親子は別而手強破談等もいたし候程之儀ニ付，不実之儀ハ有之間敷と奉存其節之懸合・書面向都而同人江相任候処，私共無沙汰ニ両三日江戸宿外出いたし居，出先ニ而内済示談取極為取替議定書并絵図面等迄相認為見候処，享保之議定書ニ相曲シ候儀ニも無心付，私義村役人惣代と認候儀定・絵図面等江調印仕，両御地頭様御重役様方御継添御印形頂戴，帰村いたし小前村役人ともより右議定・絵図面為相見候処，悉察斗被致如何敷趣疑心驚入，場所江引当見候得は先扱人立入取扱候節之趣意より余程当村地被相掠眼前享保度為取替置候村境木・境石等相手村方江被囲込，当村地内江新規境引相立候様成行何分ニも村内相治不申，依而此節別段小前村役人共惣代相立出訴いたし候（後略）

VI. 近世在方町における絵図作成の特色

　すなわち，再訴の理由は，第一段階の訴訟で百姓代・重太郎を中心に締結された内済事項が，大塚村にとって非常に不利な内容であったためである。重太郎は江戸での奉公の経験を有し，書類作成や交渉ごとに長けた人物であった。第一段階の争論でも，出訴前に扱人が調停に入った際に強硬な姿勢をみせ破談させたのが重太郎親子であったという。しかし，彼が江戸での審理中に半ば独断で和談した内容は，出訴前の調停と比べても大塚村の土地が掠め取られ，享保期以来の境木・境石も小川村に囲い込まれるようなものであった。兵左衛門はこの事態に驚き，再出訴に向けて，旗本役所に重太郎の取調べと現地見分を申請したのである。その結果，大塚村は翌10月に再び幕府評定所に出訴することになり，天保期境界争論は第二段階へと移行した。

【史料Ⅵ-4】[16]
　（前略）当七月中村方惣代百姓代重太郎を以前書小川村之もの共江相懸り村境出入奉出訴度地頭所江願出候処，相手小川村御地頭所御懸合ニ相成候ニ付相手之もの共被召出惣代之者罷出候処，扱人立入懸合之上内済仕候処，右重太郎差添人組頭兵左衛門儀出府之上相手小川村之者共と内済示談取極候節村方之もの共江一言之儀も不申越，渠等一己之存寄を以不相当之済口議定仕，却而相手小川村江地所被奪取候議定取極，一件相済帰村之上村方之ものとも江申聞初而致承知驚入，一村興廃之儀難捨置其段重太郎・兵左衛門江厳敷懸合候得は，兵左衛門は如何と心附後悔いたし，重太郎は何様不結之儀申之罷在候（後略）

　【史料Ⅵ-4】は1833年10月に大塚村が提出した訴状から，再訴に至った経緯を説明した部分を抜き出したものである。本訴状は，第一段階の争論で中心的な役割を果たした重太郎や兵左衛門に代わり，組頭・勝右衛門と百姓・喜四郎が代表となって提出された。兵左衛門は【史料Ⅵ-3】で重太郎を糾弾した人物でもあるが，第一段階の争論では重太郎とともに大塚村を代表する立場にあった。そのため，少なくとも対外的には，重太郎とともに大塚村

第 2 部　市町における定期市の出店形態

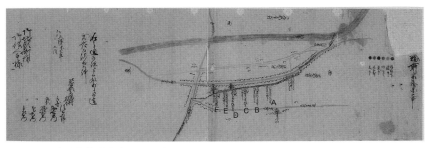

図Ⅵ-5　論所宿絵図之事〔絵図 9〕
A：小川村百姓三郎右衛門裏ニ榎古木切株有之　B：小川村組頭七兵衛裏ニ榎古木切株有之
C：小川村百姓権右衛門裏ニ榎古木切株有之　D：小川村百姓重左衛門裏榎古木
E：小川村百姓次右衛門裏榎古木切株有之　F：小川村百姓長右衛門裏榎古木
大塚家文書28　2004年 9 月27日に筆者撮影　A～Fの記号は筆者加筆

に不利な議定が結ばれた責を負ったのであろう。この訴えに対し，11月 8 日付で評定所から差紙があり，1834年 2 月13日に出頭することが命じられた。

　ところで，【史料Ⅵ- 3 】や【史料Ⅵ- 4 】では言及されないが，1833年 9 月に大塚村役人から旗本役所に提出された絵図が現存する（図Ⅵ- 5 ）。「論所宿絵図之事」と題されるこの絵図は，村境付近の道筋と槻川を骨格とし，在方町小川の町並全体が描かれる。

　また，境界線や榎木など，境界をめぐる事物の詳細な描写は本図の特徴である。方位は南を上とし，凡例は境目（赤茶色）・道（褐色）・水（褐色）・家（黒色）・木葉（緑色）・木（焦茶色）の 6 種類とされる。境目は凡例では赤茶色とされるが，実際に引かれた境界線の色は黒に近く，山論絵図などでよくみられる境界線墨引を思わせる。また，木や木葉まで別の色で描き分けられるのは本図の特徴といえるが，これは村境に植えられた榎木の表現を重視したためであろう。また，図Ⅵ- 5 においてA～Fの記号で示した注記は，榎木やその切株の位置に関するものである。なお，境石の位置についても，境界線に沿って非常に細かい文字で注記がみられる。ただし，「議定之事」のような実測を伴った様子はみられず，個々の屋敷割なども示されない。表Ⅵ- 1 の絵図のなかでは，比較的簡略な描写形態といえよう。

　訴訟制度との関係では，本図は自分絵図に相当する。争論の一方の当事者

VI. 近世在方町における絵図作成の特色

である小川村が作成に関与しておらず，大塚村が自らの主張を示すために作成した図とみなされるからである。また，9月という提出時期や，地頭所役人中という宛先から，本図は【史料Ⅵ-3】と関連して，つまり旗本役所に現地見分を申請した際に作成されたことが想定できる。【史料Ⅵ-4】と関連する絵図ならば，提出日は10月以降で，宛先も評定所になるはずだからである。本図の作成目的は，係争地の様子と大塚村の主張について，旗本役人の理解を促すためと考えられる。そのため，決着内容を示す絵図のように，証拠資料として長く保管される絵図ではなかった。描写内容が相対的に簡略である理由も，その点に求められよう。

さて，本争論はその後，評定所での審理を前にして改めて和談が成立した。次の史料は，その際に評定所に提出された済口証文の一部である。

【史料Ⅵ-5】[17]
（前略）既ニ不行届廉出来再訴ニ相成候得は，是又扱人立入行違之廉々相分，享保之度議定見習境筋悉明白仕候間，向後相互ニ異論無之様別紙絵図面巨細相認継議定致，双方連印為取替所持仕，享保之度議定書一同堅相守候筈極，尤双方共地頭所拝領高地面増減無之，右出入一同聊無申分熟談内済仕，偏ニ　御威光と難有仕合ニ奉存候，然ル上ハ右一件ニ付重而双方御願筋毛頭無御座候，依之為後証済口証文差出申処如件（後略）

1833年に発生した境界争論は，この済口証文の提出によってようやく決着した。【史料Ⅵ-5】では，第一段階の出訴から第二段階の内済に至るまでの経緯が簡潔にまとめられる。このとき，扱人が仲裁に入って享保期の議定を検討したところ，不分明になっていた境界がことごとく明らかになったという。それを踏まえ，享保期（1716～1736年）の議定の遵守が改めて確認された。そして，明らかになった村境は，別紙絵図面に詳細に示すという規定もみられる。当該絵図は現時点で所在が確認できないが，両村が共同で作成

し，争論の決着内容を示す絵図といえる。表Ⅵ-1では，この未見の絵図について，絵図8として整理した。なお，訴訟制度との関係では，本図は立会絵図に分類される。

　以上，本章では小川・大塚境界争論の関係絵図について，訴訟の展開を追いつつ位置づけを考えた。1721年の境界争論では，立会絵図とは断定できないが，決着内容を反映する絵図が作成された。また，1833年の境界争論は「出訴→内済→再出訴→内済」という複雑な過程をたどったが，内済時には二回とも争論絵図が作成された。それらは，両村が共同で作成し，和談内容を示した立会絵図と位置づけられる。また，大塚村は二度目の出訴に際して，自らの主張内容を示した絵図を作成し，旗本役所に提出した。これは，大塚村の主張について，旗本役人の理解を促すためと考えられる。

　さて，この境界争論は，土地の帰属をめぐる村同士の争いの形をとり，形式点には近世の在地社会で広くみられる境界争論と類似する。また，境界とその周辺を詳しく描く，絵図表現においても類似点がみられる。ただし，在方町の発展による家作の増加などを背景とする点で，本争論は都市的要素も含む。行政的には村方でありながら，そこで発生する問題はすぐれて都市的であるという在方町の特色が看取できよう。このことを踏まえ，4節では境界争論と比べてもさらに都市的な問題にかかる，市場争論絵図の検討に移りたい。

4．在方町小川における市場争論の展開と絵図作成

　市場争論関係の絵図は，表Ⅵ-1において4点が確認でき，うち3点が現存する。本章ではこれらの絵図について，争論の展開過程を辿りつつ検討したい。在方町小川における六斎市の開設年代は不詳であるが，1653年（承応2）に大塚村との市場争論が発生しており，成立はそれ以前と考えられる（小川町，2003：397）。在方町小川の町並は大塚村にまで連続し（図Ⅵ-1），

Ⅵ. 近世在方町における絵図作成の特色

そこでの商業活動は近世を通じて度々問題となった。また，1813年（文化10）の史料では，1666年（寛文6）の検地ののち，1669年（寛文9）の市場改で1町1反の町屋敷が定まったという記事がみえ，上中下の市場も寛文年間に定められたという[18]。市日の商人差配権と引換えに高率の税を負担する町屋敷や，町内での市日巡回は，この地域の市町で広く確認できる（杉森2006，岡村1994a）。

さて，在方町小川にとって，六斎市は重要な経済的基盤であり，その権益をめぐる様々な争いが近世を通じて繰り返された。小川が当事者となった市場争論は，①近隣市町（安戸・鉢形）との争い，②市場外（大塚村）での商業活動をめぐる争い，③市場内部での争い，の三種類に大別できる。ただし，①②の争論に関する絵図は確認できず，現存する3点はいずれも③の争論で作成された。それゆえ，4節では在方町小川の内部で発生した市場争論に注目し，絵図作成との関係を論じたい。小川町内での六斎市をめぐる争いは，1735年（享保20）と1813年に発生した。以下では，これらの市場争論について，訴訟過程をたどりつつ，どのような場面で絵図が作成されたか考察したい。

なお，これらの市場争論絵図は，筆者の前稿（渡邉2008a・本書Ⅴ）でも用いたものである。Ⅴでは，市場争論の内容と絵図表現との関係を検討することを目的とし，市場争論絵図を複数の在方町から横断的に収集して比較分析を行った。それに対し，Ⅵでは在方町における絵図作成について，特に支配形態との関係に注目して位置づけることが目的であり，Ⅴとは分析の視点が異なる。以下の分析は，あくまでこの主題に沿って進め，Ⅴで検討した争論内容と絵図表現との関係については最低限の説明に留めた。ただし，絵図の基本情報（表現内容・作成者・凡例・作成目的など）については，独立した論文であることを考慮し，重複を厭わずに説明を行うこととした。

第2部　市町における定期市の出店形態

（1）享保期の市場争論と絵図作成

　1735年（享保20）「小川村市出入絵図」は，六斎市の出店範囲に関する詳細な記載を特色とする。本図には18名が連印し，その肩書きは「小川上町訴訟人」とされる。こうした内容から，本図は市場争論に関する絵図と判断できる（図V-2）。しかし，享保末年の市場争論について，本図以外の直接の関係史料は確認できない。そこで，1813年（文化10）の市場争論の関係史料を通して，享保期市場争論の概要を把握したい。次の史料は，1813年の争論の訴状から，享保期（1716～1736年）の争論に言及した部分を抜き出したものである。

【史料Ⅵ-6】[19)]
　　（前略）既ニ享保年中，上・下市場出入有之候節訴答より市場仕来書・絵図面等差上ケ，御吟味之上仕来定式通御裁許被仰付，尚又其後及出入候儀も有之候得共先規仕来通可相守筈にて内済仕（後略）

　本史料から，享保期（1716～1736年）の市場争論は，町内の上・下の市の争いであり，吟味の際に市場仕来書と絵図が提出されたことが知られる。小川村内で完結する争いであるため，審理は旗本役所で行われたと考えられる。これを踏まえ，「小川村市出入絵図」が，争論のどの段階でいかなる目的で作成されたのかを，次に考察したい。
　「小川村市出入絵図」は，街道とその両側に形成された町並を中心に描き，方位は南が上である。彩色は道が赤色，水路が青色である。また，一筆ごとの屋敷割が示され，屋敷主や借家人の名前も合わせて記される。さらに，個々の屋敷間口が半間単位で記されるほか，業種名が付箋で示された屋敷も何件かみられる。具体的な業種として，肴宿・太物宿・古着見世・煙草見世などが確認できるほか，木楮宿・紙宿はこの地域の特産品である和紙取

Ⅵ. 近世在方町における絵図作成の特色

引に関係する。なお，付箋を伴わない屋敷にも糊付けの跡があり，本来はすべての屋敷に付箋が貼られていたことが窺える。

そして，本図で注目されるのは，街道上に示された六斎市の出店範囲に関する記載であり，上町側では「御札辻より上壱月弐度市場并間数百三拾三間余上木戸迄」，下町側では「御札辻より下壱月四度市場并間数百拾壱間余下木戸迄」と記される。これらは，上町・下町それぞれの市の開催日数と出店範囲を示し，本図の特徴的な表現といえる。まず，開催日数に関しては，上町で月2回，下町で月4回とされる。これは，町内での市日巡回を示し，小川町全体としては月6回，すなわち六斎市の体裁となる。また，出店範囲について，上町が133間（約240m）で下町が111間（約200m）とされる。上町の方が40mほど長く，毎回同じ数の商人が出店した場合，下町の方がより高密度に出店され，上町では商人も分散することになろう。こうした出店範囲の記載は，本争論が上下の市の争いだったとする【史料Ⅵ-6】を踏まえると，訴訟の争点と密接に関わる内容と理解できる。なお，訴訟人（原告）である上町の者だけが連印することから，本図は自分絵図と位置づけられる。これは，「訴答より市場仕来書・絵図面等差上ケ」という【史料Ⅵ-6】の記述とも対応する。

すなわち，本争論の審理の際に，原告（上町）・被告（下町）の双方から仕来書や絵図が提出された。「小川村市出入絵図」は，このうち上町が提出した絵図に相当する。一方で，下町側が提出した自分絵図は，現存が確認できない。表Ⅵ-1では，この未見の図を絵図4として整理した。なお，本争論は領主の裁許で決着したが（【史料Ⅵ-6】），決着内容を示す絵図の作成は現時点で確認できない。

以上，享保期（1716～1736年）の市場争論は，町内の上町と下町による出店範囲をめぐる争いであり，旗本役所での審理に際して原告・被告双方から自分絵図が提出された。審理の結果，それ以前からの仕来りの遵守を命じる裁許が下されたが，その際に裁許絵図が下付された否かは判然としない。なお，在方町小川における絵図を伴う争論のうち，本争論は裁許で決着した唯

183

一の争いである。そこにおいて裁許絵図が確認できないことから，結果的に表Ⅵ-1にも裁許絵図は挙がっていない。

(2) 文化期の市場争論と絵図作成

在方町小川では，1813年（文化10）に新たな市場争論が発生した。これは，市日に設置される高見世をめぐって，その差配権を主張する四郎右衛門外4名と，それを否定する組頭親・弥兵衛が争ったものである。高見世とは，板縁台を用いた売場で，土ぼこりを嫌う足袋のような商品が陳列された（渡邉2008b・本書Ⅴ）。本争論は旗本役所が審理を担当したが，扱人の調停によって内済が成立した。次の史料はその際に提出された済口証文である。

【史料Ⅵ-7】（下線は筆者による）[20]
　　　　奉差上済口証文之事
　　　　　　　　　御知行所
　　　　　　　　　　　武州比企郡小川村町分
　　先規市場仕来滞出入　　　　願人　百姓　四郎右衛門
　　　　　　　　　　　　　　　　　　　　　（5名略）

右訴訟人四郎右衛門・惣左衛門奉申上候は，当村市場往古右四人之者先祖共重立致世話，宿中江筵を敷諸商人差置，高見世と唱候場所江敷候筵其外入用之品貸遣し，少々宛之見世賃右四人之者取来，其外之者ハ持分庭中支配之分面々割附諸商人差置来候由ニ而，毎年正月六日初市ニハ市神天王之神前にて右四人之者ニ而神事興行いたし，是迄無故障高見世賃取来候由申之，相手弥兵衛申上候は，右訴訟方四人之者先祖共市場取立候抔と申儀は一切無御座，其上市見世割付候儀并正月初市天王神事興行致候抔と申儀は跡形も無之，往古自然と市場ニ相成，銘々見世先は持分限貸付候処，中通江右四人之者とも高見世と唱板縁台を据商人ニ貸し，見世賃を取候儀差障難儀にも相成候得共，誰壱人差留候者も無之押領い

VI. 近世在方町における絵図作成の特色

たし来，且足袋商人之儀は古来無之近来多く相成，往来之差障ニ相成候ニ付返答書を以奉請御吟味候処，扱人立入双方江聢と遂懸合，異見差加へ熟談内済仕候趣意左ニ奉申上候

右扱人立入双方江遂懸合候処，一体足袋見世之場所は諸見世込合候ニ付，是まて高見世と唱申候場所江足袋見世を割込，上町分ハ与兵衛請当時四郎右衛門・新右衛門請当時清左衛門前庭より彦左衛門請当時茂助南・当時亦八前庭迄，下町分ハ嘉兵衛請当時庄左衛門・九郎兵衛請当時平吉持前庭より次左衛門請当時平吉・権右衛門請当時清右衛門前庭迄此度高見世場ニ相定，見世割一行ニいたし，上町分ハ小間物見世より打初，其次足袋見世，其次時々之商見世を打，下町中市之日は庄左衛門・平吉持前庭小間物見世より打初，下市之日は平兵衛請八十五郎・伊右衛門請当時要助前庭小間物見世より打始，足袋見世之儀は重郎右衛門請当時源次郎持・次右衛門請当時仲右衛門前庭より平吉・清右衛門前庭迄ニ相定，尤高見世定場所ニ居余り候分ハ上・中・下市々之場所江散見世相対かしニ致筵銭面々取之可申候，訴訟方は迄取来候高見世賃謂れ有之候哉之趣厳敷奉請御吟味候処，扱人御願下ケいたし小前連印面々取致度，今般別訴可奉差上候処尚又扱人貰請，高見世賃六斎取集之節は百姓惣代壱人立会致取集，惣上り高内五分は訴訟方四人之者取之，高見世之儀は是迄通可致世話筈，残五分は積銭にいたし置，高見世市場滞臨時入用之手当，勿論高見世諸道具入用は訴訟方四人之者より五分，積銭より五分差出可申候，積銭之儀は村役人の調へを請，身元慥成者より家質証人取之預ケ置可申候，右之外見世割之儀は享保弐拾年定通相用ひ可申候，且又天王宮ハ市神之事ニ候得は，正月六日神酒備之節は町中一統村役人之差図を請可申候，尚又<u>市場見世割等別紙絵図面ニ仕立，　御地頭所様江奉差上并訴答所持可仕候</u>，尤滞中双方憤り之儀は噯人貰ひ請，曽而申分無之熟談内済仕，偏　御威光と難有仕合ニ奉存候，然上は訴答ハ勿論小前一同右一ヶ条に付以来毛頭御願筋決而無御座候，依之済口証文奉差上候処如件

185

第2部　市町における定期市の出店形態

　　　　　　　　　　　　　　　　　　　　　御知行所
　　　　　　　　　　　　　　　　　　　　　　比企郡小川村町分
　　　　　　文化十年酉六月　　　　　　　　願人　百姓　四郎右衛門
　　　　　　　　　　　　　　　　　　　　　　　　　（12名略）
　　　　御地頭所様
　　　　　御役人中様　　　　　　（後略）

　【史料Ⅵ-7】では，まず双方の主張と争点が簡潔にまとめられる。すなわち，訴訟人の4名は自らの先祖が六斎市開設に尽力した由緒によって，高見世の差配権を特権的に有してきたと主張した。一方で，相手方の弥兵衛は，4名の由緒を否定し，彼らが始めた中通への高見世差配を，特に支障もないため黙認していただけであると述べた。しかし，近年は高見世を利用する足袋商人が増加して，往来の支障になっているという。この争いは扱人の仲裁で和談となり，高見世の出店場所や入用の割当などが決定された。そして，下線部のように，この時に定まった見世割は別紙絵図面に仕立て，旗本役所に提出するほか，原告・被告それぞれが保管することが規定された。この絵図に該当するのが，「小川村市出入内済立会絵図」である（図Ⅴ-3）。本図は，小川町の笠間家文書と埼玉県立文書館の荒井精一氏収集文書に同じ体裁のものが残る。しかし，埼玉県立文書館の絵図は右下部分に剥落があり，また，左右の端が切り取られ横幅が10cm程度短くなっている。なお，表題に示されるように，本図は訴訟制度との関係では立会絵図に相当する。

　「小川村市出入内済立会絵図」は往還を中心に町場が描かれ，高見世場が通り中央に帯状に示される。方位は南が上である。本図には裁判における訴答双方と扱人の連印がなされる。宛先は記されないが，【史料Ⅵ-7】の下線部から，旗本役所に提出されたことは明らかである。彩色は，道と町屋敷が赤色，屋敷が薄青，庇が黄色，水路が青色である。屋敷類別の詳細な描き分けは，これらが六斎市の売場の設置形態と密接に連関するためと考えられる。既述のように，町屋敷は1669年（寛文9）の市場改の際に設定され，市

Ⅵ．近世在方町における絵図作成の特色

日における商人差配権を有する代わりに一般の屋敷よりも高率の税を負担した。また，個々の屋敷の一構造物である庇について，特別な凡例をもって塗り分けるのは本図の特色である。その理由を窺わせる記述として，弥兵衛の提出した返答書における次の一節が注目される。

【史料Ⅵ-8】[21]
　（前略）然処私居宅前庭之儀は肴場・塩場に御座候得共，近来塩売は参り不申肴商人計ニ而，軒下江台を据，足袋商ひ之高鄽を張候間，私宅前之庭至而手狭ニ相成候（後略）

　本史料では，4名の差配する高見世が，弥兵衛の居宅前庭のうち軒下という空間に置かれたとされる。ここから，「小川村市出入内済立会絵図」に描かれた庇は，高見世の出店場所としての軒下を示す可能性が指摘できよう。その場合，本図で高見世が往還の中央に帯状に示される事実との齟齬が問題になる[22]。しかし，【史料Ⅵ-7】では高見世場が往還両側の屋敷前庭と明記され，本図から，高見世が通り中央に置かれたと単純に理解することはできない。この場合，通り中央に描かれる高見世は，東西の範囲を示すもので，実際の出店場所は往還両側に展開する庇下とするのが一つの理解であろう。もちろん，高見世は通り中央にも置かれた可能性はあるが，その場合でも，本図の庇が高見世の設置場所と関係して描かれた可能性は高い。

　なお，本図は争点となった高見世を中心に描かれたもので，小川六斎市の売場の全容を必ずしも示さないことに留意する必要がある。実際，【史料Ⅵ-7】では，本争論で新たに規定された以外の売場は，1735年（享保20）に決まった見世割を踏襲するとされるのである。

　小川六斎市では，高見世以外にも，庭見世や中見世などの売場の存在が近世後期の史料で確認できる。庭見世は個々の屋敷前庭に置かれる市見世で，屋敷主が商人差配を行った。文化期の争論に表れる弥兵衛が，居宅前庭に肴商人・塩商人を差配したのはその例といえる。また，中見世は通り中央に置

187

第2部　市町における定期市の出店形態

かれ，近世後期の小川では特定の権利者が独占的に差配権を掌握していた[23]。つまり，近世後期の小川六斎市の売場は，町屋敷住人が差配する庭見世，特定権利者が差配する中見世・高見世などが複合的に存在したと考えられる。【史料Ⅵ-7】や「小川村市出入内済立会絵図」では，高見世の出店場所が町屋敷と屋敷，さらには後述する畑請屋敷の区分と関係なく設定されている[24]。その理由は，高見世の差配権が個々の屋敷とは異なる次元で存在したためであろう。すなわち，屋敷や畑請屋敷の住人は，それぞれの前庭に高見世が置かれても，その見世賃を得る権利は有さなかったと考えられる。

　以上，4節では小川町内での市場争論に関係する絵図について，争論の内容を確認しつつ位置づけを考えた。享保期の市場争論は，町内の上町・下町間での出店範囲をめぐる争いで，旗本役所での吟味の際に原告・被告双方から自分絵図が提出された。このうち，原告である上町側が作成した絵図が現存する。争論の決着時には裁許絵図が下付された可能性も考えられるが，その現存は確認できない。次に，文化期の市場争論は，高見世との差配権をめぐる争いで，和談の際に決着内容を示す立会絵図が作成された。この絵図は，原告・被告双方が後証として保管したほか，訴訟の審理を担当した旗本役所にも提出された。

　これらの市場争論絵図の作成契機は，町内の商業活動をめぐる利権争いであった。これは，前章でみた境界争論と比べても，より都市的な問題といえよう。また，市場争論絵図はいずれも在方町小川の町並を骨格として描かれた。つまり，作成契機に加えて，絵図に描かれた景観も都市的であった。一方で，「小川村市出入内済立会絵図」の作成者や宛先は，村方としての支配形態を反映する。そこには，原告・被告ともに村役人が連印し，旗本役所に提出されたのである。このように，在方町小川をめぐる市場争論絵図には，都市としての実態を有しながら，村として支配される，在方町の特色が如実に反映されるのである。

Ⅵ．近世在方町における絵図作成の特色

5．争論以外の契機に作成された絵図

　在方町小川において，主な絵図作成契機が争論であったことは先に述べた。表Ⅵ-1でも，争論絵図以外の図は，1811年（文化8）の村絵図が1点確認できるのみである。しかし，先行研究をみると，他の在方町では，水帳絵図や巡見使提出用絵図，あるいは開発許可願に付随する絵図など，争論絵図以外の多様な絵図の存在が知られる。それゆえ，小川を事例とした本章にあっても，争論以外の絵図作成について検討することは重要な作業である。5節ではそうした絵図について，「小川村絵図」を中心に考察を行いたい（図Ⅵ-2）。

　本図は小川村全体として描かれる点でこれまでの絵図と異なり，町並は村の西端の一部分を構成するに過ぎない。しかし，絵図自体が大型であるため，町並の描写も決して簡略ではない。本図の彩色は，田畑（黄色），山・芝地・藪（緑），水（薄青），道（赤），堤防（黒），川原（白），町屋敷（茶色），屋敷（赤），畑請屋敷（焦茶），墓所（灰色）の10種類に分けられる。また，本図には「此の絵図面私共立会い相仕立て候処少しも相違ござなく候，以上」という文言と，村役人の連印が施される。ここから，本図が村役人の立会のもとで作成され，公的な機能を有したことが知られる。また，本図は争論絵図のような特定の主題への特化が認められず，村の概要を表すような内容といえる。

　このような村絵図は，領主の交代などに際して村々から徴収された（木村1979：102-108）。この時期に旗本大嶋氏の代替わりや，在地代官の交代等は確認できないが，本図も旗本役所に提出されたことは十分に想定できよう。なお，村絵図の提出は1811年が唯一とは考えられず，近世を通じて何度も徴収されたことが想定できる。ただし，公儀提出用の村絵図は，提出のたびに新調する必要はなく，前代の絵図の写しで対応する場合も少なくなかった。

第2部　市町における定期市の出店形態

本図にも針を打った痕跡が残り，写しが作成されたことが窺える。

　さて，在方町の絵図として「小川村絵図」をみたとき，町並の屋敷が三区分される点が特に注目される[25]。これらの屋敷区分は「小川村市出入内済立会絵図」と同様であるが，畑請屋敷が特別な凡例をもって描かれるのは本図のみである。畑請屋敷は小川町（2003）で指摘されるように，1666年（寛文6）の検地で畑であった土地が，のちに屋敷化したものと考えられる。小川では，在方町が拡大発展しても再検地は行われず，1811年（文化8）に至っても17世紀の検地帳に基づく土地把握がなされていた。そのため，検地後に開発された屋敷地は，公的には畑地であった。こうした畑請屋敷の性格は，【史料VI-7】からも窺える。【史料VI-7】における高見世の出店場所の規定では，寛文検地帳の名請人が「○○請」の形で記されるが，畑請屋敷の亦八の屋敷に言及する箇所のみその記載を欠く。これは，亦八の保有する畑請屋敷が，寛文検地帳では畑であったため，屋敷名請人が参照できなかった結果と考えられる。

　ところで，19世紀初頭の「小川村絵図」や「小川村市出入内済立会絵図」，あるいは【史料VI-7】において，個々の屋敷類別や検地名請人を把握する際に，検地村絵図が参照された可能性が想定される。これらが作成された19世紀初頭は，検地から150年近くが経過しており，在方町の発展過程において地筆形態や住人も大きく変化していた。表VI-1の絵図や寛文検地帳を相互比較しても，17世紀と18世紀，18世紀と19世紀とでは住人名や地筆形態はほとんど一致せず，前代の痕跡がわずかに観察できる程度である。そうした状況において，寛文検地帳の一筆ごとの屋敷地を参照するためには，検地の内容を図化した絵図が不可欠であったと思われる。検地村絵図は小川では現時点で所在が確認できないが，関東の村々では，17世紀中後期の検地の際に広く作成された。木村（1979：91）は近世の検地帳と検地村絵図との関係について，近代の土地台帳と地籍図の関係にたとえられるとする。江戸時代にあっても，地籍図に相当する検地村絵図なしでは，土地台帳（検地帳）の内容を現地照合するのは困難であったと考えられる。

VI. 近世在方町における絵図作成の特色

　このように，在方町小川では領主提出用の村絵図が近世を通じて何度か作成され，現存する「小川村絵図」はそのうちの一点と考えられる。こうした村絵図は，小川村全体を描写する点で前章までにみた争論絵図と内容が異なる。作成契機に加えて，描写内容も村絵図的な要素が強いのである。また，絵図本体は現存しないが，在方町小川では，寛文検地の内容を示す検地村絵図が19世紀にも機能していたことが窺える。検地村絵図は，村方としての支配と密接に関わる機能を有した。ただし，その描写範囲が，在方町を中心とするか，村全体にわたるのかは現時点で不明である。前者の場合，在方町の都市的な実態を描いた図といえ，後者の場合は村絵図的な要素がより強いことになろう。

6. 小　括

　VIでは近世在方町における絵図作成の特色について，武州小川を事例として検討した。小川は関東の一本街村規模の在方町としては際立って多くの絵図が現存するが，そのほとんどは争論に際して作成された。特に，1721年（享保6）から幕末にかけて繰り返し発生した，大塚村との境界争論，および小川町内での市場争論に関係して作成された絵図が多い。境界争論は北側町並背面の境界が問題となったもので，1721年に最初の争論が起こった。その際に画定した境界には境石が設置され，境石の位置を示す絵図が作成された。しかし，在方町の拡大発展とともに再び境界が不分明となり，境界争論は1833年（天保4）に再燃した。天保期境界争論は，「出訴・内済・再出訴・内済」という複雑な過程をたどったが，絵図は2度の内済時と，再出訴の際に作成された。

　また，市場争論も1735年（享保20）と1813年（文化10）の2度にわたり発生し，いずれの争論でも絵図が作成された。1735年の市場争論は町内の上町・下町間の出店範囲をめぐる争いで，審理の際に双方の主張を示す絵図がそれ

第 2 部　市町における定期市の出店形態

表Ⅵ-2　在方町絵図の特色

絵図作成の場	描写される景観	支配形態との関係
直轄都市・城下町	都市的景観	都市支配に対応した機能
在方町	都市的景観	村落支配に対応した機能
村方	村落的景観	村落支配に対応した機能

ぞれ提出された。このうち，現存するのは原告である上町が作成した絵図である。1735年の市場争論はその後，旗本役所での審理を経て裁許が下された。現存は確認できないが，その際に決定事項を示す裁許絵図が作成された可能性も考えられる。本章で取り上げた他の争論では，いずれも決着内容を表す絵図が作成されているからである。次に，1813年の市場争論は高見世という特定の売場をめぐり，その特権的な差配権を主張する 4 名と，それを否定する組頭とが争った。この争論は内済で決着し，後証として立会絵図が作成された。立会絵図には決定事項が示され，双方で大切に保管されたほか，審理を担当した旗本役所にも提出された。

　これらの絵図の作成契機となった争論は，在方町の拡大発展を要因とする境界問題や，町内での商業活動をめぐる争いであった。それらは，すぐれて都市的な問題といえる。そのことを反映して，在方町小川をめぐる争論絵図は，いずれも町並を骨格として描かれる。一方で，小川・大塚間の境界争論は，形式的には両村の土地の帰属をめぐる争いであり，その点では近世の在地社会で広くみられる境界争論と共通性が高い。また，市場争論についても，都市的な問題でありながら小川村の問題として処理された。これは，行政的に村として支配される在方町の特質ゆえである。

　また，小川村では領主提出用の村絵図が，近世を通じて何度か作成された。村絵図には村全体が描かれ，在方町はその一部を構成するに過ぎない。これらの絵図は，在方町の都市としての実態よりも，小川村という行政単位が前面にでる点で争論絵図と異なる。

　以上，小川では在方町の特色を反映して，都市的な問題に伴う絵図や，村方としての支配形態が前面にでる絵図がともに確認できた。最後に，このような在方町の絵図作成の特色について，直轄都市・城下町や村方と比較しつ

Ⅵ. 近世在方町における絵図作成の特色

つ，若干の展望を記して結びとしたい（表Ⅵ-2）。

まず，直轄都市・城下町で作成された手描き図は，都市景観が描かれる点で在方町の絵図と同様である。しかし，在方町の絵図とは異なり，村絵図的な要素はみられない。これらの町が行政的にも都市として支配されたからである。深井（2004）の検討した越中氷見町のような，町奉行支配に準じる町場も，絵図作成の観点からは，直轄都市・城下町の範疇に含めてよいであろう。次に，村方で作成された絵図は，村落景観が描かれる点で城下町とも在方町とも異なる。そのなかで，在方町で作成された絵図が村絵図に通じる機能を有したのは，在方町が行政的に村であったためである。逆にいえば，在方町の絵図は，支配形態に起因する村絵図的な機能において直轄都市・城下町の絵図と異なる。一方で，都市景観が描かれる点は，村方で作成された絵図との相違点といえよう。つまり，都市景観の描写と村絵図的な機能とを併せ持つことが，在方町の絵図の特色と考えられる。

なお，争論が在方町における絵図作成の契機として重要であったことは確かであるが，その割合が極端に高いのは在方町小川の個性とも思われる。それを踏まえると，今後，事例研究を積み重ねることで，小川の事例を相対化していく必要性が指摘できる。本章では明確に示せなかった在方町絵図の細分類も，事例研究の蓄積を通じて構築可能になると考える。この問題は，筆者の今後の課題としたい。

注
1) 以下では，手描き図を指す場合に「絵図」，板行図も含めた古地図類全般を指す場合には「地図」の語を用いる。
2) たとえば，鳴海（2006）は大坂図の整理を行うなかで，都市図の体系的な議論を行うためにその範疇を定義する必要があると指摘する。
3) 江戸時代，町として支配されたのは三都をはじめとする城下町で，それ以外の多くの町場は，たとえ都市的な場でも村として支配された。在方町とは，そうした町場の総称である（渡辺 1999）。
4) たとえば，八木（1982），氷見市史編さん委員会（2004），鹿沼市史編さん委員会（2005）などが挙げられる。なお，礒永（2008）は自治体史における絵図研

第 2 部　市町における定期市の出店形態

　　　　　究について，全国的な動向を検討している。
　5）　深井（2004）は町奉行支配に準じる町方と，それ以外の在方町とでは，町並
　　　絵図が異なる呼称を呈したことを指摘する。支配形態の違いを踏まえると，両者
　　　は呼称の違いに留まらず，作成の契機や目的が異なる可能性も考えられよう。
　6）　矢守（1974）や木村（1979）をはじめ，先行研究は非常に多いが，近年の代
　　　表的な成果として，飯田・俵（1988），杉本（1999），宮原（2003）などが挙げら
　　　れる。
　7）　在方町小川の絵図に関しても，文化期の村絵図・市場争論絵図を分析した成
　　　果がみられる（岡村 2000, 鯨井 2003）。しかし，それらは町場の景観を絵図か
　　　ら読み解くことに主眼があり，在方町小川の近世絵図を包括的に検討しようとす
　　　る本章とは視点が異なる。
　8）　これら以外に，年次不詳の麁絵図も数点が存在する。しかし，それらは江戸
　　　時代の作成と断定できず，作成目的等の位置づけも困難であるため，Ⅵでは取り
　　　上げなかった。
　9）　これらの分類は，大国（1995），鳴海（2007）などを参考にした。
　10）　笠間家文書21。小川町（2001：58-60）に所載。
　11）　本図を家並絵図と位置づける小川町（1998：138）にあっても，境石の描写自
　　　体は指摘されている。
　12）　笠間家文書19。小川町（2001：54-58）に所載。
　13）　なお，【史料Ⅵ-2】には，引用した議定と絵図との前に境石設置等の入用負
　　　担について詳細に規定した別の議定も収められる。
　14）　本図の記載人名が屋敷主であることは，屋敷主と店借の両方を記載する「小
　　　川村市出入内済立会絵図」との比較によって判明する。
　15）　東京大学法学部法制史資料室所蔵　武州比企郡大塚村文書第一輯126。小川町
　　　（2001：60-61）に所載。
　16）　笠間家文書22。小川町（2001：61-63）に所載。
　17）　大塚家文書29。小川町（2001：64-65）。なお，本史料は大塚（1939）によっ
　　　て早くに紹介されている。
　18）　東京大学法学部法制史資料室所蔵　続武州比企郡大塚村書類訴訟下　甲2-1200。
　　　小川町（2001：113-122）所載。以下，「高廰一件留」と略記。
　19）　「高廰一件留」。
　20）　「高廰一件留」。
　21）　「高廰一件留」。
　22）　岡村（2000）や鯨井（2003）は，「小川村市出入内済立会絵図」から，高見世
　　　を通り中央に置かれる市見世と理解した。しかし，両氏にあっては，【史料
　　　Ⅵ-7】や【史料Ⅵ-8】において，高見世の出店場所が前庭や軒下とされる矛盾
　　　点への考慮がみられない。

Ⅵ. 近世在方町における絵図作成の特色

23) 1789年の小川・大塚の市場争論における済口証文に,「四郎右衛門義は一統連印も仕らず候,かつ前々より市の中見世賃も取り来たり候家柄にもこれ有り候」という一節がある。東京大学法学部法制史資料室所蔵 続武州比企郡大塚村書類。小川町（2001：103-104）所載。四郎右衛門は文化期の市場争論で,高見世の特権的な差配権を主張した4名の1人であるが,中見世に対する利権も同様に掌握していた。ただし,このような特定権利者に帰属する中見世差配は必ずしも一般的ではなく,庭見世と同様に個々の屋敷主が差配する例や,個別町単位で共同差配する例など町ごとに多様性がみられる。
24) 畑請屋敷は凡例として示されないが,「小川村市出入内済立会絵図」において,屋根形に彩色を伴わない屋敷として町屋敷・屋敷との判別が可能である。
25) 本図には大塚村地内に連続する町並も描写されるが,彩色は伴わない。

Ⅶ. 近世の定期市における高見世の存在形態
——19世紀初頭の武州小川を中心に——

1．はじめに

　Ⅶでは，19世紀初頭の武州小川町をめぐる市場争論史料の再検討を通して，市見世の一形態である高見世の位置づけを探りたい[1]。近年の市場景観研究において，高見世に最初に注目したのは歴史地理学の岡村（1994a）と思われる。岡村は，1990年代の論考において，高見世が通りの中央に置かれたことを繰り返し述べ，また，高見世への商人差配の主体について中見世との共通性を主張した（岡村 1994a, 1997, 1999）。その証拠として，岡村（2000）は，高見世が通り中央に描かれる1813年（文化10）の武州小川の市場争論絵図を取り上げ，「『高見世』についてはまだはっきりしない点がある」が，「基本的には『中見世』と同義的に用いられていたと思われる」とし，高見世の商人差配の主体も市頭であると明記した。市頭とは，市見世差配に関して特権を有する特定の町場住人を指す。このように，岡村（2000）の高見世の位置づけをめぐっては，19世紀初頭の武州小川の事例が重要な根拠となっていることが指摘できよう。

　また，近世史の杉森（1996）も，岡村（2000）と同時期に武州小川の高見世を取り上げた。杉森（1996）は，売場の所有，売場の空間構造を重視する市場社会論の視角を定期市町に導入するなかで，市見世の存在形態に注目した[2]。杉森（1996）はそこで武州小川の事例を取り上げ，「『居宅前庭』に据える『高廛』＝『市店』が売買の場としての単位で，『高廛附之商ひ物』に対応する商人をそこに引き付けることになっており，例えば肴商人・塩商人が来る場はそれぞれ魚場・塩場と呼ばれた。高廛とは長さ一間程・幅五尺

Ⅶ. 近世の定期市における高見世の存在形態

程・高さ一尺一～二寸の板縁台で，屋敷所持者はそれを商人に貸して『廛賃』を得ていた」と述べた。高見世が居宅前庭に置かれ，屋敷所持者がそれを差配したというのである。これは，高見世が通り中央に置かれ，市頭が商人差配を行ったとする岡村（2000）と，真っ向から対立する見解といえよう。

このように，岡村（2000）と杉森（1996）は，武州小川という同じ事例を最大の根拠としながら，高見世に関して大きく異なる見解を導くに至った。本章では，両論を再検討することでその原因を明らかにしたい。なお，杉森（1996）のいう前庭とは，市見世を設置するため町通りの両側に列状に形成された空間で，この地域の定期市町で広くみられる。これに対して，通り中央は「往還」，あるいは「中通」などと史料中に表れる[3]。

さて，岡村（1999，2000）や杉森（1996）を踏まえつつ，次に武州小川の高見世に注目したのは歴史地理学の鯨井（2003）である。鯨井（2003）は，小川六斎市の高見世が通り中央に置かれ，市頭がそれを差配したと論じた。これは，岡村（1999，2000）と共通する理解といえる。また，鯨井（2000）は縁台を用いた高見世が，商業スペースとしてそれ以外の売場よりも優位であったとし，客寄せ・目玉的な商品がそこで取引されたと推察する。これは，高見世での取引商品に言及する点で興味深い考察ではあるが，その根拠は示されていない。本章では，高見世での取引商品についても史料に即して再検討を行いたい。

なお，杉森（1996）は，杉森（2006）所収時に，高見世の差配主体を屋敷主とする記述を削除するとともに，高見世について補説を付している。そこでは，六斎市の開設に尽力した者の子孫4名がその差配にあたったと見解が修正され，高見世の設置場所に関しても，居宅前庭を基調としつつ，往還に置かれる場合があったことも述べる。これらの修正は，近年の歴史地理学の成果を念頭に置いたものと思われる。さらに，杉森（2006）は岡村（2000）や鯨井（2003）などを参照しつつ，高見世の特質に関する見解が相互に異なっていることを指摘する。ただし，見解の相違とは具体的にどのようなも

第2部　市町における定期市の出店形態

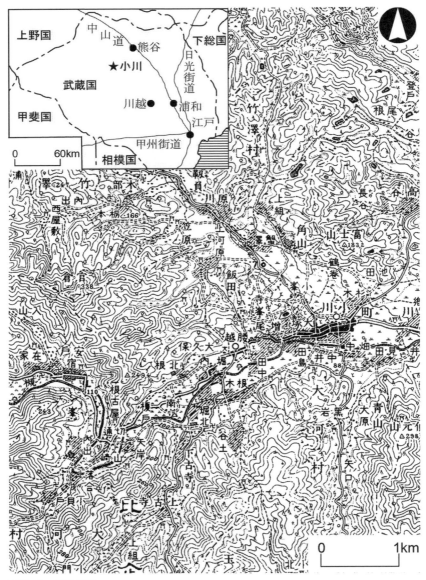

図Ⅶ-1　対象地域
1907年測図　1：5万地形図　「寄居」「熊谷」

Ⅶ. 近世の定期市における高見世の存在形態

のかは説明されておらず，杉森（2006）の補説も含め，改めて議論を整理する必要があると考える[4]。

以上を念頭に，本章では高見世をめぐる見解の隔たりの原因とともに，高見世の実態を改めて考察する。その際，先行研究における高見世理解の根拠となった，1813年の武州小川の市場争論史料に改めて注目する。なお，小川は秩父盆地東麓に位置し，槻川（荒川水系）の左岸に形成された谷口集落である（図Ⅶ-1）。当該期の小川は旗本大嶋氏の知行で，争論の審理も旗本役所で行われた。

2．高見世に関する見解相違の原因

1節では，高見世をめぐる近年の研究史を振り返り，近世史学（杉森1996）と歴史地理学（岡村 1999，2000，鯨井 2003）との間の見解の隔たりを指摘した。2節ではその原因について，これらの先行研究が用いた史料の構造に立ち返って検討を加えたい。1813年の武州小川における市場争論史料は，「高鄽一件留」という綴られた状態で伝わり，訴状・返答書・済口証文がそこに収められる[5]。そして，それらとは別に，岡村（2000）や鯨井（2003）が用いた「小川村市出入内済立会絵図」が存在する。この絵図は，高見世の描写を特徴とし，1813年という年記からも，本争論と関係して作成されたとみなされる。

このような史料の構造を踏まえて，先行研究が挙げた典拠をみると，いずれも偏った部分しか参照していないことに気づく。まず，岡村（2000）は埼玉県（1990）所載の「小川村市場仕来出入済口証文」，および前述の市場争論絵図を参照している。しかし，埼玉県（1990）は「高鄽一件留」のうち済口証文しか掲載しておらず，そこで割愛された訴状や返答書を，岡村（2000）は参照していないことになる。一方で，杉森（1996）は上記見解の典拠を「高廛一件留」（ママ）の原本とする。原史料にあたることで，埼玉県（1990）

に所収されない訴状や返答書も参照しているといえよう。一方で，杉森（1996）は，岡村（2000）や鯨井（2003）が，高見世の性格をめぐる有力な根拠とした市場争論絵図を参照していない。本図が図録で紹介されたのは1998年であり（小川町 1998），杉森（1996）がこれを押さえるのは難しかったのであろう。

このように，杉森（1996）と岡村（2000）が1813年の武州小川を事例として大きく異なる高見世像を導いた背景として，それぞれ参照した史料に偏りがあったことが指摘できる。また，日本史学と歴史地理学とが，互いの成果を十分に参照してこなかったことも，この問題の原因といわざるを得ない。特に，歴史地理学の岡村（1999）や鯨井（2003）は，杉森（1996）を引用しているにも拘わらず，そこで示された高見世に関する見解には触れていない。杉森（1996）は脚注で高見世に言及しただけであるため，岡村（1999）や鯨井（2003）は敢えてそれを取り上げなかった可能性もある。しかし，武州小川における高見世の設置場所として，居宅前庭が基調であったという杉森（1996）の指摘は，後述するように相応の根拠を有し，看過してはならないと考える。こうした状況を念頭に，本章では絵図も含めた史料全体を通して，1813年の市場争論について再検討を行いたい。以下では，訴訟の経過や争点について跡づけつつ，具体的な考察に移る。

3．高見世一件出入の展開過程

（1）高見世をめぐる争点

本争論は，小川六斎市における高見世の独占的な差配権を主張する4名（四郎右衛門・八十五郎・和三郎・惣左衛門）と，それを否定する組頭親・弥兵衛との争いである。ここではまず，4名が旗本役所に提出した訴状から，訴訟に至る経緯を読み取りたい。

【史料Ⅶ-1】[6]

　　　乍恐以書付奉願上候
　　　　　御知行所
　　　　　　武州比企郡小川村
　　先規市場仕来　　　　町分百姓　四郎右衛門
　　差障出入　　　　　　　　　　（4名略）

　右願人惣代四郎右衛門・惣左衛門奉申上候，当村市之儀ハ往古私共先祖共重立御願申上，月六日之市相建初メ，則右四人之者共致世話，宿中ニ筵を敷諸商人差置，高見世と唱候場所江敷候筵其外入用之品貸遣し，少々宛見世賃私共四人ニ而取来，其外之者ともハ持分庭中支配之分面々割付諸商人差置来候，右ニ付唯今迄引続市繁昌仕候間，毎年正月六日初市ニハ，市神と申伝候村内天王之神前ニ而私共四人罷出神事興行仕来候，尤寛文年中市場上・中・下三ヶ所ニ相定り，年々十一月中火之番組合改候砌市場定式之外商人差置申間敷，其上是迄仕来之外見世賃取申間敷趣村役人方江村内連印取置候旧例ニ而，私共先祖市取立候者故往古より前書之通高見世と唱候場所より見世賃無故障取来候処，去申十一月晦日相手弥兵衛儀四郎右衛門方江罷越相断候ハ，其許高見世足袋商人之儀ハ明朔日より差置候儀難相成旨申之候ニ付，其砌御願可申上と奉存候処，隣家之者立入彼是仕候内余日も無之当春ニ相成，尚又扱人立入及懸合候処，弥以弥兵衛我意我儘申募取敢不申，四郎右衛門儀ハ近年他所より聟養子参候ニ付，市場之訳柄等も不存儀と見掠差押候様奉存，右体之儀ニ而ハ私共一同之差障ニ相成候ニ付，再応弥兵衛方江及懸合候処，我意申張候候得共，既ニ享保年中，上下市場出入有之候節訴答より市場仕来書・絵図面等差上ケ，御吟味之上仕来定式通御裁許被　仰付，尚又其後出入候儀も有之候得共仕来通可相守筈ニて内済仕，是迄旧来私共四人ニ而高見世賃取来先規仕来ニ而相治候所，今更弥兵衛儀高見世江差障候ハ我儘増長致し巧有之候儀と奉存，前書之通往古より仕来相破候而ハ行々市場一統之乱と相成可申と奉存，殊更右を見習不依何事ニ先規仕来

201

相破候様成行候而は，此末村内相治申間敷と奉存，右始末私共甚難儀至極仕候間，何卒以　御慈悲相手弥兵衛被召出御吟味之上，先年御裁許又は及出入候節之証拠物等逸々御糺明被成下，先年より仕来之見世場江不差障都而是迄仕来通被　仰付，市場無故障村内静謐に相治百姓永続相成候様奉願上候，尚又委細之儀は御尋之砌乍恐口上ニ而可申上候，以上

　　　　　　　　　　　　　　　　　　　　御知行所
　　　　　　　　　　　　　　　　　武州比企郡小川村町分
文化十酉年三月　　　　　　　　　　　百姓　四郎右衛門
　　　御地頭所様　　　　　　　　　　　　　　（3名略）
　　　御役人中様

　【史料Ⅶ-1】の冒頭において，訴訟人の4名は，自らの先祖が「往古」に「月六日之市相建初メ」たとし，その由緒から「高見世と唱候場所」へ敷くための筵やその他必要なものを貸し，少々の見世賃を取ってきたと述べる。つまり，彼らの先祖が小川六斎市の開設に尽力した由緒をもって，高見世の差配権を特権的に認められてきたというのである。そして，本争論のきっかけは，相手方である組頭親・弥兵衛が，訴訟人の一人である四郎右衛門に対して，高見世足袋商人の差配を今後認めないと申し入れたことであるという。この弥兵衛の動きについて，訴訟人の4名は，他所から婿養子に入った四郎右衛門が，市場のことをよく知らないと見越し，従来の利権を奪おうとしたものと非難する。そして，相手方の証拠物等も吟味の上で，仕来り通りに，4名の高見世差配が継続できるよう求めた。

　この訴状に対し，相手方の弥兵衛は直ちに返答書を作成し，旗本役所に提出した。そこでは，訴訟人4名の由緒が虚偽であることが説明された。まず，四郎右衛門の先祖は1666年（寛文6）の検地帳において，村末に屋敷を名請されているに過ぎないとする。次に，八十五郎の先祖は，現在の要助先祖から分家したと述べる。要助先祖は名主を務めてきたが，あるときに幼年のために役儀を八十五郎先祖に譲り，八十五郎家はそのまま役儀を引き継い

でいるという。また，和三郎先祖は従来，役儀を務めることはなかったが，その分家の者たちが役儀を務めると，彼らの本家と唱えて権益を主張するようになった。そして，その分家の一つが惣左衛門であるという。このように，弥兵衛は訴訟人4名がいずれも新興の家柄であることを説明し，彼らの先祖が市場を取り立てたという由緒は偽りであると主張した。それを踏まえ，弥兵衛は高見世をめぐる主張へと論を移す。

【史料Ⅶ-2】[7]

（前略）且訴訟方四人之もの共高見世と唱候ハ，長壱間程・幅五尺計・高壱尺壱弐寸位之板縁台を拵，銘々居宅前庭江据置商人江貸し廓賃を取候儀ニ而銘々居宅前限りに御座候処，高廓借り之商人増長いたし候ニ随ひ，外之見世借り商人之少キ所明間等江右之縁台を据，彼等共先祖中興役威権柄張其居住人共を押掠，廓賃を貪り取候而も誰壱人差留滞等申ものも無之程之儀ニ而，全く権威を以押領いたし候儀に有之，別段高廓と申候而余人之居宅前往来筋等江縁台を据，廓賃取候と申定メ御座候由之儀当村におゐて曾而及承不申儀ニ御座候，殊更足袋商人之儀は古来無之商人ニ而近来多く相成，土間に莚を敷候計ニ而は足袋土埃に悉く汚れ候間，高廓を借り請候様相成候得共，古来高廓附之商ひ物ニハ無之近年之新商人物に相違無御座候，勿論彼等共より見世借り商人割付候抔申儀一切無之儀ニ而，銘々働を以廓借り商人引附候儀ニ有之，不働之ものは廓借り商人薄く相成候故，右之明キ所へ江高廓を押広候而自然と仕来之様ニ押領いたし，廓賃を私欲ニ掠取候儀ニ而曾而余人之居宅前往来等江高廓を張候而廓賃を貪取候と申由緒訳柄等曾而無之，全く権威を以押領いたし来候儀ニ御座候，然処私居宅前庭之儀は肴場・塩場に御座候得共，近来塩売は参り不申肴商人計ニ而，軒下江台を据，足袋商ひ之高廓を張候間，私宅前之庭至而手狭ニ相成候を往還ニ被致人馬行違ひ乗違ひ候に付，魚見世・足袋見世江行当り乗懸ケ抔仕候而引崩し，双方ニ度々口論・怪我等も有之（後略）

第 2 部　市町における定期市の出店形態

　【史料Ⅶ-2】では，高見世の形状について説明した冒頭の内容がまず注目される。そこでは，「4名が高見世と称するのは，長さ1間ほど・幅5尺ほど・高さ1尺1～2寸の板縁台を銘々の居宅前庭に拵えて，それを商人に貸すもの」とされる。これは，杉森（1996）が引用した内容に対応するが[17]，【史料Ⅶ-2】は埼玉県（1990）には所収されていない。つまり，高見世の設置場所を居宅前庭とする杉森（1996）の理解の根拠を，岡村（1999，2000）は参照していないのである。小川ではこの時期，高見世を借りる商人が増加し，特に足袋商人の増加が顕著であった。そのなかで，訴訟人4名は，空きスペースにも縁台を拵えて商人差配を始めたという。その場所として，「余人の居宅前往来筋等」が挙げられ，4名の差配する高見世が他者の屋敷前庭や通り中央にも進出したことが窺える。

　次に，弥兵衛は自らの居宅前庭の状況を述べる。それまで，弥兵衛は自らの居宅前庭を肴場・塩場として，肴商人や塩商人を差配してきたが，近年塩売りは来なくなり，その場所が空いたという。そのなかで，「軒下江台を据，足袋商ひ之高見世を張」るので，居宅前庭が至って手狭になってしまったとする。そして弥兵衛は，これらの主張を踏まえ，古来の通り，4名が銘々の居屋敷前庭に限って高見世を張り，余人の居宅前庭の支障とならないようにすることが村の平穏につながると述べる。

　【史料Ⅶ-2】において，高見世とは縁台を用いた売場で，その設置場所は屋敷前庭が基調であったことが明示される。これは，上記のように杉森（1996）の高見世理解を裏づける内容といえる。ただし，杉森（1996）の見解のうち，個々の屋敷主が高見世の差配を行ったとする部分は再検討の余地があるように思われる。杉森（1996）が高見世の差配主体をこのように捉えた理由として，「訴訟方四人之もの共高見世と唱候ハ，（中略）銘々居宅前庭江据置商人江貸し鄽賃を取候」という【史料Ⅶ-2】の冒頭部分の解釈の問題が指摘できる。杉森が個々の屋敷主を高見世差配の主体と想定したのは，ここでの「銘々」を「居宅前庭を定期市の売場として供する者」と捉えたためと思われる。

しかし，この「銘々」は，前庭を有するすべての屋敷主を意味せず，むしろ訴訟人4名を端的に指すと筆者は考える。杉森（1996）のいうように，個々の屋敷主が前庭に高見世差配を行ったなら，弥兵衛は自らの居宅前庭の高見世を自主的に管理できたはずであり，そもそも，小川町内で高見世の設置場所が不足することもなかったであろう。この点については，杉森（2006）において見解が修正されており，本争論以前の小川で，訴訟人4名が高見世の差配権を独占する状況があったという点に関しては，共通理解が得られつつあるように思われる。

（2）争論の決着と高見世の規定

以上の申し立てをうけて，旗本役人による吟味が行われたところ，訴訟人4名が自らの主張を裏づける証拠を有さないことが明らかになった。そのため，旗本役人は，4名の高見世差配を銘々の居宅前庭に限定することを指示した。これを踏まえて，改めて当事者間で協議が行われた結果，内済が成立した。次の史料は，その際に旗本役所に提出された済口証文である。

【史料Ⅶ-3】（下線は筆者による）[8]
　　　　奉差上済口証文之事
　　　　　　　　御知行所
　　　　　　　　武州比企郡小川村町分
　　　先規市場仕来滞出入　　願人　百姓　四郎右衛門
　　　　　　　　　　　　　　　（5名略）

右訴訟人四郎右衛門・惣左衛門奉申上候ハ，当村市場往古右四人之者先祖共重立致世話，宿中江筵を敷諸商人差置，高見世と唱候場所江敷候筵其外入用之品貸遣し，少々宛之見世賃右四人之者取来，其外之者ハ持分庭中支配之分面々割附諸商人差置来候由ニ而，毎年正月六日初市ニハ市神天王之神前にて右四人之者ニ而神事興行いたし，是迄無故障高見世賃

第2部　市町における定期市の出店形態

取来候由申之，相手弥兵衛申上候は，右訴訟方四人之者先祖共市場取立候抔と申儀は一切無御座，其上市見世割付候儀并正月初市天王神事興行致候抔と申儀は跡形も無之，往古自然と市場ニ相成，銘々見世先は持分限貸付候処，中通江右四人之者とも高見世と唱板縁台を据商人ニ貸し，見世賃を取候儀差障難儀にも相成候得共，誰壱人差留候者も無之押領いたし来，且足袋商人之儀は古来無之近来多く相成，往来之差障ニ相成候ニ付返答書を以奉請御吟味候処，扱人立入双方江聢と遂懸合，異見差加へ熟談内済仕候趣意左ニ奉申上候

右扱人立入双方江遂懸合候処，一体足袋見世之場所は諸見世込合候ニ付，是まて高見世と唱申候場所江足袋見世を割込，^{a)}上町分ハ与兵衛請当時四郎右衛門・新右衛門請当時清左衛門前庭より彦左衛門請当時茂助南・当時亦八前庭迄，下町分ハ嘉兵衛請当時庄左衛門・九郎兵衛請当時平吉持前庭より次左衛門請当時平吉・権右衛門請当時清右衛門前庭迄此度高見世場ニ相定，見世割一行ニいたし，上町分ハ小間物見世より打初，其次足袋見世，其次時々之商見世を打，下町中市之日は庄左衛門・平吉持前庭小間物見世より打初，下市之日は平兵衛請八十五郎・伊右衛門請当時要助前庭小間物見世より打始，足袋見世之儀は重郎右衛門請当時源次郎持・次右衛門請当時仲右衛門前庭より平吉・清右衛門前庭迄ニ相定，尤高見世定場所ニ居余り候分ハ上・中・下市々之場所江散見世相対かしニ致筵銭面々取之可申候，訴訟方是迄取来候高見世賃謂れ有之候哉之趣厳敷奉請御吟味候処，扱人御願下ケいたし小前連印面々取致度，今般別訴可奉差上候処尚又扱人貰請，高見世賃六斎取集之節は百姓惣代壱人立会致取集，惣上り高内五分は訴訟方四人之者取之，高見世之儀は是迄通可致世話筈，残五分は積銭にいたし置，高見世市場滞臨時入用之手当，勿論高見世諸道具入用は訴訟方四人之者より五分，積銭より五分差出可申候，積銭之儀は村役人の調へを請，身元慥成者より家質証人取之預ケ置可申候，右之外見世割之儀は享保弐拾年定通相用ひ可申候，且又天王宮ハ市神之事ニ候得は，正月六日神酒備之節は町中一統村役人之

差図を請可申候，尚又^{b)}市場見世割等別紙絵図面ニ仕立，　御地頭所様江奉差上并訴答所持可仕候，尤滞中双方憤り之儀は噯人貰ひ請，曽而申分無之熟談内済仕，偏　御威光と難有仕合ニ奉存候，然上は訴答ハ勿論小前一同右一ヶ条に付以来毛頭御願筋決而無御座候，依之済口証文奉差上候処如件

御知行所
比企郡小川村町分

文化十年酉六月　　　　　　　　　　　願人　百姓　四郎右衛門
　　御地頭所様　　　　　　　　　　　　　　　　　（12名略）
　　御役人中様

　【史料Ⅶ-3】のなかで，高見世の設置場所について詳細に規定した下線部a）は注目される。そこでは，「上町分ハ与兵衛請当時四郎右衛門・新右衛門請当時清左衛門前庭より彦左衛門請当時茂助南・当時亦八前庭迄」など，その範囲が「○○前庭」と明記される。高見世の設置場所は，1813年以降も屋敷前庭が基調であったといえよう。また，下線部b）からは，市場見世割等を示す絵図が別途作成され，旗本役所に提出されたことが知られる。
　「小川村市出入内済立会絵図」と題される図Ⅶ-2は，それに該当する絵図である。本図には宛先が記されないが，高見世の設置場所を中心に描く表現内容，および1813年6月という年記において，本争論に関係することは疑いない。さらに，その表題から内済時に作成されたことが明らかである。既述のように，本図は岡村（2000）や鯨井（2003）が，高見世の設置場所を通り中央とする最大の根拠となった。それは，本図において高見世が通り中央に帯状に表現されるからである。
　ただし，両者とも，【史料Ⅶ-2】や【史料Ⅶ-3】において高見世の設置場所が前庭とされ，本図の表現内容と一致しない点は問題にしていない。小川における高見世の設置場所を理解するためには，このような文献史料と絵図との齟齬を認識した上で，両者を整合的に解釈することが必要であろう。

第2部　市町における定期市の出店形態

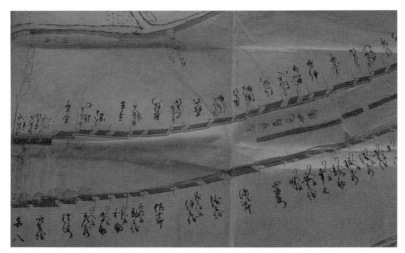

図Ⅶ-2　小川村市出入内済立会絵図（部分）
笠間家文書622，2004年9月27日に筆者撮影

　図Ⅶ-2で屋敷前に列状に表現される「庇」は，この問題を考える際に示唆的であると考える。それぞれの家屋の一構造物に過ぎない庇が，なぜ本図において特別な凡例をもって描かれるのであろうか。この庇について，岡村（2000）は江戸の庇下空間についての玉井（1986）を引き，「『庭』と同義的に解釈することがここでは妥当であろう」とする。しかし，高見世をめぐる争論の証拠図としての，本図の作成目的を考えると，この庇は高見世の設置場所と関係して描かれたのではないか。この考えを裏づける根拠として，【史料Ⅶ-2】における「私居宅前庭之儀は肴場・塩場に御座候得共，近来塩売は参り不申肴商人計ニ而，軒下江台を据，足袋商ひ之高廊を張候間，私宅前之庭至而手狭ニ相成候」という一節が挙げられる。ここから，弥兵衛の居宅前庭に進出した高見世が，前庭のなかでも特に軒下という空間に設置されたことが知られる。図Ⅶ-2の庇は，こうした高見世の設置場所としての軒下を示すものと考える。
　それでは，図Ⅶ-2で高見世が通り中央に描かれる理由は，どのように説

Ⅶ. 近世の定期市における高見世の存在形態

明できるのであろうか。これについて，筆者は2つの可能性があると考える。一つは，通り中央に描かれた高見世は東西の範囲を示すに過ぎず，実際の設置場所は通り両側の居宅前庭（特に庇下）であったという可能性である。通り中央の高見世が本図において貼紙で示され，必要に応じて付け替えが可能であることも，この考えを裏づける傍証である。もう一つは，通り中央にも高見世が設置された可能性である。19世紀初頭の小川では，4名の差配する高見世が通り中央にも進出したことが記され，高見世が通り中央にも設置される実態があった。このことを踏まえると，たとえ【史料Ⅶ-3】で通り中央への出店が規定されていなくても，実質としてそれが続いた可能性もあろう。ただし，その場合でも，高見世が屋敷前庭（庇下）を中心に設置されたことに変わりはないと考える。

　なお，【史料Ⅶ-3】では高見世の差配について，それまで通り訴訟人4名が世話をする一方で，百姓惣代が高見世賃を収集し，4名はその半分を受取ることが規定される。そして，もう半分は臨時入用に備えて町内で積立てられることになった。鯨井（2003）はこのことに注目し，訴訟人4名が掌握していた高見世の権利が，町全体に開放されたことを指摘した。これは，市見世としての高見世の性格を考える際にも示唆的であると考える。先行研究において，市見世の性格づけは設置場所と差配主体の二点を主として行われてきた。そのなかで，小川の高見世差配権は，1813年（文化10）の市場争論以前，4名の権利者が独占する状況であったと考えられる。そして，争論を経て高見世の権利が町内に開放されたのちも，高見世という市見世呼称に変化はみられない。つまり，高見世という呼称は，差配主体の如何に関わらず用いられ得たのである。

　以上，3節では1813年の市場争論について史料を再検討し，高見世の位置づけを探った。4節では，小川における高見世のあり方がどのように一般化できるのか，他の定期市の事例も取り上げつつさらに検討を進めたい。

4．武州小川の事例から導ける高見世像

　ここまでの検討から，小川では19世紀初頭の市場争論以前，4名の権利者が高見世の差配権を集中的に掌握し，その設置場所は屋敷前庭が基調であったことを示し得たと考える。これは，先行研究に照らすと，差配主体は岡村（1999，2000）と鯨井（2003），設置場所は杉森（1996）の主張に通じる理解といえる。ただし，岡村（1999，2000）と鯨井（2003）において，4名の権利者を市頭と位置づける点は，再検討の余地があると考える。市頭とは，六斎市の開設にまつわる由緒などにより，他の町場住人と比べて特権的な商人差配権を有する存在である（岡村1999）。岡村（1999，2000）や鯨井（2003）が4名を市頭と捉える根拠は，1813年の市場争論において，彼らが市頭的な由緒を主張したことに求められる。しかし，相手方の弥兵衛は4名の主張する由緒が虚偽であると主張し，旗本役所での吟味の際も，4名が自らの由緒に関する証拠物を有さないことが指摘された。つまり，4名が本当に市頭的な由緒を有したかは不明といわざるを得ず，弥兵衛が主張したように虚偽の由緒である可能性も小さくないのである。

　それでは，高見世の差配権とは，本来どのようなものであったのか。それを窺わせる史料として，小川の隣接市町である寄居における，1631年（寛永8）の「市場割定之帳」が挙げられる。これは，近世前期の寄居六斎市における見世割の規定で，売場の設置形態や取扱商品を示す貴重な史料として先行研究でも注目されてきた[9]。

【史料Ⅶ-4】（下線は筆者による）[10]
　　　（前略）

　　　　　定北上町

Ⅶ. 近世の定期市における高見世の存在形態

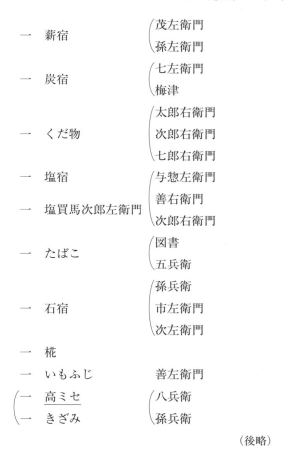

（後略）

　【史料Ⅶ-4】は，市日の取引品目と屋敷主との対応関係を示したもので，個別町ごとに北側・南側の別に記載される。寄居町は上町・中町・下町に分かれており，ここで引用したのは上町の北側町並の部分である。当時の寄居に前庭の空間が成立していたかは不詳であるが，本史料の記載様式から，市見世は通り両側の屋敷前に設置されたことが想定される。また，市見世の差配に関しては，【史料Ⅶ-4】に表れる屋敷主が銘々の屋敷前に商人差配を行ったと考えられる。なお，本史料に記載される商品名は，屋敷主自身が売

211

買する商品を意味するのではなく，個々の屋敷主が差配する商人の営業品目を示す。たとえば，薪宿を有する茂左衛門と孫左衛門は，市日において薪商人を差配することができた。このような，屋敷と対応して設置される売場は，先行研究において「座」，あるいは「居座」などと呼ばれるものである[11]。

【史料Ⅶ-4】では，それらの商品名に混ざる形で「高ミセ」が表れることが注目される[12]。引用箇所では八兵衛・孫兵衛の2名が高見世の差配主体として現れ，彼らは自らの屋敷前に高見世商人の差配を行ったとみなされる。このような，特定人物による高見世差配は，争論以前の小川における高見世と同様である。ただし，それは市頭的な由緒をもって，他の町場住人に卓越するような差配権ではなかった。むしろ，商品別の商人差配権が屋敷ごとに割り振られるなかで，その一つとして高見世が現れるのである。

このことは，小川の高見世を考察する際にも示唆的であると考える。【史料Ⅶ-2】を振り返ると，相手方の弥兵衛は，4名の差配する高見世が従来，それぞれの屋敷前庭に限って設置されたことを主張した。これが事実ならば，小川の高見世も，本来の存在形態は寛永期の寄居に類似するものであったと捉えられる。小川でも，屋敷主が前庭に差配する商人は，商品ごとに決まっていた。たとえば，【史料Ⅶ-2】をみると，弥兵衛の居宅前庭は肴場・塩場であり，肴商人・塩商人がそこに差配された。4名が居宅前庭に差配する高見世も，本来的には弥兵衛が差配を行う肴場・塩場と同質のものであった可能性が指摘できよう。

なお，【史料Ⅶ-4】で高見世が商品名と並列的に表れることから，1631年（寛永8）の寄居では，高見世が特定の商品と結びつく売場であったことが明らかである。高見世の取引商品の特色は，縁台を利用する売場特性と関連するように思われる。高見世で取引される商品について，【史料Ⅶ-2】では「殊更足袋商人之儀ハ古来無之商人ニ而近来多ク相成，土間ニ莚ヲ敷候計ニ而ハ足袋土埃ニ悉ク汚れ候間，高鄽ヲ借リ請候様相成候」という一節がみられる。ここでは，足袋商人が高見世を好んで利用したことが記されるとともに，その理由として，土埃で汚れることを嫌う足袋の商品特性が指摘され

Ⅶ. 近世の定期市における高見世の存在形態

る。既述のように，鯨井（2003）は高見世での取引商品を「客寄せ・目玉的な商品」と推定した。しかし，実際に高見世を利用したのは，足袋のような土埃を嫌う商品が中心であったのではないか。また，3節でみたように，19世紀初頭の小川において，4名の差配する高見世は余人の居宅前庭のなかでも，特に軒下という空間を好んで設置された。

このことは，高見世での取引商品が，雨を避けられる場所を志向したことを窺わせる。土埃や雨を嫌う商品として，第一に想定されるのは足袋や織物などの繊維製品であろう。また，【史料Ⅶ-3】で，足袋とともに高見世を利用する商品とされる小間物にも，同様の商品特性が指摘できる。一方で，【史料Ⅶ-4】において高見世と区別される薪や炭，あるいは蔬菜・青果などは，多少の土埃がかかっても商品価値にそれほどの影響はない商品といえる。それらの商品は，筵や板を地面に敷いただけの簡易的な売場でも十分で，縁台を用いる必要性はそれほど高くなかったと考えられる。

5．小　括

Ⅶでは，近世定期市における高見世の存在形態について，19世紀初頭の武州小川の事例を中心に検討した。高見世とは縁台を用いた市見世の呼称で，19世紀初頭の小川では特定権利者がその差配権を独占する状況にあった。また，高見世の設置場所は屋敷前庭を基調としつつ，中通にも置かれることがあった。また，高見世は縁台を用いることで，土埃がかかりにくい利点を有した。足袋や小間物といった特定商品との密接な結びつきは，他の市見世とは異なる高見世の特徴といえる[13]。

また，隣接市町である寄居の1631（寛永8）年の史料では，商品ごとの売場が規定されるなかで「高ミセ」が現れる。そこでの高見世は，薪売場や青果売場などと並列的な関係にある。高見世が個々の商品と並列的に，座の一つとして設定され得たのは，特定商品と密接に結びつく売場特性ゆえのこと

であろう。すなわち，【史料Ⅶ-4】において，高見世の差配権を有する八兵衛・孫兵衛は，高見世を利用する商人を市日に差配できたが，その商人として，足袋などの特定品目を扱う者が想定できる。このような高見世のあり方は，小川の事例を考える際にも示唆的である。1813年（文化10）の市場争論のなかで，相手方の弥兵衛は，4名の差配する高見世が本来，彼らの屋敷前庭に限って設置されるものであったことを主張した。これが事実であれば，小川の高見世も，商品別の商人差配権が屋敷ごとに割り振られるなかで，その一つとして存在したことになる。その場合，1631年の寄居における高見世の存在形態とも近似的であることが指摘できよう。

注
1) 岡村（1994a）は，近世の市見世として，内見世・前見世・定見世・中見世・高見世の5つが通時的かつ広域的に確認できるとする。
2) 市場社会論の代表的な研究として吉田（2000）が挙げられる。
3) 先行研究において，このような定期市町の空間構造は，そこに設置される市見世の性格と密接に関係するものとして理解されている。たとえば，屋敷前に設置される前見世に比べて，通り中央に設置される中見世は町場住人の個別管理が及びにくい場であったなどの指摘がある（たとえば岡村1999，吉田2000）。
4) なお，小川町（2003）では，高見世は縁台を用いた売場で，往来の中央に置かれたとされる。また，訴訟人4名が高見世の特権的な差配権を主張したことも指摘される。このような町史の理解は，岡村（2000）や鯨井（2003）の主張と概ね共通する内容といえる。
5) 東京大学法学部法制史資料室所蔵「続武州比企郡大塚村書類訴訟下」甲2-1200（小川町2001）。以下，「高廊一件留」と略記。
6)「高廊一件留」。
7)「高廊一件留」。
8)「高廊一件留」。
9) この史料を取り上げた成果として，岡村（1994c）が挙げられる。
10) 岩田豊人家文書。埼玉県（1990）に所載。
11) 座（居座）の問題は，岡村（1999），吉田（2000），杉森（2006）などで大きく取り上げられている。
12) 同様の例として，伊藤（1967）が取り上げた1742年の甲州上野原の事例が挙げられる。そこでも，商品ごとの座の規定において高見世座が現れる。

Ⅶ. 近世の定期市における高見世の存在形態

13) 高見世以外の市見世に関しては，岡村（1999）が中見世の陳列商品について傾向を述べる程度で，ほとんど明らかにされていない。その要因として，特定商品との結びつきが高見世ほど顕著でないことが考えられるが，その検証は稿を改めて行いたい。

おわりに

　以上，本書では7章にわたって近世定期市に関する分析を進めてきた。一連の検討を通して導かれた知見について，序章で掲げた2つのテーマに沿って要約すると以下の通りである。

1．本書で得られた知見について

（1）市場網の成り立ちと変化

　第1部では，近世の関東地方において市場網がどのように形成・維持されていたのかを検討した。
　Ⅰでは，先行研究でも一定の利用がなされていた村明細帳に改めて注目することで，近世の市場網を広域的に把握し，その変遷を捉えることを試みた。その際，村明細帳の史料的特性を生かして，定期市と後背地との関係や，定期市の階層性の問題も議論した。分析を行うにあたっては，先行研究や市場争論における証拠資料としての活用事例などをもとに，村明細帳に現れる定期市関係記事の史料的性格について位置づけを行った。分析の結果，定期市の消長やそれに伴う市場網の変遷について一定の知見が得られた。たとえば，武州西部の入間・高麗地域では，18世紀から19世紀にかけて，低位の定期市が淘汰され，有力な定期市に一元化される方向で市場網再編が進行したことが分かった。また，平野部と山間地とでは，地形的条件の差から，定期市の分布やその商業圏の広さが異なることを示した。
　Ⅱでは，史料の乏しさから分析が遅れていた武州東部の平沼六斎市を取り

217

おわりに

上げ，村明細帳の分析を通して新たな知見を提示することを試みた。その結果，古利根川左岸の彦倉村や中曽根村が，18世紀前半の史料で平沼村における余剰米の売却を記録していること，および中曽根村では幕末期までそれが続いたことを確認できた。さらに，19世紀には，二郷半領に北接する松伏領の上赤岩村や川藤村，さらには平沼村から古利根川を挟んだ対岸に位置する埼玉郡柿木領の村々も平沼六斎市を利用していたことが分かった。これらは近世平沼六斎市に関する新たな知見であり，市町自体の直接の史料が乏しい事例に対しても，村明細帳を用いた分析が一定の有効性を持つことを示し得たと考える。

それでは，村明細帳の分析を通して導かれた近世武蔵国の市場網は，どのような仕組で維持され，あるいは変化したのであろうか。Ⅲでは，定期市の新設・再興をめぐる市場争論と，幕府による裁定内容をもとに，この問題を検討した。近世の新市規制は，幕府評定所による市場争論の裁定内容にも明確に窺える。そのなかで，新市実現への道は2通りあったと思われる。ひとつは，公儀に新市設立を出願し，近隣市町に影響しないと承認される場合である。もうひとつは，定期市開催の既成事実を経年的に積み重ねることである。無届の新市は，ひとたび近隣市町から訴えられれば差止めとなるが，差止要求がなければ，公儀が積極的に介入することもなかったとみられる。また，定期市の再興は新設に準じる行為であったが，市町の由緒を確認し，近隣市町に再興願を周知するなどの手続きを経て実現した例も確認できる。Ⅰでみたような近世武蔵国における定期市の新設や再興は，このような仕組みのなかで実現したものであった。

さて，近世定期市と農村との関係についてはⅠやⅡでも村明細帳をもとに分析したが，村明細帳は村々の概要を示す史料であり，実際にそこに暮らした個々の住人がどのように定期市を利用したのかまでは把握できない。Ⅳでは，農村住人の個人的記録である日記をもとに，この問題へのアプローチを試みた。分析材料は，武州多摩郡中藤村の指田藤詮による『指田日記』を中心とし，これと同時期に著された『公私日記』や『星野半右衛門日記』を比

1．本書で得られた知見について

較検討の素材として用いた。それにより，日記史料に色濃く反映される日記著者の個人的動向を可能な限り客観性をもって捉えられるよう努めた。

　これらの日記の著者は，いずれも所沢六斎市の交易圏内に居住したが，彼らの所沢六斎市への関与形態は，それぞれの属性を反映していた。指田藤詮は，77歳で没する直前まで片道2里程度の所沢六斎市に頻繁に出掛け，余剰作物・商品作物・武具・書物などを市日に取引していた。また，『公私日記』の著者（鈴木平九郎）は，豪農という属性から，最寄市町との間で大量の物資輸送を頻繁に行った。鈴木は自ら最寄市町に出掛けるのではなく，下男や日雇を派遣し，その移動や物資輸送には馬を利用した。鈴木の商業活動は市日以外にも行われ，その取引は常設店舗を中心としていたことが想定できる。『星野半右衛門日記』の著者は，所沢六斎市に出掛けたという記録はほとんどみられない。星野は，引又六斎市の商人差配を行い，宿の世話役を務める必要があったため，引又六斎市と市日が重なる所沢六斎市に出掛ける機会に乏しかったと考えられる。

　以上，第1部（Ⅰ～Ⅳ）では，17世紀以降の定期市について，定期市相互間あるいは定期市と農村との関係性に注目して検討した。

（2）市町における定期市の出店形態

　第2部（Ⅴ～Ⅶ）では，市町の形態や定期市の出店形態について検討した。市町で作成された絵図史料は，これらの問題を検討する際に有効な史料である。ⅤとⅥでは，そのような絵図史料の史料論的な位置づけを検討した。

　Ⅴでは，江戸時代の市場争論絵図について，争論内容との関係に注目する立場から検討した。まず，市場争論は市場間争論・市場外争論・市場内争論に大別できる。市場争論絵図は，市場間争論・市場外争論ではほとんどみられず，市場内争論で特徴的に作成された。そのため，対象地域で確認できた市場争論絵図は，大半が個別領主の審理した争論で作成された。また，旗本領や飛地領における市場争論絵図の作成は，領主による町場把握のあり方と

219

おわりに

関連する可能性も指摘できる。さらに，市場内争論のなかでも，市立街区争論のうち境界が問題になった場合，および売場争論において，絵図が作成されたことが明らかになった。市立街区争論における絵図では，市立街区の長さと境界の表現が重視され，市立街区の長さが実際に測定される場合もみられた。また，売場争論における絵図では，係争地となった売場の描写が特徴であり，係争地を中心とした市場内の狭い範囲のみが描かれる場合もあった。

Ⅵでは，市町で作成された絵図に注目する視点から，武州小川を事例として史料論的考察を行った。小川では在方町の特色を反映して，都市的な問題に伴う絵図や，村方としての支配形態が前面にでる絵図がともに確認できた。小川は関東の一本街村規模の在方町としては際立って多くの絵図が現存するが，そのほとんどは争論に際して作成された。

絵図の作成契機となった争論は，在方町の拡大発展を要因とする境界問題や，町内での商業活動をめぐる争いであり，すぐれて都市的な問題といえる。そのことを反映して，小川をめぐる争論絵図は，いずれも町並を骨格として描かれる。一方で，小川・大塚間の境界争論は，形式的には両村の土地の帰属をめぐる争いであり，その点では近世の在地社会で広くみられる境界争論と共通性が高い。また，市場争論についても，都市的な問題でありながら小川村の問題として処理された。これは，行政的に村として支配される在方町の特質ゆえである。また，小川村では領主提出用の村絵図が，近世を通じて何度か作成された。村絵図には村全体が描かれ，在方町はその一部を構成するに過ぎない。これらの絵図は，在方町の都市としての実態よりも，小川村という行政単位が前面にでる点で争論絵図と異なるものである。

ⅤとⅥにおける史料論的な位置づけを踏まえ，Ⅶでは市町を描いた絵図を用いつつ，定期市の出店形態について具体的な検討を行った。題材としたのは，19世紀初頭の武州小川における高見世である。

高見世は，当該期関東の定期市を特徴づける出店形態のひとつであった。高見世をめぐる1813年の市場争論を全面的に再検討しつつ，高見世の存在形態について考察した。高見世とは縁台を用いた市見世の呼称で，19世紀初頭

の小川では特定権利者がその差配権を独占する状況にあった。また，高見世の設置場所は屋敷前庭を基調としつつ，中通にも置かれることがあった。これは，高見世が前庭・中通など，特定の場所と結びついた市見世の呼称ではなかったことを意味する。また，本争論ののち，高見世の権利は町全体に開放されたが，差配主体が変化しても高見世という呼称に変化はなかった。このことは，高見世が差配主体の如何とは無関係の呼称であることを示す。つまり，高見世の本質は縁台を用いた売場という点にあり，中見世など他の市見世のように，設置場所や差配主体に基づく呼称ではなかった。また，高見世は縁台を用いることで，土埃がかかりにくい利点を有した。実際，小川では足袋や小間物といった商品が，土埃を避けるために高見世を志向したことが知られる。そして，足袋や小間物といった特定商品との密接な結びつきは，他の市見世とは異なる高見世の特徴といえる。

　本書では以上のように，近世の関東地方における定期市と市町に関して一定の知見が得られた。これらの成果は，本書の冒頭で述べた課題を踏まえて，どのように位置づけられるであろうか。次に，この点について考察したい。

2．本書の成果の考察

　定期市を時空間的なシステムとして捉え，それらがどのように存在し，変化していったのかを把握することは，地理学における重要な課題であり，早くから分析が進められてきた。序章で詳細に述べたように，1960年代には近世日本の定期市を対象として，この課題に取り組もうとする研究も盛んに行われた。しかし，その後は1960年代までの問題関心を引き継いだ近世定期市研究が進まなかったことで，近世の市場網がどのように存在し，変化していったのか，あるいは広域的な市場網がどのように管理されていたのかなど，近世定期市に関する基礎的な分析が積み残されたままとなっていた。序章でも述べたように，その要因のひとつとして，史料的制約が挙げられる。

おわりに

　たとえば，村明細帳が近世定期市研究に利用できる可能性は，1940年代の研究から指摘されており，実際にそれを用いた分析も進められていた。しかし，1960年代には史料整理が進んでおらず，村明細帳を大量かつ広域的に収集できる条件は整っていなかったため，局地的な分析に留まっていた。

　このように考えると，近世定期市の中心性や市場網のあり方を分析した1960年代の研究は，今日と比較して史料的制約が極めて大きいなかで進められたものといえる。本書の課題は，先行研究でも早い時期から盛んに議論されてきたことであり，その意味での目新しさはないかもしれない。しかし，1960年代の研究で重視されてきた論点に立ち返り，当該期の研究で十分に利用し得なかった史料に着目し，それらの活用方法を模索しつつ，新たな知見を提示したことに本書の新しさがあるのではないかと思う。

　そして，村明細帳や市場争論絵図，日記といった史料を本格的に用いようとする本書にあっては，それらの史料的な位置づけと，定期市研究への活用方法を整理することを，基本的な作業として重視した。たとえば，村明細帳は，序章でも述べたように，提出のたびに新しいものを調製するのではなく，前代の明細帳の写しで済まされる場合も少なくなかった（野村 1949：44）。また，村々の自己申告による書面であるため，裁判における証拠能力は低かった（宮原 2002）。しかし，このような史料的特性は，1960年代の近世定期市研究ではほとんど省みられることがなかったといってよい。当時は，村明細帳を分析の中心に据え得るほどの史料整理が進んでおらず，あくまで補助的な史料として利用されていたことが，その要因であると考えられる。しかし，村明細帳を本格的に用いようとしたとき，上記のような史料的特徴は当然問題となり，それを踏まえた上でどのように活用できるかを考えていく必要がある。

　本書では，村明細帳が証拠として採用された市場争論の事例なども参照しつつ，村明細帳に現れる定期市関係記事の性格について位置づけを試みた。村明細帳の自村定期市の記事は，市場争論で証拠として採用された事例が複数みられることから，ある程度正確に書かれたと考えられる。一方で，村明

2．本書の成果の考察

細帳の最寄定期市の記事は，前代の村明細帳を引き写した結果として，休止中の定期市が最寄定期市と記載されている事例も確認できた。最寄定期市の記事は，先行研究で不明な点の多かった近世定期市の商業圏について，概要を把握するための材料となる。ただし，あくまで概要の把握に留めるべきであって，特に時期的な事柄について村明細帳の記載のみから詳細を議論するのは困難である。図Ⅰ-3〜5では，定期市と周辺農村との関係について50年を単位とした大まかな把握を行ったが，より細密な議論をするためには他史料による裏づけが不可欠であろう。

また，市場争論絵図は，個々の定期市の出店形態を細密に分析する近年の研究において，たびたび活用されてきた。ただし，それらの分析は特定の絵図に偏って進められてきたため，市場争論絵図の史料的な位置づけについては，必ずしも十分な検討が行われてこなかった。ⅤとⅥでは，市場争論絵図の史料的な性格について，いくつかの視点から位置づけを試みた。そのひとつが，訴訟史料という観点からみた場合の位置づけである。上述のように，市場争論はその内容から市場間争論と市場外争論，および市場内争論に分類でき，争論絵図が作成されたのは主に市場内争論であった。訴訟制度との関係では自分絵図と立会絵図が多く，また，本書で扱ったなかには確認できなかったが裁許絵図という類別もある。当事者の片方が自らの主張を表現した自分絵図と，双方が共同で作成した立会絵図とでは，絵図に記載される情報の性格が大きく異なる。市場争論絵図をもとに定期市の出店形態等を分析する際にも，以上のような史料的な性格を踏まえつつ考察を進める必要があろう。

なお，近世市町にとって，市場争論をはじめとする争論は，絵図作成の主要な契機のひとつであった。市場争論絵図は都市的な景観を描写するが，在方町の行政的なあり方から，村絵図に通じる性格も併せ持っていた。このような視点から捉え直すことも，市場争論絵図の史料的性格を考える手掛かりとなろう。これらの点を念頭に置きつつ，Ⅶでは市場争論の各段階における史料を包括的に検討し，先行研究で見解が分かれていた19世紀初頭の武州小

おわりに

川の高見世について再検討を行った。

　序論では，近世定期市研究への活用が不十分である史料として，村明細帳や市場争論絵図とともに日記史料を挙げた。日記史料は，中世や近現代を対象とした定期市研究では盛んに用いられてきた史料であるが，近世定期市研究における活用は限定的であった。日記史料は，活動日程を記録している点で市日とそれ以外の日の行動を包括的に検討する材料となる。また，複数の日記を分析することで多様な人物による定期市への関わり方を浮き彫りにできる利点も有する。一方で，日記は極めて個人的な記録であるため，そこに記された内容がどの程度一般化できるかが問題となる。本書では，このような日記史料の特性を踏まえ，複数の日記を比較するとともに，村明細帳や他史料と比較照合しながら考察を進めるというアプローチ方法を提示した。

　以上のように，本書ではⅠとⅡで村明細帳，第2部（Ⅴ～Ⅶ）では市場争論絵図，ⅢやⅤでは訴訟史料，Ⅳでは日記について，それらの史料的特性と近世定期市研究における活用方法を模索してきた。同じような方法を用いて，フィールドを変えて業績を重ねる研究者も少なくないなかで，筆者は定期市研究に用い得る様々な史料に注目し，新たな分析手法に挑戦し続けてきた。もちろん，それぞれの史料を生かした研究手法は，まだまだ改良を重ねる余地はあろうが，様々な史料に着目しつつ，近世定期市研究における複数のアプローチ手法を提示したことは，本書の成果であると考える。

　そして，ある史料の性格を検討することは，それ以外の史料の位置づけを考える際にもおおいに役立った。たとえば，村明細帳の分析から得られた知見は，個人的な記録である日記を用いた分析の位置づけを考える材料として活用できた（Ⅳ）。また，村明細帳の史料的性格を検討する際に，訴訟史料に現れる村明細帳の扱われ方は大きな示唆となった（Ⅰ）。これらもまた，様々な史料の使い方について向き合ってきたことによる成果であると考える。

3. 今後の課題と展望

　最後に残された課題について，若干の展望とともに記したい。本書では市場網の広域的な把握について，関東地方のなかでも現時点でもっとも史料が充実している武蔵国を対象として検討を行った。ただし，近世関東地方における市場網の広がりは，一国内で完結するものではなく，国境を超えて広がっていた。上州への市場網の広がりはⅢやⅤ，下総への市場網の広がりはⅡで言及しているが，現時点では史料収集を進めている段階であり，成果としてまとめるには至っていない。今後は国境を超えた市場網の動態について，村明細帳の広域的な分析を踏まえた本格的な調査・検討を行っていきたい。

　もちろん，上州や下総では，『風土記稿』のような分析の基幹となるほどの地誌類が存在せず，また，上州に関しては史料整理や目録化が武蔵国ほど進んでいない現状もある。しかし，武蔵国ほどではなくとも，現時点で利用できる村明細帳から一定の知見は得られると考えており，今後も継続的に調査を進めたい。また，渡邉（2014）で触れた相模国への市場網の広がりについては，『新編相模国風土記稿』をはじめとして史料的に恵まれていることから，国境を超えた市場網の展開を検討する上でも最も有望な研究対象地域であると考えている。今後は，相模国を手始めとして，上記の検討を進めていく予定である。

　従来の地誌に依拠した市場網の考察にあっては，地誌類が複数の国にまたがって編纂されることが少ないため，国境を超えた市場網の広がりについて考察することは困難であった。しかし，村明細帳を用いた分析では，国境の制約は受けないといってよい。そのため，上記のような研究を着実に進めていくことで，将来的には関東地方全域，あるいはその周辺地域におよぶ広大な市場網の全体を把握できるのではないかと期待している。それは，定期市

おわりに

の分布や市日配置を面的に捉えるだけに留まらない。近世中後期にかけての定期市の消長や，あるいは定期市の交易圏や階層性をも，網羅的に把握できる可能性があろう。

また，国境付近の村々では，村明細帳において隣国の定期市を最寄定期市として挙げる場合も少なくない[1]。つまり，村明細帳は，国境を越えた定期市利用を検討する素材ともなるといえる。Ⅱでは，その一端として総武国境付近における国境を超えた定期市利用の事例を示したが，今後はより広域的な分析を進めていきたい。これらは，個人の力では無謀とも思える壮大な計画ではあるが，筆者のライフワークと位置づけて，ひとつずつ成果を積み重ねていきたい。

また，この計画を進める上では，史料調査の進展を踏まえながら，自身の研究成果を更新していく必要もある。Ⅰでは活字化されていない村明細帳についても，できる限り収集と分析を行ったが，目録上で確認できても，様々な事情により調査できていない村明細帳は少なくない。また，現時点では未整理のためアクセスできない村明細帳も，相当数あるはずであり，今後の史料整理の進展が待たれる。村明細帳は，各地で膨大に作成された史料であり，分析に利用できる点数は，今後も着実に増加することであろう。村明細帳に着目した本書の分析は，その意味においても，今後の発展性のある研究手法であると考える。

このような，市場網の広域的な検討とともに，市場網を構成する定期市について，村明細帳に現れない詳細な動向をさらに掘り下げていく必要もあろう。たとえば，Ⅲでは定期市の新設・再興をめぐる幕府政策について論じたが，個々の市町が定期市を開設しようとした社会経済的背景や，定期市の階層性の問題については十分に言及できなかった。しかし，18世紀以降の新市は，関東地方の定期市が特産品の集荷に特化する傾向を強める時代背景のもとに開設されたものである（伊藤 1967：99-101）。たとえば，本宿や市野萱は従来，中山道脇往還の継立場であったが，信州米の取引量増加を背景に定期市や請売を始めたと考えられる。また，蕨や鉢形における定期市の中絶

3．今後の課題と展望

は，有力市町である浦和や寄居に近接した結果と考えられる。市場網の変遷の仕組みを議論する際，新市・再市をめぐるこれらの時代的・地域的背景は，本書で検討した政策的側面とともに重要な論点といえよう。

　また，Ⅶでは高見世自体の性格の分析に主眼を置いたため，19世紀初頭の武州小川で高見世をめぐる争いが発生した社会経済的な背景には十分に言及できなかった。しかし，本争論の誘因として，当該期に高見世を借りる足袋商人が急増したことがあった。そのために，従来の売場規定が矛盾をきたしたのである。このような，高見世をめぐる争論の時代的・地域的な背景も，今後，議論を深めていく必要があると考える。なお，Ⅶでは，19世紀初頭の武州小川六斎市の出店形態について，高見世という特徴的な形態に注目して検討した。ただし，高見世はいくつか存在する市見世の一形態であり，定期市の売場を構成する一要素に過ぎない。今後は，このような個別要素の分析を深めつつ，売場の全体像を改めて考察していく必要もあろう。

　定期市に関与した人々の個人的記録に注目したアプローチについても，今後さらにデータを蓄積していく必要がある。Ⅳでは，日記史料の分析を通して，近世後期の農村住人による定期市利用が，村明細帳に現れるよりもかなり多彩であったことを示した。日記史料は利用可能な史料点数が限定され，その分析のみで村々と定期市との関係を広範に検討するのは困難であるが，村明細帳に基づく分析結果を検証し，知見を深める材料として一定の有効性を持つことを，Ⅳの検討を通して示し得たと考える。しかし，本書で用いた日記史料は数点に過ぎない。今後は，さらに多くの日記史料を用いて同様の視点からの分析を進めることで，近世定期市と農村との関係について理解を深めていきたい。

　なお，本書では所領錯綜地域である関東地方を対象として検討を進めてきたが，そこで導かれた知見が他地域においてどの程度適用できるかについても，検証を進める必要があろう。たとえば，Ⅲでは近世関東の定期市新設・再興について，幕府政策を中心に分析したが，そこでの政策は，藩領国も含めて全国的に一様に展開したわけではない。そのような事例として，越後高

おわりに

田藩や信州上田藩が挙げられる。両藩では，藩経済の城下への一元化が志向された結果，近世中期以降，定期市が姿を消した（小村 1976：173，大石 1975：23-71）。これに対して，所領錯綜地域にある関東諸藩は，城下町への経済一元化をなし得るほどの後背地を有さなかった。このことは，関東地方で定期市が広範に展開した要因であるともいえる。

ただし，藩領国にあっても，定期市が広く展開した地域では，関東に通じる政策運用が確認できる。たとえば，防州小古祖新市（萩藩領）は，隣接市町の承認によって実現された（木村 1968：328-329）。また，17世紀末の越後亀田町（新発田藩領）では，新市設立に際して，周辺市町と競合しない市日が意図的に選択された（岡村 1997：139）。これらは，関東における新市のあり方と共通性が高い。このような，関東以外の地域との比較は，関東地方の市場網がどのように形成・維持されていたのか，その特色を考える上でも，有効な示唆となろう。

さらに，歴史地理学的な観点に留まらず，より多角的な視点から本書の成果を位置づけることも今後の課題である。たとえば，Ⅲでは新規市立争論の裁定内容に注目して，新市をめぐる幕府の方針を検討した。この研究自体は，市場網を時空間的システムとして理解し，それがどのように形成・維持されていたのかを検討するという地理学的な視点から行ったものである。しかし，日本史学の研究者からは，複数支配にかかる広域的な問題に関する幕府の姿勢を検討することで，近世社会のあり方を展望する題材となるというコメントを受けることが多い。これまでは，博士論文をまとめるために歴史地理学的な位置づけを重視してきたが，今後はこのような史学研究者の意見にも真摯に向き合い，本書の成果がどのように位置づけられるのか検討していきたい。

以上をはじめとして，本書において積み残された課題は少なくない。しかし，それらは7章に渡って分析を積み重ねるなかで見出されたものであり，本書をまとめたこと自体に一定の意義はあったと考える。今後も，これらの課題を念頭に，さらなる知見を得られるよう研究を進めていきたい。

3．今後の課題と展望

注
1） 上州の複数の村が渡瀬を最寄定期市として挙げている（たとえば，群馬県史編さん委員会 1977：296-307）。

あとがき

　新潟県は，現代においても定期市が広く展開する地域として知られており，筆者が高校までの18年間を過ごした直江津の町でも，三八市が開催されている。また，長岡駅付近で開催されている定期市は母の実家からほど近く，幼少期の筆者は何度となく祖母に連れられ，豪雪地帯ならではの雁木通(がんぎ)りを歩いて定期市に買物に出かけた。帰宅後に，定期市で購入した新鮮な果物を切ってもらうのがお気に入りであった。このような温かい思い出とともに，身近な題材である定期市や雁木通りについて調べてみたい。筆者の定期市研究は，そこから始まったものである。このような動機で卒論のテーマ設定をしてしまう学生は，個人的関心や趣味の延長のような形で，学術的には評価しにくい論文の提出に至る場合も少なくない。しかし，筆者にとって幸運であったのは，定期市と雁木通りのいずれもが，地理学的に興味深いテーマであったことである。

　高校卒業後，地元の新潟大学に進学した筆者は，水泳部で背泳ぎの選手として活動しながら，多くの友人やチームメイトに囲まれて充実した日々を送っていた。そして，地理学を専攻することや，定期市を卒業研究のテーマとすることも，早い段階で決めていた。

　その大きなきっかけとなったのは，学部2年次の1998年の夏休み中に開講された「地理学特殊研究Ⅱ」という集中講義であった。この集中講義は，神戸大学の藤田裕嗣先生によるもので，中世の定期市がテーマであった。定期市が地理学的に興味深い題材であることや，歴史地理学における定期市の研究方法・研究視角などを早い段階で知れたことは，今考えても幸運であった。集中講義期間に開催された懇親会では，新潟で生まれ育った自分にとって定期市が身近な存在であることや，歴史地理学を専攻したいこと，卒論では定期市をテーマとしたいことなどを，早速藤田先生に相談して貴重な助言

をいただいた。学部3年に上がった1999年には，堀健彦先生が新潟大学に着任されたが，初対面の段階で研究テーマがはっきり決まっていて，以後もまったくぶれる様子がない学生は珍しいと思っている様子であった。

　近世を対象とすることも最初から決めており，学部3年次からは日本近世史の原直史先生のゼミにも参加した。このことも，筆者にとって幸運であった。原先生は市場社会論を提唱した吉田伸之東京大学名誉教授の門下であり，近世流通史を専門とされている。本書の序論では，日本近世史における市場社会論をめぐる研究史を整理したが，筆者は市場社会論の考え方や研究史的な位置づけについて最初から知っていた。原先生の講義やゼミで習っていたのである。もし，原先生の授業やゼミに参加していなければ，市場社会論について早い段階から正しく理解することは難しかったかもしれない。

　また，新潟大学では，日本中世史の矢田俊文先生にもお世話になった。「他人の批判をするのは簡単である。それを踏まえて自分の論を構築するのが難しい」。「歴史は必然ではない。さまざまな可能性があったなかで，そのひとつが現出し，それが積み重なっている」。これらはいずれも，矢田先生が授業の中で話されていた内容であり，強く印象に残っている。そして現在，学生に同じことを話している自分がいる。このように，学部生時代の早い段階で，筆者にはいくつもの幸運な出会いがあった。そして，筆者がこれまでの研究成果を重ねることができたのは，早い段階で研究テーマが確定し，長い時間をかけてひとつの課題を追究できたことが大きかったと思っている。

　ただし，地方大学の一学生であった筆者にとって，大学の研究者というのは現実味のある目標ではなかった。研究者を目指すことを決めたのは，卒業論文の投稿を進める過程においてである。1999年に新潟大学に着任された堀健彦先生は，着任当時20代という若い感覚もあり，一地方大学院生である筆者に卒論の投稿を勧めてくださった。当時の筆者は，卒論が『人文地理』（人文地理学会）に載ることの意味も十分に理解しておらず，投稿しても却下される場合が少なくないことすら知らなかった。掲載されればよい記念にな

あとがき

るかなという程度の感覚だったのである。地方大学でのんびりと育った筆者にとって，投稿論文は初めて経験する厳しい試練であったが，「越後平野における市町の中心性と市場景観」（『人文地理』55-2）として発表することができた。慣れない投稿作業に戸惑う筆者を，掲載に至るまで丁寧にサポートしてくださった堀先生には，改めて御礼申し上げたい。

投稿論文と修論をまとめた筆者は，大阪大学の博士課程に進学し，小林茂教授のもとで研究を続けることになった。日本学術振興会特別研究員（DC1）として研究費も支給していただき，朝から晩まで研究に明け暮れる日々が続いた。また，大阪大学でも，日本近世史の村田路人教授の院ゼミに参加させていただき，大阪歴史学会の近世史部会でも研究報告を行うなど，日本史学の研究者にも理解を得られるような研究を目指してきた。大阪大学は，院生のレベルが高く，ついていくのが大変であった。彼らに揉まれながら，自分なりの研究成果を出せたことは，自分のなかで自信にもなり，大きな財産となった。

調査にあたっては，大阪と埼玉を頻繁に往復しながら進めることとなった。駿河台大学の天野宏司先生には，埼玉滞在中の研究環境について便宜を図っていただいた。堅実な実証研究に徹する筆者について，天野先生はたびたび「泥臭い」と評してくださった。最高の褒め言葉と受け取っている。また，飯能市立博物館の尾崎泰弘前館長をはじめ，調査先では本当に多くの方々にお世話になってきた。そして，駒澤大学の中島義一名誉教授には，筆者の研究発表のたびに声をかけていただき，時にはご自宅にお招きいただいて先生が1950年代に調査された頃の定期市の様子など貴重なお話を賜った。本書の刊行が恩返しになればと思う。

本書は，2021年11月に関西大学に提出した学位請求論文「定期市と市町に関する歴史地理学的研究―17世紀以降の関東・越後を事例として―」から，約3分の2の分量にあたる近世関東に関する内容を取捨選択して一書にまとめたものである。学位論文の提出にあたっては，関西大学の野間晴雄教授（主査），小倉宗教授，土屋純教授，および名古屋大学の溝口常俊名誉教授

（専門審査委員）に審査の労をとっていただいた。また，清文堂出版の松田良弘氏には，本書の校正や表現にいたるまで丁寧なご助言をいただいた。ここに記して厚く御礼申し上げる。

　なお，本書の史料調査には，平成16〜18年度科学研究費補助金（特別研究員奨励費（DC１）・課題番号16・8290）の一部を使用した。また，本書は公益社団法人日本地理学会の2024年度出版助成を受けて刊行されたものである。

文　献

会田隆昭 2002．浅草紙の三〇〇年―江戸＝東京北郊に於ける漉返紙業の歴史地理―．百万塔113：67-95．

青木義脩 1982．浦和宿・二七の市について．埼玉史談29（3）：12-19．

青山孝慈・青山京子編 2001．『相模国村明細帳集成第一巻』岩田書院．

あきる野市五日市郷土館編 2010．『村明細帳―江戸時代の寄場村「五日市」と周辺の村々―』あきる野市．

蘆田伊人編集校訂 1996a．『新編武蔵風土記稿第二巻　大日本地誌大系8』雄山閣．

蘆田伊人編集校訂 1996b．『新編武蔵風土記稿第九巻　大日本地誌大系15』雄山閣．

有薗正一郎 1986．『近世農書の地理学的研究』古今書院．

飯田竜一・俵　元昭 1988．『江戸図の歴史』築地書館．

石原　潤 1968．定期市研究における諸問題―特に都市発達史との関連において―．人文地理20（4）：66-89．

石原　潤 1970．越後における定期市の展開について―覚え書き―．名古屋市立大学教養部紀要15：129-143．

石原　潤 1987．『定期市の研究―機能と構造―』名古屋大学出版会．

石原　潤・溝口常俊 2006．『南アジアの定期市―カースト社会における伝統的流通システム―』古今書院．

石原　潤 2009．中国の集市の革命後の変遷．地理学評論82（2）：73-90．

和泉清司 1998．『近世の流通経済と経済思想』岩田書院．

礒永和貴 2008．地域史のなかの絵図―自治体史の絵図・地図編―．歴史学研究841：55-63．

五日市町史編さん委員会編 1976．『五日市町史』五日市町．

伊藤裕久 1993. 近世市町の空間形成―会津盆地の在方市町を素材として―. 都市史研究会編『年報都市史研究1』60-82：山川出版社.

伊藤裕久 1996. 中世末から近世初の町と市. 都市史研究会編『年報都市史研究4 市と場』3-16. 山川出版社.

伊藤裕久 2005. 近世町屋の成立過程―市・宿の展開と複合的居住―. 鈴木博之他編『シリーズ都市・建築・歴史5 近世都市の成立』277-313. 東京大学出版会.

伊藤好一 1966.『江戸地廻り経済の展開』柏書房.

伊藤好一 1967.『近世在方市の構造』隣人社.

伊藤好一 1976. 天保期の地方物価の動向―南武蔵野地方を例として―. 水野祐・伊藤好一監『鈴木平九郎「公私日記」第七冊』110-121. 立川市教育委員会.

井上定幸 2004.『近世の北関東と商品流通』岩田書院.

入間市史編さん室編 1986.『入間市史近世史料編』入間市.

上原秀明 1982. 農村社会の空間構造とその変容に関する一考察―甲斐国を事例として―. 人文地理34（6）：23-50.

上原秀明 2007. 裁許絵図の基礎的研究―専修大学図書館蔵『石井良助文庫』から―. 専修人文論集81：1-52.

内野 弘 1985.『所沢の歴史と地理』自家版.

浦和市総務部市史編さん室編 1981.『浦和市史第三巻』浦和市.

海野一隆 1955. 古地図に見る近世の摂津池田. 地理学報6：19-24.

青梅市郷土博物館編 1980.『青梅市史史料集26』青梅市教育委員会.

青梅市郷土博物館編 1981.『青梅市史史料集27』青梅市教育委員会.

青梅市史編さん委員会編 1995.『青梅市史上巻』青梅市.

大石慎三郎 1975.『日本近世社会の市場構造』岩波書店.

大石慎三郎校訂 1969.『地方凡例録下巻』近藤出版社.

大石慎三郎校訂 1995.『地方凡例録下巻』東京堂出版.

大泉町誌編集委員会編 1983.『大泉町誌下巻』大泉町誌刊行委員会.

文献

大国正美 1995. 近世境界争論における絵図と絵師—地域社会の慣習秩序の展開にみる権力と民衆—. 朝尾直弘教授退官記念会編『日本社会の史的構造 近世・近代』53-76. 思文閣出版.

大久保武彦 1934. 道路網の形態学的研究. 地理学評論10：1018-1039.

大塚梧堂 1939. 小川と大塚との村界出入. 埼玉史談（旧）10（3）：40-42.

大野瑞男 1992. 村鑑大概帳. 国史大辞典編集委員会編『国史大辞典 第十三巻』667-668. 吉川弘文館.

大間々町誌編さん室編 1995.『大間々町誌別巻2』大間々町誌刊行委員会.

大宮市史編さん委員会編 1974.『大宮市史第五巻』大宮市.

岡田あさ子 2002. 近世関東における長吏の市商い権と旦那場. 国史学177：61-85.

岡村 治 1986. 明治期三条町の「市」と店舗商業. 歴史地理学134：17-30.

岡村 治 1989. 新潟県における定期市場網の地域的差異—市掛行動の分析を通して—. 人文地理41（3）：22-42.

岡村 治 1992. 越後定期市における農家出店者存立の地域的基盤—蒲原地方栗林地区を中心として—. 人文地理44（4）：20-37.

岡村 治 1994a. 近世初頭の六斎市展開に関する試論—市庭の風景論—. 千葉県史研究2：42-49.

岡村 治 1994b. 秩父谷における市町の成立と展開. 歴史人類22：85-111.

岡村 治 1994c. 寄居六斎市の構成—寛永期市定を史料に用いて—. 歴史地理学調査報告6：95-102.

岡村 治 1997. 六斎市の成立と展開に関する歴史地理学的研究. 筑波大学博士論文.

岡村 治 1999. 近世関東における市町と市掛商人の展開. 歴史地理学41（1）：20-31.

岡村 治 2000. 近世市町の形成とその空間的特質. 地球環境研究2：70-77.

小川町編 1998.『小川町の歴史 絵図に見る小川町』小川町.

小川町編 2001.『小川町の歴史資料編5』小川町.

小川町編 2003.『小川町の歴史通史編上巻』小川町.

奥田　豊 2000.「六斎市新市出入」文書. 埼玉史談46（1）：41-44.

越生町教育委員会編 1999.『越生の歴史Ⅱ＜近世＞』越生町.

尾崎泰弘 2008. 飯能縄市の成り立ちと見世空間. 飯能市郷土館研究紀要 4：54-68.

落合　功 2000. 近世前期村境争論の展開と裁許絵図作成―平野尾における村境争論を題材として―. 関東地域史研究2：55-75.

小野文雄編 1977.『武蔵国村明細帳集成』武蔵国村明細帳集成刊行会.

小野寺淳 1997. 景観論と絵図研究―絵図学構築のために―. 國學院雑誌98（3）：67-78.

小野寺淳 2003. 近世歴史地理学の研究動向―方法論―. 高橋伸夫編『21世紀の人文地理学展望』397-409. 古今書院.

小村　弌 1959. 展開期在郷町の諸問題―越後平野を中心に―. 伊藤多三郎編『国民生活史研究二　生活と社会経済』265-307. 吉川弘文館.

小村　弌編 1976『近世越後・佐渡史の研究』名著出版.

小村　弌 1981. 越後の在郷町. 豊田武他編『講座日本の封建都市　第三巻』354-391. 文一総合出版.

柿原謙一編 1995.『秩父地域絹織物史料集』埼玉新聞社.

梶川勇作 1970. 近世飛騨の耕地条件と「農間稼」. 人文地理22（1）：101-112.

鹿沼市史編さん委員会編 2005.『鹿沼市史叢書十　鹿沼の絵図・地図』鹿沼市.

神川町編 1992.『神川町誌資料編』神川町.

加茂市史編纂委員会編 1975a.『加茂市史上巻』加茂市.

加茂市史編纂委員会編 1975b.『加茂市史下巻』加茂市.

川口　洋 2001. 牛痘種痘法導入期の武蔵国多摩郡における疱瘡による疾病災害. 歴史地理学43（1）：47-64.

文献

河田幾三郎編 1971.『武州榛沢郡中瀬村史料』中瀬村誌編纂会.
川名　登 2003.『近世日本の川船研究 上―近世河川水運史―』日本経済評論社.
神田由築 2000. 飴売商人. 吉田伸之編『近世の身分的周縁4　商いの場と社会』203-233. 吉川弘文館.
神立孝一 2003.『近世村落の経済構造』吉川弘文館.
菊地利夫 1977.『新田開発 改訂増補』古今書院.
北原糸子 2003.『近世災害情報論』塙書房.
木村辰男 1968. 近世における市町の分布形態と商圏―周防徳地宰判領域を例にして―. 西村睦男編『藩領の歴史地理―萩藩―』322-345. 大明堂.
木村東一郎 1979.『村図の歴史地理学』日本学術通信社.
清瀬市史編纂委員会編 1973.『清瀬市史』清瀬市.
金田章裕 1995. 絵図・地図と歴史学. 網野善彦他『岩波講座日本通史別巻三　史料論』307-326. 岩波書店.
鯨井紀子 2003. 近世関東における市場と高見世―小川村市内済絵図を中心に―. 歴史地理学45（3）：32-46.
国立市史編さん委員会編 1989.『国立市史 中巻』国立市.
桑原正信 1943.『越後六斎市の研究』西ヶ原刊行会.
群馬県史編さん委員会編 1977.『群馬県史資料編9』群馬県.
群馬県史編さん委員会編 1978.『群馬県史資料編10』群馬県.
群馬県史編さん委員会編 1980.『群馬県史資料編11』群馬県.
群馬県史編さん委員会編 1985.『群馬県史資料編13』群馬県.
群馬県史編さん委員会編 1986.『群馬県史資料編14』群馬県.
群馬県史編さん委員会編 1988.『群馬県史資料編15』群馬県.
群馬県史編さん委員会編 1991.『群馬県史通史編5』群馬県.
小金井市誌編さん委員会編 1967.『小金井市誌Ⅲ』小金井市.
国文学研究資料館史料館編 2001.『農民の日記』名著出版.
国分寺市史編さん委員会編 1981.『国分寺市史料集（Ⅰ）』国分寺市.

小暮正利 1989. 明和八年（一七七一）境木村の村明細帳. 三郷市史研究葦のみち1：65-70.

越谷市編 1973.『越谷市史第三巻』越谷市役所.

小平市中央図書館編 1993.『小平市史料集第一集』小平市教育委員会.

小平市中央図書館編 2006.『小平市史料集 第十九集 村の生活5』小平市中央図書館.

児玉町教育委員会編 1990.『児玉町史近世資料編』児玉町.

小永井甲葵 2003. 絵図から読みとれる宿駅の景観と空間構造―摂津国有馬郡生瀬村の場合―. 兵庫地理48：37-46.

小早川欣吾 1957.『近世民事訴訟制度の研究』有斐閣.

小林健太郎 1968. 近世初頭萩藩領における市町の分布と類型区分. 西村睦男編『藩領の歴史地理―萩藩―』307-322. 大明堂.

小林健太郎 1985.『戦国城下町の研究』大明堂.

米家泰作 2002.『中・近世山村の景観と構造』校倉書房.

埼玉県編 1979.『埼玉県史資料編10』埼玉県.

埼玉県編 1984.『新編埼玉県史資料編15』埼玉県.

埼玉県編 1988a.『新編埼玉県史通史編3』埼玉県.

埼玉県編 1988b.『新編埼玉県史別編1』埼玉県.

埼玉県編 1989.『新編埼玉県史通史編4』埼玉県.

埼玉県編 1990.『新編埼玉県史資料編16』埼玉県.

埼玉県編 1991.『新編埼玉県史資料編14』埼玉県.

境町史編さん委員会編 1996.『境町史第3巻』境町.

桜井昭男 2005. 二郷半領の地域編成と改革組合村. 三郷市史研究葦のみち17：44-61.

桜井英治 1996.『日本中世の経済構造』岩波書店.

佐藤甚次郎 1986.『明治期作成の地籍図』古今書院.

狭山市編 1985.『狭山市史近世資料編Ⅰ』狭山市.

志木市編 1982.『志木市史別編 星野半右衛門日記』志木市.

文献

志木市編 1987.『志木市史近世資料編Ⅰ』志木市.
渋川市市誌編さん委員会編 1989.『渋川市誌第五巻』渋川市.
渋谷隆一編 1988.『都道府県別資産家地主総覧 埼玉編』日本図書センター.
正田健一郎編著 1965.『八王子織物史 上巻』八王子織物工業組合.
白井哲哉 2004.『日本近世地誌編纂史研究』思文閣出版.
スキナー, G. W. 著, 今井清一・中村哲夫・原田良雄訳 1979.『中国農村の市場・社会構造』法律文化社. Skinner, G. W. 1964/65. Marketing and Social Structure in Rural China. *The Journal of Asian Studies* 24.
杉本史子 1999.『領域支配の展開と近世』山川出版社.
杉本史子 2001.「裁許」と近世社会—口頭・文字・絵図—. 黒田日出男他編『地図と絵図の政治文化史』185-267. 東京大学出版会.
杉森玲子 1996. 近世前期における市町の構造—上州下室田を事例として—. 史学雑誌105-12：1-40.
杉森玲子 2006.『近世日本の商人と都市社会』東京大学出版会.
杉山 博 1960. 六斎市.『講座日本風俗史 別巻8』255-270. 雄山閣.
草加市史編さん委員会編 1985.『草加市史 資料編Ⅰ』草加市.
当麻成志 1954. 近郊山村の地域構造. 人文地理6（5）. 19-35.
高橋源一郎 1972.『武蔵野歴史地理 第七冊』有峰書店.
高橋 誠 2015. 変動する農村の社会. 竹中克行編著『人文地理学への招待』29-46. ミネルヴァ書房.
高橋康夫・吉田伸之編 1989.『日本都市史入門Ⅰ 空間』東京大学出版会.
滝本誠一編 1930.『日本経済大典 第四十三巻』啓明社.
田口浪三他編 1977.『埼玉県営業便覧（復刻）』埼玉新聞社.
立川市教育委員会編 1965.『立川市史資料集第五集』立川市教育委員会.
立川市史編纂委員会編 1969.『立川市史 下巻』立川市.
谷本雅之 1998.『日本における在来的経済発展と織物業—市場形成と家族経済—』名古屋大学出版会.
玉井哲雄 1986.『江戸 失われた都市空間を読む』平凡社.

田村　均 1994. 明治二十年代における所沢飛白の製品改良と坪買い―織物市場の設立とその閉鎖をめぐって―. 所沢市史研究17：1-38.

多和田雅保 2007. 『近世信州の穀物流通と地域構造』山川出版社.

多和田雅保 2015. 十八世紀前半期における市町の展開―信州小布施―. 都市史研究2：24-45.

千葉県史料研究財団編 2002. 『千葉県の歴史資料編近世4』千葉県.

千葉市史編纂委員会編 1988. 『千葉市史史料編6』千葉市.

千葉縣史編纂審議会編 1958. 『千葉縣史料近世篇 下総国下』千葉県.

地方史研究協議会編 1955. 『近世地方史研究入門』岩波書店.

塚田　孝 1994. 身分制の構造. 朝尾直弘他編『岩波講座日本通史 第12巻』107-150. 岩波書店.

筑波大学歴史地理学研究室編 1983. 『青梅・五日市における流通構造と「市」の変容』筑波大学歴史地理学研究室.

土屋雅人 2004. 近世における東上総六斎市と塩流通. 千葉史学44：35-60.

鶴ヶ島町史編さん室編 1984. 『鶴ヶ島町史近世資料編Ⅲ』鶴ヶ島町.

東京都葛飾区編 1985. 『増補葛飾区史 上巻』東京都葛飾区.

東京都品川区編 1970. 『品川区史資料編別冊第1（品川県史料）』東京都品川区.

所沢市史編纂委員会編 1957. 『所沢市史』所沢市.

所沢市史編さん委員会編 1983. 『所沢市史近世史料Ⅱ』所沢市.

所沢市史編さん委員会編 1991. 『所沢市史 上』所沢市.

富岡史編纂委員会編 1973. 『富岡史』名著出版.

豊田　武 1952. 『中世日本商業史の研究』岩波書店.

長岡　格 1958. 名栗川・高麗川両谷口集落の性格―特にその発達過程を中心として―. 埼玉研究2：25-34.

長沢利明 2008. 世田谷のボロ市の発達史と現況. 国立歴史民俗博物館研究報告145：373-412.

中島義一 1964. 『市場集落』古今書院.

中島義一 1983. 近世の市場町. 豊田武他編『講座日本の封建都市 第二巻』169-183. 文一総合出版.

中島義一 2001. 関東の定期市再考. 駒沢地理37：1 -15.

中島義一 2004. 市神考. 駒沢地理40：1 -12.

中西　裕 2009. 幕末明治初期多摩地域豪農の書物入手法. 學苑（昭和女子大学）829：38-65.

中之条町誌編纂委員会編 1977.『中之条町誌第2巻』中之条町役場.

中之条町誌編纂委員会編 1983.『中之条町誌資料編』中之条町役場.

中村　努 2016. 高知県高知市における街路市の展開と流通システムの空間特性. E-journal GEO 11：21-39.

流山市立博物館編 1987.『流山市史 近世資料編Ⅰ』流山市教育委員会.

鳴海邦匡 2006. 近世の大阪の地図に関するノート. 待兼山論叢（日本学篇）40：13-33.

鳴海邦匡 2007.『近世日本の地図と測量―村と「廻り検地」―』九州大学出版会.

西岡虎之介 1944a. 新旧商業的地域の経済的対立関係（一）. 経済学論集（東京帝国大学）14（2）：31-52.

西岡虎之介 1944b. 新旧商業的地域の経済的対立関係（二・完）. 経済学論集（東京帝国大学）14（3）：30-63.

西村睦男編 1968a.『藩領の歴史地理―萩藩―』大明堂.

西村睦男 1968b. 近世における中心集落―その形成と規模および商圏―. 西村睦男編『藩領の歴史地理―萩藩―』378-411. 大明堂.

野口泰助 1974. 宝永年間の熊谷の店並と市場（上）. 埼玉史談21（2）：21-28.

野積正吉 2004. 石動山と周辺の村々の山論と論所絵図. 氷見市史編さん委員会編『氷見市史8』331-348. 氷見市.

野村兼太郎 1949.『村明細帳の研究』有斐閣.

八王子市史編さん委員会編 1967『八王子市史下巻』八王子市役所.

林　淳 2005.『近世陰陽道の研究』吉川弘文館.

林　玲子 2003.『江戸店の明け暮れ』吉川弘文館.

原田洋一郎 2011.『近世日本における鉱物資源開発の展開―その地域的背景―』古今書院.

飯能市郷土館・飯能市古文書同好会編 2003.『市見世場一件出入　飯能村小能家文書翻刻その1』飯能市郷土館.

飯能市史編集委員会編 1983.『飯能市史資料編Ⅶ』飯能市.

飯能市史編集委員会編 1985.『飯能市史資料編10』飯能市.

飯能市史編集委員会編 1988.『飯能市史通史編』飯能市.

東秩父村編 2005.『東秩父村の歴史』東秩父村.

東松山市教育委員会事務局市史編さん課編 1983.『東松山市史資料編3』東松山市.

東村山市史編さん委員会編 1999.『東村山市史8』東村山市.

樋口節夫 1977.『定期市』学生社.

日高市史編纂委員会編 1996.『日高市史近世資料編』埼玉県日高市.

日の出町史編さん委員会編 2002.『日の出町史通史編中巻』日の出町.

氷見市史編さん委員会編 2004.『氷見市史八　資料編六　絵図地図』氷見市.

深井甚三 2004. 氷見町絵図と描かれた氷見町. 氷見市史編さん委員会編『氷見市史八　資料編六　絵図地図』285-300. 氷見市.

藤岡市史編さん委員会編 1990.『藤岡市史近世資料編』藤岡市.

藤田裕嗣 1986a. 流通システムからみた中世農村における市場の機能. 人文地理38（4）：28-46.

藤田裕嗣 1986b. 中世後期における農村商人の販売区域. 奈良大学紀要15：126-145.

藤田裕嗣 1987a. 安芸国沼田荘の市場と瀬戸内流通網. 歴史地理学136：1-17.

藤田裕嗣 1987b. 後北条氏領国における流通圏と流通システム. 史林70（6）：73-113.

文献

藤田裕嗣 1989. 一六世紀都市住人の活動から見た商品流通. 高橋康夫・吉田伸之編『日本都市史入門Ⅰ・空間』43-61. 東京大学出版会.

藤田裕嗣 1990. 『多聞院日記』に現れた奈良での購買活動と流通システム. 奈良大学紀要18：67-81.

藤田裕嗣 1994. 市場と都市のあいだ―地理学からの研究視角―. 中世都市研究会編『中世都市研究1 都市空間』150-170. 新人物往来社.

藤田裕嗣 1996. 日本中世における市庭と広場. 国立歴史民俗博物館研究報告67：159-175.

府中市史編さん委員会編 1969. 『府中市の近世民政資料集』府中市.

府中市立郷土館編 1982. 『府中新宿菊池家文書』府中市教育委員会.

古田悦造 1996. 『近世魚肥流通の地域的展開』古今書院.

朴　花珍 1988. 『地方凡例録』の諸異本について. 史学雑誌97（2）：53-83.

前橋市史編さん委員会編 1985. 『前橋市史第6巻』前橋市.

松尾雅彦 2004. 宿割図の作成目的とその利用―木曽十一宿を事例に―. 交通史研究55：1-22.

松戸市誌編纂委員会編 1958. 『松戸市史 第一集』松戸市役所.

松伏町教育委員会編 1990. 『松伏町史資料 第九集』松伏町教育委員会.

丸山雍成 1975. 『近世宿駅の基礎的研究 第二』吉川弘文館.

三木一彦 1998. 山間村落における信仰集団存立の地域的基盤―江戸時代の秩父郡大野村を事例として―. 歴史地理学40（2）：2-21.

三郷市史編さん委員会編 1989. 『三郷市史第二巻』三郷市.

三郷市史編さん委員会編 1995. 『三郷市史第六巻』三郷市.

三郷市史編さん委員会編 1991. 『三郷市史第九巻』三郷市.

水野　祐・伊藤好一監 1972-1983. 『鈴木平九郎「公私日記」』立川市教育委員会（全20冊）.

溝口常俊 2002. 『日本近世・近代の畑作地域史研究』名古屋大学出版会.

宮原一郎 2002. 近世中期の裁許と証拠文書―「裁許留」の分析から―. 国

史学178:33-66.

宮原一郎 2003.近世前期の争論絵図と裁許―関東地域における山論・野論を中心に―.徳川林政史研究所研究紀要37:31-60.

武蔵村山市史編さん委員会編 2000.『武蔵村山市史資料編近世』武蔵村山市.

武蔵村山市史編さん委員会編 2002.『武蔵村山市史通史編上』武蔵村山市.

武蔵村山市立歴史民俗資料館編 2005.『注解指田日記 上巻』武蔵村山市立歴史民俗資料館.

武蔵村山市立歴史民俗資料館編 2006.『注解指田日記 下巻』武蔵村山市立歴史民俗資料館.

武藤 直 1965.我国近世末期における都市成立の基盤について.史林48(3):60-96.

武藤 直 1968.近世防長の市町とその背景.西村睦男編『藩領の歴史地理―萩藩―』346-377.

森川 洋 1974.『中心地研究―理論,研究動向および実証―』大明堂.

森川 洋 1987.わが国における中心地研究の動向と問題点.地理学評論60(Ser.A):739-756.

森下 徹 1999.近世の山口町と市.瀬戸内海地域史研究7:91-127.

八木哲浩編 1982.『伊丹古地図集成(本編)伊丹資料叢書6』伊丹市役所.

矢嶋仁吉 1950.関東西北部の渓口集落(関東西部山麓における渓口集落の研究第八報).新地理4(3・4・5):57-71.

矢嶋仁吉 1952.関東西部山麓における渓口集落の諸類型.内田寛一先生還暦祝賀会編『内田寛一先生還暦記念地理学論文集下巻』165-176.帝国書院.

矢嶋仁吉 1954a.北関東における谷口集落の基礎構造―特に群馬県渋川町について―.地理学評論27(1):10-19.

矢嶋仁吉 1954b.群馬県鏑川流域における谷口集落の研究.人文地理6(3):1-13.

文献

矢嶋仁吉 1956.『集落地理学』古今書院.
矢嶋仁吉 1958.『集落調査法』古今書院.
柳田国男 1997.『柳田國男全集 第二巻』筑摩書房.
山本志乃 2019.『「市」に立つ―定期市の民俗誌―』創元社.
矢守一彦 1974.『都市図の歴史 日本編』講談社.
矢守一彦 1980. 幕府へ提出の城下絵図について．待兼山論叢（日本学編）13：1-16.
横田八郎編著 1999.『武蔵国高麗郡田木村古記録』自家版.
吉井町誌編さん委員会編 1974.『吉井町誌』吉井町誌編さん委員会.
吉川市教育委員会編 2007.『写真で見る吉川の歩み』吉川市.
吉川市教育委員会編 2008.『吉川市史調査報告書 第五集―吉川地区の民俗―』吉川市教育委員会.
吉川博康 1959. 近世後期八王子周辺村の変貌と在方商人の役割．地理学評論32（12）：653-665.
吉川博康 1969. 近世越後小出島の集落機能―谷口集落の概念規定のための一試論―．新地理17（1）：20-38.
吉田伸之 1999.『巨大城下町江戸の分節構造』山川出版社.
吉田伸之 2000. 在方市―市をめぐる人々―．吉田伸之編『近世の身分的周縁4 商いの場と社会』235-274．吉川弘文館.
吉田町教育委員会編 1982.『吉田町史』吉田町.
吉村信吉 1941a. 所沢町附近の地下水と聚落の発達．地理学評論17：1-13.
吉村信吉 1941b. 所沢町附近の地下水と聚落の発達（2）．地理学評論17：124-138.
与野市企画部市史編さん室編 1982.『与野市史 中・近世史料編』与野市.
寄居町教育委員会町史編さん室編 1983.『寄居町史近世資料編』寄居町教育委員会.
渡辺浩一 1999.『近世日本の都市と民衆―住民結合と序列意識―』吉川弘文館.

渡邉英明 2003. 越後平野の市町の中心性と市場景観—雁木通りに注目して—. 人文地理55（2）：65-80.

渡邉英明 2008a. 江戸時代の上州・武州における市場争論と絵図作成. 歴史地理学50（4）：48-67.

渡邉英明 2008b. 近世在方市における高見世の存在形態—一九世紀初頭の武州小川を中心に—. 史敏5：95-112.

渡邉英明 2009a. 江戸時代の関東における定期市の新設・再興とその実現過程—幕府政策の分析を中心に—. 地理学評論82：46-58.

渡邉英明 2009b. 近世在方町における絵図作成の特色—武州小川を事例として—. 地図47（2）：1-16.

渡邉英明 2010a. 村明細帳を用いた近世武蔵国における市場網の分析. 人文地理62：154-171.

渡邉英明 2010b. 近世中後期における二郷半領の村々と平沼六斎市—村明細帳の分析を中心に—. 三郷市史研究葦のみち21：10-36.

渡邉英明 2011. 18～19世紀の越後三条町における雁木通りの形成と機能. 人文地理63（5）：55-71.

渡邉英明 2013. 日記史料に現れる近世後期農村住人の定期市利用—武州多摩郡中藤村の指田藤詮を中心に—. 歴史地理学55（4）：1-17.

渡邉英明 2014. 近世中後期の北多摩地域の住民と定期市利用. 多摩のあゆみ156：4-15.

渡邉英明 2024. 近世武蔵国久保田村における定期市の衰滅と再興. ジオグラフィカ千里3：393-404.

渡辺康代 2006. 近世城下町桑名における祭礼の変容—住民の生活文化としての祭礼へ—. 歴史地理学48（4）：1-18.

H. M. 1904. 積雪ニ就テ. 気象集誌23（10）：342-348

Sugiura, Y. 1990. A map-transformation approach to the location of central places: the case of the central Kanto region in preindustrial Japan. *Environment and Planning* 23：969-985.

初出一覧

序　論
　　近世日本の定期市に関する研究動向と地理学からの研究視角
　　（『空間・社会・地理思想』26，2023）

第1部　市場網の成り立ちと変化
Ⅰ．村明細帳を用いた近世武蔵国における市場網の分析
　　（『人文地理』62-2，2010）
Ⅱ．近世中後期における武州二郷半領の村々と平沼六斎市
　　—村明細帳の分析を中心に—（『三郷市史研究葦のみち』21，2010）
Ⅲ．近世関東における定期市の新設・再興とその実現過程
　　—幕府政策の分析を中心に—（『地理学評論』82-1，2009）
Ⅳ．日記史料に現れる近世後期農村住人の定期市利用
　　—武州多摩郡中藤村の指田藤詮を中心に—（『歴史地理学』55-4，2013）

第2部　市町における定期市の出店形態
Ⅴ．近世関東における市場争論と絵図作成（『歴史地理学』50-4，2008）
Ⅵ．近世在方町における絵図作成の特色—武州小川を事例として—
　　（『地図』47-2，2009）
Ⅶ．近世在方市における高見世の存在形態
　　—19世紀初頭の武州小川を中心に—（『史敏』5，2008）

おわりに
　　（新稿）

渡邉　英明（わたなべ　ひであき）

〈著者略歴〉
1978年4月　新潟県上越市出身
2001年3月　新潟大学人文学部卒業
2004年4月〜2007年3月　日本学術振興会特別研究員（DC１）
2012年3月　大阪大学大学院文学研究科博士後期課程単位取
　　　　　　得退学
現在　関西大学非常勤講師，関西学院大学非常勤講師
博士〔文学〕

〈主要業績〉
「越後平野の市町の中心性と市場景観─雁木通りに注目して─」
（『人文地理』55-2，2003）
「18〜19世紀の越後三条町における雁木通りの形成と機能」（『人文地理』63-5，2011），
ほか

〈受　賞〉
2010年2月　第4回日本国際地図学会賞（論文奨励賞）

近世関東の定期市と市町

2024年11月8日　初版発行
著　者　渡　邉　英　明Ⓒ
発行者　前　田　博　雄
発行所　清文堂出版株式会社
　　　　〒542-0082　大阪市中央区島之内2-8-5
　　　　電話06-6211-6265　FAX06-6211-6492
　　　　ホームページ＝http://www.seibundo-pb.co.jp
　　　　メール＝seibundo@triton.ocn.ne.jp
　　　　振替00950-6-6238

印刷：西濃印刷株式会社　製本：株式会社渋谷文泉閣
ISBN978-4-7924-1531-0 C3025